스키니진을 입은 회사

스키니진을 입은 회사

스펙을 벗기고 열정과 창의력을 입혀라!

제이슨 R. 도로시 지음 | 김현진 옮김

티움

일러두기

- 모든 각주는 역자주이며, 독자의 편의를 위해 영어판에 나와 있는 참고 웹페이지(www.ysize.com/resources)를 역자가 번역하여 334쪽에 '참고자료'로 첨부했습니다.
- 본문에 표기되어 있는 모든 웹페이지의 URL은 www.tiumbooks.com에서 바로가기 링크로 확인하실 수 있습니다.

1장 Y사이즈 프로세스, 신세대를 사로잡는다

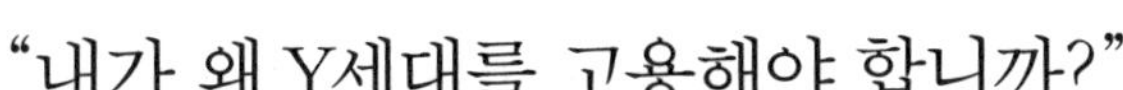

"내가 왜 Y세대를 고용해야 합니까?"

고용주들은 거의 매번 내게 이런 질문을 한다. 그리고 그들은 항상 "우리 때는 말이야…"로 시작하는 이야기를 꺼낸다. 최근에 들었던 이야기를 하나 소개한다. "나는 이미 Y세대를 고용한 적이 있어서 이들을 잘 알아요. 작년에 우리 회사에 대학을 갓 졸업한 젊은 청년이 입사했습니다. 학점이 좋았던 그 친구는 일도 잘할 것 같았죠. 하지만 나는 일주일 뒤 그가 회사 화장실에서 휴대전화로 통화하는 소리를 듣게 되었습니다. 그것도 스피커폰으로…. 더 한심하게도 그 친구는 자기가 무엇을 잘못했는지도 몰랐어요. 그저 계속 전화기를 붙잡고 큰 소리로 떠들기만 했습니다.”

내가 들은 두 번째 이야기. “지난주에 평가를 받은 24세 여직원이 내 앞에서 눈물을 뚝뚝 흘리며 울었습니다. 이해할 수 없었죠. 나는 20년 동안 회사에서 여자라는 이유만으로 온갖 설움과 어려움을 다 겪으면서도, 좀 더 높은 자리에 오르겠다는 일념으로 열심히 일해왔거든요. 하지만 이 젊은 친구는 평가에서 ‘뛰어남’ 대신 ‘우수함’이란 점수를 받았다는 이유로 내 책상 맞은편에서 질질 짜고 있었던 거예요. 잠시 후 그 친구의 어머니가 내게 전화를 걸어서 사장을 바꿔달라더군요. 도대체 무슨 생각들을 하는 건지…. 이런 친구들을 데리고 어떻게 회사를 키워나갈 수 있을까요?”

이런 심정을 충분히 이해한다. (당신이 기대하는 출근 시간보다 10분 정도 늦게) 출근하는 Y세대(나를 포함하여)의 모습은 다른 세대들과는 확실히 다르다. 가방이나 핸드백 밖으로 아이팟 이어폰이 달랑거리고 자나 깨나 휴대전화를 끼고 다니며 심지어는 월요일 아침 사장님이 한창 연설 중일 때도 휴대전화가 크게 울리곤 한다. 많은 Y세대가 한 개(혹은 여러 개) 이상의 문신을 하고, 튀는 색으로 머리카락을 염색하고 다닌다. Y세대들끼리는 귀 이외의 다른 신체 부위에 피어싱을 하는 것이 전혀 이상하지 않다(그리고 그리 ‘많이’ 아프지도 않다).

나는 컨설턴트로서 세계 각국의 수많은 경영자들과 상담 및 대화를 해본 결과 기업이 Y세대를 올바르게 다룰 경우 그들은 상당한 업무 실적을 올릴 뿐만 아니라 높은 충성심까지 보인다는 사실을 깨닫게 되었다. 최근의 경제 상황은 기업을 치열한 경쟁으로 내몰고 있다. 적은 투자로 더 많은 성과를 올려야 하는 기업으로서는 우수한 업무 실적에 충성심까지 겸비한 Y세대의 등장이 더 이상 반가울 수 없다. 나는 그동안 Y세대들의 활약을 직접 목격하기도 했거니와 앞으로 그들이 기업에 중요한 전략적 요소이자 기회가 될 것이라고 믿는다.

태드(25세)와의 인터뷰는 Y세대의 커다란 잠재적 가치를 증명한 사례 중 하나다. 태드는 대학 졸업 후 인튜이트에 취직해서 리더십 개발 프로그램을 만드는 작업에 참여하게 되었다(11장에서 이러한 프로그램을 만드는 방법에 대해 자세히 소개하겠다). 인튜이트 사는 정책적으로 업무 시간의 10퍼센트를 자기 개발이나 회사 발전을 위한 아이디어 구상에 할애하도록 했다. 동료직원들과 모여 새로운 아이디어를 떠올리던 태드는 아이디어를 떠올리는 과정, 즉 혁신 절차 그 자체가 개선 대상임을 알게 되었다.

거대 기업의 혁신 절차를 개선하는 것은 다른 세대의 임원에게조차도 엄청난 과업이다. 태드는 이제 갓 입사한 신입사원일 뿐이었다. 실패의 경험이 없어서인지 아니면 너무 어려서 철이 덜 들어서인지는 모르겠지만 그는 겁도 없이 엄청난 과업에 도전한 것이다. 태드와 4명의 Y세대 동료들은 '자기 개발 및 회사 발전'을 위해 할당된 시간에 기업의 혁신 과정을 개선하는 작업에 착수했다. 그들은 초과근무수당도 없이 자정을 넘겨가면서까지 작업에 몰두했고 많은 주말을 회사에서 보냈다(Y세대 직원에 대해 안 좋은 경험이 있거나 아예 고용 경험이 없는 기업은 이러한 모습을 보면 있을 수 없는 일이라거나 믿기 힘든 일이라고 할 것이다).

아이디어를 처음 떠올린 지 1년 만에, 즉 무보수로 작업한 지 수백 시간이 지난 어느 날 태드와 4명의 동료들 그리고 그들과 뜻을 함께 하기로 한 또 다른 동료직원들은 인튜이트 사의 혁신 절차를 완전히 변화시킨 인튜이트 브레인스톰이란 프로그램을 내놓았다. 새로운 프로그램이 적용되고 6개월 동안 인튜이트의 아이데이션(ideation, 즉 새로운 아이디어가 업무에 적용되는 비율)은 1,000퍼센트나 증가했다. 혁신에 동참하는 직원의 수도 500퍼센트 증가했고 새로운 생각이 단순한 아이디어에서 고객용 시제품으로 만들어지는 데 짧게는 3개월밖에 걸리지 않았다. 인튜이트와 같은 거대 기업에서 이러한 사례는 아주 획기적이면서도 충분히 가치 있는 일이었다. 게다가 다른 회사들이 인튜이트 브레인스톰을 도입하기 위해 라이선스 계약을 맺자고 찾아오기도 했다. 여기서 중요한 것은 25세의 Y세대 직원이 지난 수년간 회사를 지탱해온 절차에 불만을 품으면서 이러한 변화가 시작되었다는 것이다.

나는 태드에게 도대체 무엇 때문에 주어진 업무에서 벗어나 그런 무모한 아이디어를 열정적으로 추진했는지 물었다. 그는 대답했다. "나는 단지 더 나은 회사를 만들어보고 싶었을 뿐이에요. 혁신을 쉽고 재미있게 만들면 보다 많은 사람들이 동참할 것이라고 생각했죠."

태드의 사례는 특이한 경우이며, 당신 회사에는 이러한 혁신이 필요 없다고 섣불리 단정 짓지 말자. 500명의 호텔 직원 대다수가 Y세대인 테라 리조트 그룹의 회장 제이미 야로우Jamie Yarrow의 생각을 들어보자.

Y세대는 게으르고 의욕이 없으며 전문가로 성장할 수 없다고 생각하

는 사람은 그들을 제대로 이해하지 못한 것이다. 물론 Y세대는 몇 가지 점에서 다른 세대와 다르다. 하지만 그들을 정확히 이해하는 사람이라면 Y세대가 회사에 이바지하기 위해 얼마나 부단히 노력하는지를 알 것이다. 직장 내에서 그들이 이질적으로 보이는 이유는 단지 노력하는 방법이 다르기 때문이다.

Y세대는 본인이 작년에 혹은 지난주에 얼마나 좋은 성과를 냈는지에 관심이 없다. 그들은 오로지 내가 오늘 무엇을 하고 앞으로 회사를 어떻게 이끌어나갈 것인지를 알고 싶어 한다. 이러한 Y세대가 옆에서 지켜보고 있기 때문에 나는 결코 그럭저럭 괜찮은 상태에 안주하려는 생각을 할 수 없다. 관리자 위치에 있는 Y세대들만이 나를 자극하는 것이 아니다. 심지어 내 사무실 문에 페인트칠을 하는 Y세대조차 회사를 앞으로 어떻게 키워나갈 것인지 궁금해 한다. 이런 점이 회사 경영자로서 바라본 Y세대들의 가장 큰 장점이다.

경영자 가운데 이런 Y세대를 불쾌하게 여기는 사람도 있을 수 있다. 하지만 나는 Y세대를 통해 앞으로 경쟁 우위를 점할 수 있다고 생각한다. 그들은 내가 매일 더 잘하기를 바란다. 그래야 그들도 잘될 수 있다고 믿기 때문이다. 이렇듯 지속적인 성장에 초점을 둔 회사는 쉽게 무너지지 않을 것이다.

적절한 관리와 지도를 받는다면 Y세대 직원도 충분히 좋은 성과를 낼 수 있다. 개인적으로 오랫동안 관찰해온 결과가 그렇다. 하지만 직장 내에서 세대 차이는 점차 커지고 있고 이 때문에 모든 연령대의 구성원들이 어려움을 겪고 있다. 나이 든 직원들이 은퇴를 미루고 이미 퇴직한 사람들마저 일자리로 되돌아오고 있다는 점도 세대 간의 격차를 극단적으로 벌리는 데 기여하고 있다. 최고령 직원과 최연소 직원 간의 나이 차이가 역대 최고로 벌어졌다고 말하는 기업주도 있다(심지어 60세 이상 차이 나는 경우도 있다).

나는 미국 중서부 지역 기업 경영자 회의에서 기조연설을 할 때 이러한 세대 차이를 직접 피부로 느낄 수 있었다. 방 안 가득 앉아 있는 임원들에게 처음 출근하는 Y세대 직원을 보면서 아직 부족한 점이 많다고 느낀다면 손을 들어보라고 했다. 순식간에 참석자 모두가 손을 들었다(간혹 부연 설명을 하거나 차마 입에 담지 못할 욕을 하는 사람도 있었다). 뒤이어서 임원들 자신도 첫 직장에 입사했을 당시 부족한 점이 많았다고 생각한다면 손을 들어보라고 했다. 그러자 다시 한 번 모두가 손을 들었다. ("부족한 점이 많을 수밖에. 난 18세 때부터 일을 시작했으니까." 이렇게 친절하게 설명하는 사람도 있었다.) 질문이 끝난 뒤 나는 그들에게 가상의 상황을 들어 이야기했다. "첫 출근하는 Y세대 직원을 상상해보기 바랍니다. 첫 직장이라는 점을 감안하면 아마도 그는 20대 중반이나 후반 정도겠죠? 그는 긴장과 흥분 때문에 밤잠을 설쳐 지각할 수도 있습니다. 그런 그에게 당신들이 수많은 직장 경험으로부터 얻은 교훈을 한마디 들려준다면 뭐라고 하겠습니까?" 많은 사람들이 손을 번쩍 들었다. 그중 나이가 가장 많은, 나중에 알게 된 바로는 70대 중반이 넘은, 한 신사에게 내 눈길이 갔다. "첫 출근하는 Y세대에게 앞으로 직장 생활에 지침으로 삼을 만한 조언을 해주신다면 무엇입니까?"라고 나는 그에게 물었다.

"바지 좀 올려 입게!" 그는 크게 소리쳤다. 그 소리에 나는 무대에서 떨어질 뻔했다. 회의실 안은 온통 웃음, 박수, 동조의 목소리가 가득했다. 내가 어제 입었던 통 큰 힙합 청바지가 아니라 정장을 입고 있다는 사실에 나는 몰래 가슴을 쓸어내렸다.

"셔츠 좀 바지 안으로 집어 넣게나!"

Y세대(나는 1977년과 1995년 사이에 태어난 사람들, 2011년 현재 한국 나이로 16세에서 34세까지를 Y세대로 정의한다. 그에 대한 설명은 2장에서 하겠다)와 단 5분이라도 함께 일해본 사람이라면 그들은 다른 특성을 갖고 있을 뿐 아니라 직장에서의 우선순위도 기존세대와 크게 다르다는 것을 알 수 있다. Y세대의 특성 중에는 회사가 채용 즉시 활용할 수 있는 장점도 있는 반면(예를 들어 소셜 미디어를 활용해서 신제품을 또래 집단에게 신속하게 알리거나 한 손으로 문자를 보내며 운전하는 기술 등) 아주 혼란스럽고 거슬리는 것들도 있다(Y세대가 쓴 이메일에서 단 하나도 온전한 문장을 찾아볼 수 없다). 또한 종종 회사의 경영자들은 이런 말을 한다. "제 시간에 출근해서 휴대전화를 끄고, 셔츠를 바지 안으로 집어넣고, 소매를 걷어 올리고 업무를 시작하는 것이 뭐가 그리도 어렵지? 나는 늘 그래왔는데." 이런 말을 하는 그들은 아직도 (집 전화 같은) 유선전화를 자주 사용하고 연필 돌리기 등의 손 묘기를 부릴 줄 아는 기성세대다. 그러니 이런 불만을 충분히 이해할 수 있다.

최근에 새롭게 등장한 세대 차이, 즉 Y세대와 다른 세대 간의 행동, 태도, 그리고 가치관에서 오는 차이는 근무 환경 속에서 다양한 형태로 표출된다. 예를 들어 의사소통 방식이나(60대의 사장님은 전달사항을 흘림글씨(필기체)로 쪽지에 적어 직접 전달하지만 Y세대는 흘림글씨를 잘 읽지 못한다), 전문가다운 복장(Y세대는 넥타이를 어디서 사야 하는지도 모른다), 시간관념(기성세대는 10분 일찍 출근해야 된다고 생각하지만 Y세대는 점심시간 전에만 출근해도 된다고 생각한다), 그리고 고객서비스(거스름돈을 세어서 달라는 고객에게 Y세대는 "당신은 돈을 셀 줄 모르나요?"라고 되물을 것이다) 등과 같은 분야에서 차이를 보인다. 이러한 세대 격차가 종종 제3자에게는 가벼운 문제처럼 보일 수 있지만(만일 당신이 거스름돈을 돌려받아야 하는 상황인데 Y세대 직원이 계산을 하지 못하는 경우가 아니라면) 극심하게 어려운 경제 상황 속에서 전 세계를 무대로 경쟁해야 하는 기업에게는 절대적인 위기 요소다. 특히 Y세대에 대한 의존도가 높은 기업들에게는 더욱 큰 문제가 된다. 전문기술을 갖춘 Y세대를 높은 급여를 주고 고용해야 하는 의료 서비스나 첨단 기술 분야의 회사, 급여는 낮고 이직률은 높기로 소문난 패스트푸드업체나 호텔 등 숙박업소, 노령 인구의 대규모 퇴직이 임박한 회사들이나 야심 찬 성장 계획을 가진 기업들이 그 예다.

젊은 조직을 위한 Y사이즈 프로세스

나는 휴대전화를 (실제로) 머리맡에 두고 자는 Y세대다. 또한 나는 18

세부터 사업을 시작했다. 그러다 보니 Y세대와 경영자로서 '세대 간의 가교' 역할을 하게 되었다. 나는 Y세대 직원들의 성과를 어떻게 극대화하고 연봉 협상 없이도(특히 그들의 요구에 일일이 장단 맞추지 않고도) 그들을 회사에 오래 머물게 할지에 대해 경영자, 관리자, 그리고 기업가와 많은 상담을 해왔다. 또한 미국의 50개 주와 100개 국가에 속한 50만 명 이상의 Y세대들과 직접 만나서 직장과 현실 세계에 자연스럽게 적응할 수 있는 방법에 대해 이야기를 나누었다.

이러한 배경 탓에 나는 세대 간의 틈 사이에 꼼짝없이 갇혀버렸다. Y세대를 최대한 활용해서 성과를 올리고자 하는 회사의 고민을 생생하게 전해 듣는 반면 회사 형편과 경제 상황으로 인한 현실적인 한계를 목격하기도 했다(예를 들어 주된 업무가 청소라는 이유로 직원들에게 개인 컴퓨터를 제공하지 않는 청소업체의 한계). 다른 한편으로는 내 책을 읽거나 세미나에 참석한 많은 Y세대들로부터 CEO나 회사가 멀게만 느껴진다는 불평 섞인 이메일을 받았다. 이와 동시에 CEO와 임원들은 마호가니 책상 건너편에서 똑같은 불만을 내게 토로했다. 세대 간의 골이 깊어지고 있고 모두가 손해를 보고 있음이 명백했다.

회사 내의 모든 세대를 아우를 수 있는 중립 지대가 존재해야 한다는 생각에 나는 그것을 찾아 나섰다(찾는 과정에 대해서는 4장에서 얘기하기로 한다). 이 과정에서 찾아낸 해결책이 바로 Y사이즈 프로세스다. 다운사이즈downsize가 아니다. Y사이즈 프로세스는 Y세대에게서 최대의 성과를 이끌어내는 동시에 직장 내의 세대 차이를 존중하고 각 세대의 장점을 융합하여 발전 방법을 제시한다. 결론적으로 어느

특정 세대의 구미에 맞출 필요 없이 Y사이즈 프로세스를 통해 모든
세대의 직원들이 혜택을 받고 기업은 빠르게 발전할 수 있을 것이다.

늘 있어왔던 세대 간의 갈등과 충돌

엄밀히 얘기하면 신세대와 기존세대의 단절(그리고 기존세대가 신세대
를 보면서 고개를 절레절레 흔드는 것)은 일반적인 현상으로 전혀 새로
운 것이 아니다. 새로운 세대가 회사에 들어올 때마다 이전 세대에 속
한 기존 직원들은 스트레스를 받는다. 회사의 연륜 있는 관리자나 경
영자는 "예전에 그들이 그랬듯이" 요즘 젊은 "애들"(20대 후반쯤의 직원
들)도 마땅히 고생을 해봐야 한다고 말한다. 새로운 세대는 상대적으
로 편하게 자랐다고 생각하기 때문이다(Y세대는 기성세대처럼 전화 접
속 네트워킹으로 고생하지 않았기 때문에 나도 인정한다). 하지만 이렇게
말하면서도 Y세대나 기타 어느 세대를 고용하는 문제에 있어서 모든
것을 제대로 처리하는 기업을 아직까지 본 적이 없다.

　나는 그동안 많은 경영자, 관리자, 기업가들을 인터뷰했다. 처음 사
회에 나와 취업했던 때를 회상하던 그들은 거의 모두가 그 당시 자신
에게 부족한 점이 너무 많았음을 고백했다. Y세대도 다를 바 없다. Y
세대는 좀 더 늦은 나이에 경험이 (거의 없거나) 상대적으로 적고 공식
적인 취업 훈련을 덜 받았거나 취업 준비가 상당히 미흡한 상태로 직
장 생활을 시작한다는 점을 제외하고는 말이다. 게다가 Y세대는 '꿈
은 이루어진다'라는 말을 부모로부터(그리고 사회로부터) 귀에 못이 박

이도록 들으며 자랐다. 좋은 의도에서 한 말이겠지만 오늘날의 경제 상황에서 이런 격려는 비현실적으로 들릴 수밖에 없다. 누구든 최고 경영자가 될 수 있다. 하지만 출근 한 달 만에 그 위치에 오를 수는 없다. Y세대는 현실을 직시해야 한다. 처음에는 잡일부터 시작한다. 우편물 정리 같은 일 말이다.

새로운 세대가 회사에 진입할 때마다 세대 간에 마찰과 스트레스가 생기지만 그럼에도 최근 주목받고 있는 3가지 요인 때문에 Y세대에 관한 관심이 집중되고 있다. 또한 Y세대 인재를 어떻게 활용할 것인지에 대한 기업의 관심도 급격히 증가하고 있다. 그렇다면 하루빨리 Y사이즈 프로세스를 도입해야 한다는 당위성에 무게를 실어주는 3가지 요인들을 살펴보기로 하자.

글로벌 경제 침체

극히 일부의 기업 또는 지역만이 경제침체의 영향으로부터 자유로운 듯 보인다. 제너럴모터스GM와 같은 유명한 기업들이 파산 신청을 하거나 국가의 개입을 요청했다. 설령 돈을 제때 갚는다고 하더라도 이제는 은행으로부터 돈을 빌리기가 쉽지 않다. 기업은 수익과 이윤 보다 손실과 사직서 등으로 고민하고 있다. 성장은 없고 정체만 존재하는 듯 보인다. 비용 절감을 해야 하는 기업 입장으로는 인건비 부문에 관심을 집중할 수밖에 없다. 제조업종을 제외한 대부분의 회사에서 총비용 가운데 인건비가 차지하는 비중이 가장 크거나 두 번째로 크다. 최고 경영자와 최고 재무관리자CFO는 인건비 대비 수익률을 높일 수 있는 방법들을 찾고 있으며, 그들은 Y세대가 여러 수당을 감안

해도 가장 적은 비용으로 고용할 수 있는 인력이라는 사실을 이미 깨닫고 있다. 한편으로 Y세대는 약간의 가르침과 개선만으로도 즉시 유용하게 쓰일 기술을 많이 갖고 있다(이들이 보유한 기술을 30분 안에 이끌어내는 방법을 11장에서 소개하겠다). 게다가 절대적인 수치로도 Y세대 인력은 풍부하다. 미국만 하더라도 Y세대 인구수가 7,980만 명을 기록했다. 노동시장에서도 그들의 수가 가장 빠른 속도로 증가하고 있다. 미국 외에 많은 나라도 같은 상황이다(참고로 우리나라의 경우 2010년 통계청 자료에 의하면 1977년부터 1995년 사이에 출생한 15~33세의 인구수는 약 1,300만 명으로 조사되었다).

Y세대의 등장은 가뭄 끝에 내리는 단비처럼 반갑다. 최근의 경제 상황과 Y세대의 특징을 종합해본다면 그들을 효과적으로 고용하고 활용할 경우 높은 투자 수익을 기대할 수 있기 때문이다. Y세대의 노동시장 유입은 단기적으로 기업에 이익을 가져다줄 뿐 아니라 장기적으로는 기업 간 비교 우위를 점할 수 있는 전략적 발판이 될 것이다. Y세대를 잘 활용하는 방법만 안다면 말이다. 결국 모든 것이 Y사이즈 프로세스로 귀결된다.

연금에 대한 기대감이 전혀 없는 세대

Y세대는 평생 고용에 대한 일말의 기대감 없이 노동시장에 진입하는 첫 세대다. Y세대는 한 직장에서 40년간 일한 후 퇴직하여 401K[1]로 생활하는 미래를 단 한 번도 꿈꿔본 적이 없다(우리 Y세대에게 연금이

1) 401K는 미국에서 가장 많이 활용되고 있는 확정 기여형 기업연금제도다.

란 지독히도 느린 인터넷처럼 느껴지기 때문이다). 경제 상황이 궁극적으로 개선되거나 Y세대의 업무 능력이 점차 향상됨에 따라 직장의 선택 폭이 넓어질 것이고 그들은 직장이 맞지 않는다고 판단되면 바로 떠날 것이다. (하지만 걱정하지 마시길! 약간의 노력 또는 비용으로 Y세대를 직장에 머무르게 하는 방법을 13장과 14장에서 소개하겠다.) Y세대가 겉으로는 충성심이라고는 전혀 없는 세대 같아 보일지라도 사실 그 반대다. Y세대가 일단 CEO와 임원 그리고 회사를 믿기 시작하면 그들은 급여를 반납할 정도로 매우 충성스럽게 변한다. 단지 Y세대의 충성심을 얻는 방법이 조금 다를 뿐이며 급여 인상만으로는 그들의 충성심을 살 수 없다. Y세대의 충성심을 얻는 방법은 나중에 다시 소개하겠다.

다세대 간의 충돌

세대 간의 충돌(혹은 단절)이 극심한 수준에 이르렀다. 사상 처음 서로 다른 4개 세대가 한 회사에서 어깨를 맞대고 일하고 있기 때문이다. 이는 전례가 없는 현상으로 예측할 수 없는 새로운 문제들을 만들어내고 있다. 4개 세대에 걸친 직원을 고용한 기업들은 의사소통, 동기 부여, 혁신, 팀워크, 업무 몰입, 전문성, 고객 서비스, 리더십 등의 부문에서 단절(혹은 직접적인 싸움)을 경험한다. 회사가 세대 간의 가교 역할을 제대로 수행하지 못하거나 일선 현장에 투입된 새로운 세대를 포용하지 못한다면 기업 운영 비용은 급격하게 증가할 것이며, 효율성과 사기 그리고 이윤 모두가 심각한 수준으로 떨어질 것이다(또한 블로그에는 회사를 비난하는 익명의 글들이 빗발칠 것이다).

다세대multigeneration가 공존하는 직장 내의 다양성, 특히 Y세대의 밀물과도 같은 등장을 기업이 성공적으로 다룰 수 있다면 어마어마한 잠재력을 개발할 수 있는 반면, 그러지 못한 기업은 세대 간의 싸움을 말리느라 전전긍긍할 것이다. 8,000만 명의 베이비부머들이 결국 은퇴하거나 (그동안의 경기침체와 자녀의 대학 등록금을 부담하느라 차일피일 미루었던) 생활의 질을 높여주는 직장으로 이직을 감행하면서 다세대 인력을 활용하는 기업의 능력이 점차 중요해진다.

최근의 경제 상황, Y세대의 업무 태도, 그리고 다세대 노동력이라는 3가지 요인은 극심한 경쟁 상황에서 등장한 Y세대 인력의 중요성을 더욱 강조해준다. 대부분의 국가 경제가 서비스 산업과 지식기반 산업으로 초점이 옮겨가는 상황에서 이들의 중요성은 더욱 커진다. 3차 산업은 (말 그대로) 고객을 위해 문을 열어주고 고객의 질문에 대답하는 등의 서비스가 주를 이루므로 자연스럽게 젊은 세대에 의존할 수밖에 없다. 아무리 고급 서비스업체나 지식기반 회사라도(고급 호텔이든 유명한 법률 회사든) 처음이자 마지막으로 고객이 마주치게 되는 직원은 Y세대이기 때문에 그들의 존재는 더욱 중요하다. 다시 말해 Y세대는 말 그대로 고객의 경험이 형성되는 데 북엔드[2] 같은 역할을 하는 것이다. 비록 Y세대들 중 일부는 책을 거의 사지 않지만!

---

2) 여러 권의 책을 세워놓고 쓰러지지 않게 양쪽 끝에 받쳐두는 것.

입맛에 맞추지 말고 리드해라

회사는 까다로운 Y세대의 입맛을 일일이 맞추려고 노력해서는 안 된다(대도시에 거주하면서 회사차가 도대체 왜 필요하단 말인가?). 회사가 그들의 요구를 하나둘 들어주다 보면 결과적으로 Y세대 중에도 잘못된 부류(통보도 없이 회사를 그만둔 뒤 추천서를 요구하는 그런 부류)를 고용하기에 이른다. 누구도 눈치를 보고 뒤치다꺼리를 해줘야 하는 그런 직원을 원치 않을 것이다. 모든 기업은 출근 첫날부터 회사에 크게 이바지하고 싶어 하고 잠재력을 한껏 발휘해서 자신을 뽑은 것이 얼마나 현명했는지를 증명하고자 하는 직원을 고용하고 싶을 것이다. Y 사이즈 프로세스는 바로 후자에 속하는 Y세대의 관심을 끌고 그들과 함께 성장해가도록 돕는다.

누구든 Y세대에 대한 적절한 통찰력을 갖추고 그들이 회사에서 어려움을 겪고 있을 때 약간의 노력만 기울인다면 Y세대뿐 아니라 회사에도 최대한의 이익이 될 합일점을 쉽게 찾을 수 있을 것이다. 이러한 믿음이 바로 Y사이즈 프로세스의 핵심이다. Y사이즈 프로세스는 무엇보다 도입 비용이 적고 기업에 알맞은 형태로 변형하기 쉬울 뿐만 아니라 주목할 만한 성과를 가져다준다. Y세대가 비용 효율적이고 높은 생산성을 지닌 직원으로 성장하는 데 경영자들 자신이 기여할 수 있다는 인식을 갖게 함으로써 Y세대 직원을 채용하는 전략과 전술적인 실행안 사이에 균형을 유지하는 것이 이 프로세스의 비결이다.

투자 이상의 수익을 가져다주는 세대

기업의 시각에서 본 결론부터 말하면 Y세대가 노동시장에 진입한 것은 매우 반가운 일이다. 기업은 가격이나 품질 경쟁에서 이기지 못하면 퇴출을 각오해야 한다. 즉 당신의 목표가 성공한 기업으로 손꼽히는 월마트나 노드스트롬이지 파산신청을 한 머빈스[3]는 아닐 것이다. 가격이나 품질 혹은 두 분야 모두에서 유연한 의사결정 능력을 가진 기업은 시장 변화에 수동적으로 대처하며 요약보고서(와 파워포인트 프레젠테이션)를 요구하는 관료주의적인 경쟁 기업보다 유리한 입지를 차지할 것이다. 하지만 최근의 높은 실업률에도 불구하고 낮은 임금을 받고 일할 우수하고 믿음직한 20대 후반의 직원을 구하기란 하늘의 별따기다. 적은 투자로 큰 성과를 내야 살아남을 수 있는 오늘날의 기업들에게 Y세대는 더욱 반가운 존재다.

반가운 소식 하나. 이 책을 읽고 있는 분들은 Y세대가 골칫거리(커다란 기대 심리로 무장한 골칫거리이긴 하지만)처럼 보이지만 실제로는 기회라는 점을 깨달았을 것이다. 이 책은 운영비 절감과 매출 증대라는 두 마리 토끼를 모두 잡으면서도 이 기회를 놓치지 않고 기업이 활용할 수 있는 전략과 전술을 제시할 것이다. Y사이즈 프로세스를 소개하기에 앞서 Y세대란 누구이며 무슨 생각을 갖고 있는지를 좀 더 자세히 알아보아야 한다(예를 들어 새벽 4시에 문신 시술을 받는 이유가 무엇인지). 2장과 3장에서 소개할 Y세대에 대한 분석은 한 기업의 리

---

3) 머빈스Mervyn's. 캘리포니아 주를 기반으로 하는 중형 백화점 체인으로 파산신청을 냈다.

더인 당신에게, 그리고 앞으로 시장을 선도해나갈 당신 회사에 Y사이즈 프로세스가 왜 꼭 필요한지 이해하는 데 도움이 될 것이다.

Y사이즈를 위한 질문

1. 당신은 기업의 성공을 위해 Y세대에 의존하는 편입니까?

2. Y세대 직원 때문에 어려움을 겪고 있습니까?

3. Y세대 직원이 개선했으면 하는 점을 한 가지 꼽는다면 무엇입니까?

2장 신세대 직장인의 특징

나는 1978년 5월 30일에 태어났다. 내용에 들어가기에 앞서 내 생일을 밝힌 이유는 Y세대는 그 어떤 공휴일보다 자신의 생일을 손꼽아 기다리기 때문이다. 세대와 관련된 연구 결과에 의하면 내 나이는 Y세대의 선두 그룹(초기 집단)에 속한다(잠시 뒤 좀 더 자세히 설명하겠다). 나는 한 세대가 시작되는 시기에 자라면서 Y세대의 신념, 가치관, 태도, 기대 심리, 세대 결속적인 경험 등에 대한 통찰력을 갖게 되었고 이와 동시에 이런 특징들이 직장 내에서 다른 세대와 어떻게 조화를 이루는지 혹은 충돌하는지에 대해 속속들이 살펴볼 수 있었다.

나이가 지긋한 어른들 가운데 일부는 아직도 나를 '아이'라고 친근하게 부르지만 내가 진짜 어린아이였던 초등학교 시절 챌린저호가 공중에서 폭파하는 장면을 텔레비전 생중계로 본 기억이 아직도 생생하다. 이 사건은 Y세대의 범주를 구분 짓는 첫 순간이었다. 뿐만 아니라 처음으로 받은 이메일에 가슴 뛰던 기억도, 수십만 통의 스팸메일 때문에 짜증났던 기억도 아직 생생하다. 그리고 나는 아직까지 매일 엄마에게 문자메시지를 보낸다(적어도 5통 이상씩).

같은 또래의 세대 전문가

나 자신이 Y세대라는 점이 우리의 세계관(예, 위Wii를 구매할 것인가 엑스박스Xbox를 구매할 것인가와 같은 Y세대들에게는 종교와도 같은 절대적인 문제)을 이해하는 데 도움이 되었지만 나를 저절로 Y세대 전문가로 만들어주지는 않았다. Y세대에 대한 전문 지식을 키우고 연마하기 위해서 나는 지난 5년간 Y세대와 그들의 고용주들을 인터뷰하고 그들이 사회생활을 어떻게 시작하는지 연구했다. 그들은 옷 입는 방식이 모두 달랐고 지역마다 특색 있는 억양으로 말을 했으며 DVR[1] 에 녹화하고자 하는 텔레비전 프로그램도 천차만별이었지만 세대라는 틀에서 봤을 때 Y세대는 미국 전반에 걸쳐, 더 나아가 전 세계에 걸쳐

---

1) digital video recorder의 약자로 영상을 비디오테이프가 아닌 하드디스크 기반의 디지털 저장 장치에 기록할 수 있는 장비를 말한다. PVRpersonal video recorder이라고도 한다.

놀라울 정도로 유사한 모습을 보였다. 또한 Y세대는 알래스카 주 주노 출신이든 플로리다 주 마이애미 출신이든 네브래스카 주 링컨 출신이든 똑같은 신념, 가치관, 선호도, 우선순위를 보였다(비록 억양과 선호하는 커피 맛에는 큰 차이를 보였지만).

Y세대와 이야기를 나누고 함께 일하면서 나는 Y세대란 누구인지를 분명하게 깨달을 수 있었다. 그들은 기업 성장을 이끌어갈 잠재력 있는 인재인 동시에 직장 내에서 여러 문제를 일으키는 골칫덩이기도 하다. 내가 Y세대라는 점 때문에 혜택을 본 한 가지는 Y세대들이 나를 동료로 인식하고 마음속 깊이 감춰진 이야기를 거리낌 없이 털어놓았다는 것이다(부모님들이 들으면 질색하거나 '비상용' 신용카드를 압수해 갈 만한 이야기들도 종종 있었다).

세대의 정의

세대에 대한 나의 정의는 '인접한 지역에서 같은 시기에 성장하며 유사한 사회문화적인 사건들을 경험한 인구 집단'이다. 간단히 말하면 세대란 대략 비슷한 시기에 비슷한 장소에서 자란 사람들의 모임이다. 온갖 복잡한 단어를 사용할 수도 있겠지만 결국 세대는 이런 것이다.

세대의 정의에서 "인접한 지역에서"라는 표현에 주목해야 한다. 나는 항공 마일리지를 수만 포인트나 쌓을 만큼 많은 지역을 돌아다니면서 고객들과 상담을 했다. 그러면서 같은 세대 간에도 지역에 따라 서로 다른 가치관을 갖는다는 사실을 알게 되었다. 같은 세대라도 시골의 소도시에서 자란 사람과 대도시에서 자란 사람의 가치관이 다르고, 미국에서 자란 사람과 다른 나라에서 자란 사람의 가치관이 달랐다. 이렇듯이 지리적인 환경이 한 세대에 미치는 영향력을 인식함으로써 특정한 세대 내에서도 유사한 지역적 배경을 가진 직원들끼리 직장 내에서 유사한 태도를 보일 것이라는 사실을 알 수 있었다.

같은 세대 그러나 다른 배경

나와 내 친구의 이야기는 같은 세대 내에서 지리적 요인이 얼마나 중요한지를 증명하는 좋은 사례다. 그와 나는 비슷한 나이지만 그는 뉴욕 시 근처에서 자란 반면 나는 시골에서 자랐다(캐틀 가드[2] 를 넘어가야만 찻길이 나오는 그런 시골이었다). 내 친구는 40여 개국 출신의 다양한 학생들과 같이 학교를 다녔다. 뿐만 아니라 매일 각국의 수많은 언어를 들을 수 있었고 다양한 음식점에서 원하는 음식을 마음껏 사먹을 수 있었으며 박물관에도 자주 갈 수 있었다. 물론 박물관이 가까이 있다고 해서 꼭 갔으리라는 보장은 없다(박물관에 가는 것은 문화적인 활동이기 때문에). 반면 내가 다닌 학교에서 들을 수 있는 외국어는 ('텍사스 영어'를 외국어에 포함시켜도) 기껏해야 2~3개뿐이었다. 또한 월마트에 가는 날은 자연스럽게 '가족 친지 모임'이 되기 때문에 모두가 한껏 멋을 내곤 했다.

----

2) cattle guard. 자동차는 지나가도 소나 양은 못 지나가게 도로에 구덩이를 파고 그 위에 쳐놓은 쇠막대기 판.

결국 내가 말하고자 하는 바는 세대란 어느 특정 연령대에 속한 모든 사람을 완벽하게 끼워 맞출 수 있는 고정된 '틀'이 아니라는 것이다. 오히려 다양한 세대의 사람들이 더욱 효과적으로 소통하고 관계를 맺고 앞으로 나아가기 위한 결정적 단서라고 생각한다. 단서일 뿐 틀이 아니다. 나는 함께 일하는 베이비부머를 보면서 "하하! 매일 일찍 출근하고, 늦게 퇴근하고, 셔츠를 바지 안에 집어넣고, 주말에도 일하는 미련한 사람들!"이라고 단정 짓지 않는다. 설령 이렇게 나열한 특징들이 모두 사실이라 하더라도 세대는 본래 넓게 정의되어야 한다는 사실을 경험을 통해 배웠기 때문이다. 어느 특정 세대에 대한 특징을 있는 대로 나열한다고 해도 이 책을 읽는 사람 중에 완벽하게 들어맞는 사람은 아무도 없을 것이다(심지어 나도).

그러나 다양한 세대에 관한 나의 연구 결과를 기업에 적용했을 때 굉장한 가치와 즉각적인 성과가 나타났다. 기업 내의 다양한 세대들이 빠르고 효율적으로 '함께' 일할 수 있었을 뿐 아니라 세대 간의 결속력을 강화하고 각 세대 간의 업무 성과를 높일 수 있는 '공통의 장'이 마련되었기 때문이다.

세대 형성의 조건— 공통된 경험

한 세대가 끝나고 새로운 세대가 시작하는 시점은 인문학적으로나 과학적으로 항상 논쟁거리다. 5명의 세대 전문가에게 질문하면 5개의 서로 다른 대답을 듣게 된다. 나는 '세대 결속의 경험', 즉 한 세대가 경험하게 되는 양극단의 순간들에 초점을 맞춰서 설명하고자 한다. 각 사건은 한 세대 내에 공감대를 만들어주고 궁극적으로 세대 형성의 조건들을 통합하는 토대를 마련해준다.

Y세대를 결속시키는 경험들 중에는 눈에 띠는 사건들이 여러 개 있다. 그중 가장 첫 번째가 바로 챌린저호 폭파 사건이다. Y세대의 선두 그룹에 속한 사람들은 1986년 초등학생이었을 당시 이 사건을 텔레비전 생중계로 보았다. 우주선이 하늘 높이 솟아오르다가 폭파하는 순간 가슴도 함께 무너져 내렸던 기억이 아직도 생생하다. 두 번째 사건은 1989년에 있었던 베를린 장벽 붕괴다. (벽이 붕괴되었다는 말은 들었지만 당시에는 베를린이 어디인지 몰랐다. 아마 아직도 베를린이 어디 있는지 모르는 사람도 있을 것이다.) 뒤이어서 1990년대 초반에 걸프 전쟁이 터졌다(전쟁 장면을 텔레비전 생중계로 집에서 편안하게 지켜보았다). 그 뒤로는 대중문화의 영향을 많이 받으며 자랐다(브리트니 스피어스 만세!). Y세대에게 가장 결정적인 사건은 바로 2001년 9월 11일에 터졌다.

9·11 사건은 Y세대에게 마치 케네디 대통령 암살 사건과도 같다. "빌딩이 무너질 때 너는 어디 있었니?"라고 묻게 되는 대표적인 사건이다. 나는 사건이 터진 순간을 결코 잊지 못한다. 나는 아버지와 함께 로스앤젤레스에서 3일 동안 발이 묶였다. 모든 여객기의 이륙은 허락되지 않았고, 군 제트기가 하늘을 맴돌았다. 아마도 나는 그 순간을 평생 잊지 못할 것이다. 챌린저호 사건과 9·11 사건을 처음과 끝으로 설정한다면 대략 1977년부터 1995년 사이에 태어난 세대를 Y세대라고 정의 내릴 수 있다. 사건이 발생한 시점에 감성적으로나 이성적

으로 어느 정도 성숙해야 사건의 중요성을 인식할 수 있고 그 사건으로부터 영향을 받을 수 있기 때문이다. Y세대가 2000년 출생자까지를 포함한다고 주장하는 사람들도 있다. 하지만 이런 주장은 타당성이 없다. 1995년 이후에 태어났다면 9·11 사건의 중요성을 인식하기 매우 어렵거나 불가능하기 때문이다. 심지어 사건 발생 당시 언론에서는 집에 어린아이들과 함께 있는 부모들에게 텔레비전을 끄도록 권유하기도 했기 때문이다.

다른 세대와 구분되는 Y세대의 10가지 특징

1977년부터 1995년 사이에 태어난 세대, 즉 Y세대는 미국 내에만 8,000만 명에 육박한다. 게다가 미국 노동시장에서 가장 빠르게 증가하고 있는 노동 인력이다. 출산율과 기타 인구 통계학적인 요인에 따라 약간씩 다르지만 미국 외의 다른 국가에서도 Y세대가 가장 빠르게 증가하고 있는 노동 인력일 가능성이 높다. 만일 그렇지 않다면 고용할 수 있는 Y세대의 수가 상대적으로 적다는 의미이기 때문에 그들의 관심을 끌고, 회사에 머무르게 하고, 육성하는 효과적인 방법을 찾는 것이 더욱 중요해진다. 회사 내에서 Y세대의 가치를 극대화할 전략과 전술을 개발하기 위해서는 Y세대의 특성을 알고 이해하는 것이 핵심이다.

내가 연구한 바에 의하면 직장 내에서 Y세대와 타 세대를 구분 짓는 10가지 특징들이 있다. Y세대 스스로가 직장 내에서 어떻게 생각하고 행동하는지 뽑은 10가지 특징들이기도 하다. 10분 늦게 출근해도 '제 시간'에 출근했다고 생각한다는 점을 제외하고 어떤 부분에서 기성세대와 가장 비슷한지(그리고 가장 상이한지)를 아래의 10가지 특징을 통해 살펴보도록 하자.

1. 근속 기념 케익 싫어요. 유기농 요거트 아이스크림 주세요!!

Y세대는 평생 고용에 대한 일말의 기대감 없이 노동시장에 진입한 유일한 세대다. 평생 한 직장에서 일하는 것을 '비정상'으로 보기 때문에 Y세대는 항상 이직을 염두에 둔다. 하지만 Y세대가 한 회사에서 일하기를 원하지 않거나 그렇게 못하기 때문은 아니다. 단지 본인의 생활이 직업이나 회사와 맞지 않을 경우 (혹은 수면 패턴에 방해가 될 경우) 거리낌 없이 직장을 옮길 뿐이다.

그렇다면 Y세대는 얼마나 자주 직업 혹은 직장의 변화를 꿈꿀까? 장기적인 혜택, 나이 그리고 경제 상황에 따라 다르겠지만 Y세대에게는 기성세대와 크게 다른 점이 하나 있다. Y세대를 대상으로 한 인터뷰에서 평균적으로 그들이 정의내리는 장기고용 상태, 즉 회사의 '충실한' 직원으로 자리매김했다고 판단하는 시기는 근무 13개월(모든 휴가 사용)째 정도부터라고 대답했다. 또한 연말이 다가왔는데도 아직 사용하지 않은 휴가가 남아 있다면 Y세대들은 휴가 계산이 크게 잘못되었다고 생각할 것이다. 즉 Y세대는 회사와 직원의 관계에 대해 기성세대의 생각과는 많은 부분에서 상충되고 근본적으로 다른 정의를 내리고 있는 셈이다. Y세대는 40년이 넘는 기간을 한 회사에서 헌신적으로 일하고 기념 시계, 기념 패, 기념 케이크를 받으면서 퇴임하는 미래를 결코 꿈꾸지 않는다. 정말 다행이다. Y세대는 회사 로고가 박힌 기념 시계를 차고 다닐 리 만무하고, 엄마가 기념 패를 벽에 거는 수고로움을 덜어줄 수 있으며, 케이크보다 유기농 디저트를 훨씬 선호하기 때문이다. 사실상 Y세대 일부는 한 직종 심지어 한 회사에 5년 이상 머무르는 것을 발전이 없는 미래, 즉 경력의 정체 상태로 여기곤 한다.

Y세대에게 충성심에 대해 물으면서 중대하지만 쉽게 간과되는 사실 하나를 깨닫게 되었다. Y세대에게 충성심이란 재직 기간에 따라 정의되는 개념이 아니다. 그것은 기성세대들의 생각일 뿐이다. 사실상 대다수의 Y세대는 자신이 더 이상 선호하지 않거나 더 이상 열정적으로 일에 몰두할 수 없는 직장에 머무르는 것을 기업에 대한 불충으로 여긴다. 다시 말해 일이나 직장에 더 이상 흥미를 느끼지 못할 때 그만두는 것이야말로 기업에 대한 '충성'이라고 믿는 것이다. 이런 생각 때문에 Y세대가 사전 통지도 없이 사직서를 쓰는 것인지도 모른다.

그렇다면 Y세대는 충성을 어떻게 정의 내릴까? 바로 '노력'이다. 얼마나 오랫동안 일을 했느냐가 아니라 얼마나 열심히 노력했는가가 충성의 척도인 셈이다. 단 3개월을 일하고도 이직을 위한 추천서를 사장에게 요청할 수 있는 이유도 바로 여기에 있다. 짧은 재직 기간이지만 혼신의 노력을 다했기 때문이다.

그렇지만 Y세대가 20년 넘게 한 회사에서 일하는 꿈을 꾸지 않는다고 하더라도, 자신이 몸담은 회사에 대한 혹은 맡은 임무에 대한 진심 어린 유대감을 느낀다면 언제든지 회사를 위해 기꺼이 장시간 일하기도 한다. 예를 들어 내가 어느 온라인교육 회사를 방문했을 때 Y세대 직원들은 일주일 내내 퇴근도 안 하고 마감 기한을 맞추기 위해 업무에 몰두하고 있었다(몇 명은 회사에서 샤워까지 했다). "회사가 나를 신뢰하고 있기 때문에 직원으로서 해야 할 일을 할 뿐입니다." 한 Y세대 직원의 말이다.

핵심은 바로 기업의 목표를 Y세대 개인의 목표와 같게 하는 것이다. 다시 말해 Y세대들에게 회사의 목표를 달성함과 동시에 개개인의 목표도 이룰 수 있음을 보여줘야 한다. 8주 내내 연장 근무를 하고 금요일 휴무를 단 두 번만 주더라도 그들은 회사를 위해 충성을 다 할 것이다. 앞서 언급한 온라인교육 회사는 마감 기한을 맞춘 것을 축하하기 위해 바로 다음 날(주중에) 모든 업무를 중단하고 바닷가로 단체 휴가를 떠나 배구를 즐기게 해줬으며 친구들과 함께할 수 있는 파티도 열어주었다. 이처럼 Y세대의 충성심을 북돋을 수 있는 여러 방법을 (꼭 해변에 가지 않아도 되는) 14장에서 소개하고자 한다.

2. "엄마~ 변호사한테 연락해줘, 나 교무실 가는 중"

다양한 세대의 고용주들(Y세대를 고용한 Y세대 고용주도 포함해서)로부터 듣게 되는 가장 큰 불만은 다수의 Y세대들이 강한 권리 의식에 젖어 있다는 것이다. Y세대는 출근하면서 마치 자신의 존재 자체만으로도 고용주가 감사하고 존경을 표해야 한다는 듯이 행동한다.

사장이 "올해 자네는 어떤 모습일 것 같나?"라고 묻는다면 Y세대는 아마도 이렇게 대답할 것이다. "사장님 자리에 앉아 있을 것 같습니다. 하지만 의자는 바꿔야겠군요. 나는 마사지 기능이 있고 뒤로 젖힐 수 있는 의자가 좋거든요."

이런 태도가 얼마나 불쾌하게 느껴질지는 나도 잘 안다. 하지만 Y

세대를 "건방지고 싹수가 노랗다"(나도 이 표현이 매우 듣기 거북해서 언젠가는 어머니에게 말할 생각을 하고 있다)고 비난하기 전에 권리 의식은 100퍼센트 후천적으로 습득되는 것임을 잊어서는 안 된다. 내재적으로 타고나는 것이 아니라 강한 권리 의식을 갖도록 키워졌다는 뜻이다.

Y세대 부모의 대다수는 베이비부머에 속한다. 그들은 "우리 세대와는 달리 우리 아이들은 좀 더 편하고 쉬운 삶을 살았으면 좋겠다"라는 '유별난' 양육 방침을 갖고 Y세대를 키웠다. 하지만 자녀에게 편안한 삶을 제공해주기 위해 부모가 발 벗고 나서서 자녀에게 주어지는 모든 책임을 떠안으려고 한다면 오히려 아이들의 자신감과 독립성 발달을 저해할 뿐이다. 즉 자녀들은 의존적인 사람으로 자라면서 기대 심리만 키우게 된다.

대부분의 베이비부머 부모는 그들이 걸었던 고생길을 자녀들마저 걷게 하고 싶지 않았다. 설령 자신들이 더 힘들더라도 (특히 자녀의 대출금을 대신 갚아주더라도) 자녀의 삶을 좀 더 편안하게 만들어주겠다는 일념으로 모든 일에 발 벗고 나섰다. 학창 시절 베이비부머가 학교에서 문제를 일으켰을 때 선생님들로부터 받는 훈계는 집에서 부모 형제들로부터 받을 꾸중에 비하면 아무것도 아니었다. 반면 Y세대의 규범은 전적으로 다르다. 교무실로 불려가는 Y세대는 다음과 같은 문자 메시지를 보낸다. "엄마, 변호사한테 연락해줘. 나 교무실 가는 중." 집이 부유하거나 가난하다고 해서 상황이 달라지지 않는다. 단지 부자라면 좀 더 좋은 변호사를 선임할 것이다. 자식을 키우는 부모의 마음은 다 똑같다.

만일 성인이 된 자녀가 아직도 자동차 보험료와 휴대폰 요금을 당신에게 의존하고 있다면 아마 이 글을 읽으면서 뜨끔했을 것이다. 사실 많은 Y세대들은 "대학을 졸업할 때까지는 우리(부모)가 돕겠다"라는 말을 들으며 자란다. Y세대는 7개의 전공을 이수하고 한 학기 동안 교환 학생으로 해외에 다녀온 후 196학점을 이수하며 단과대 학사학위를 취득하여 대학을 졸업하고도 부모 집에 얹혀살면서 당당하게 성인임을 주장한다. "엄마, 같이 살게 해줘서 고마워! 그런데 세차 좀 해주면 안 돼?"라고 말하는 Y세대도 결국 언젠가는 대가를 치르게 될 것이다.

3. 과정보다는 결과를 중시

패스트푸드에서부터 문자메시지까지 Y세대는 모든 사람과 즉각적으로 소통하고 '인스턴트'하게 상품을 소비하는 시대에 성장했다. Y세대는 빠른 속도에 익숙하기 때문에 인내심이 적고 집중력이 짧으며 생활의 모든 측면에서 변화를 추구한다. Y세대는 마트 계산대에서 줄서는 것을 싫어한다(대신 스스로 계산할 수 있는 셀프 계산대를 좋아한다). 수학 문제를 맞혔음에도 불구하고 과정을 증명해야 하는 경우도 싫어한다. 커피 주문대에 긴 줄이 늘어서 있으면 다른 곳으로 간다(남 얘기처럼 쓰고 있지만 나도 그렇다).

하지만 Y세대를 '인스턴트' 세대로 섣불리 단정 짓기는 이르다. 내가 연구한 결과에 의하면 Y세대는 단지 결과 중심적으로 움직일 뿐이다. 이런 인식은 Y세대에 대한 논의를 완전히 바꿔놓는다. Y세대는 무엇이든지 당장 그 결과를 봐야 직성이 풀리는 것이 아니라 원하는 결과를 달성하기 위해 필요한 과정을 보지 못한다(그래서 가치 있게 여기지도 않는다). Y세대는 가시적인 목표를 달성하는 데 필요한 세부적인 과업을 고려하지 않을 뿐더러, 기성세대들의 업무수행 방식인 회사 정책이나 업무 과정도 지키려 하지 않는다. 단지 회사가 Y세대에게 요구하는 일이 무엇인지 알고 그 목표를 달성하는 데 방해받는 것을 원치 않을 뿐이다. 즉 Y세대는 '직무 중심적'이 아니라 극히 '프로젝트 중심적'으로 움직인다.

다시 말하면 Y세대는 현재의 업무 상황이나 일의 단계 등을 살피지 않고 오직 결과만을 중시한다. 그래서 단계를 차근차근 밟아온 사람들(업무의 틀을 만든 사람들 포함)의 노력을 과소평가한다. 예를 들어 Y세대는 베이비부머 상사가 현재의 부사장 직책 이전에 맡아온 수많은 직위에 의미를 두지 않는다. 단지 입사 2개월차인 신입사원임에도 불구하고 하루빨리 승진해서 부사장 자리에 오르고 싶을 뿐이다. 상식적으로 현재의 자리에서 목표하는 자리에까지 도달하려면 절차를 차근차근 밟아나가야 한다. 하지만 Y세대는 이러한 '상식'을 이해하지 못하기 때문에 커다란 기대감에 부푼 채 비현실적으로 짧은 시간 안에 꿈을 이루려고 한다. 말 그대로 Y세대는 '길'은 보지 않고 길 끝에 있는 오아시스, 즉 승진 축하 파티만을 생각할 뿐이다.

업무처리 과정이나 절차는 애초에 무시해버리는 Y세대는(이들은 메모조차도 웬만해서는 읽지 않고 바로 버린다) 가끔 의도하지 않게 현재 상황에 도전장을 내밀고, 더 나아가 회사의 혁신과 변화를 주도할 때도 있다. 또한 Y세대는 그동안 관습적으로 따르던 해법에 얽매이지 않기 때문에 문제에 봉착했을 때 색다른 해결책을 떠올릴 수 있는 잠재

력을 갖고 있다. 하지만 기존에 확립되어 있는 업무처리 절차와 방식
등은 회사 운영에 필요한 품질 기준, 안전 문제, 그리고 일관성 등을
보장하는 현실적인 장치이므로 이를 무시하는 행동은 예기치 못한
위험을 초래할 수도 있다.

4. "세탁이 끝나면 문자로 알려줘요"

Y세대는 인터넷과 이동통신 기술이 혁신적으로 발전하는 시기에 자
랐기 때문에 IT기술을 몸의 일부로 느낀다. 하지만 기성세대들은 Y세
대들이 IT기술에 대해 "많이 알고 있을 것"이라고 종종 오해한다. Y세
대는 IT기술에 대한 해박한 지식을 갖고 있는 것이 아니라 IT기술에
의존적일 뿐이다. 전자와 후자는 엄밀히 다르다. Y세대는 IT기술의 작
동 원리에 대해 무지하다. 단지 IT기술 없이 살 수 없을 뿐이다.

Y세대는 얼마나 IT기술에 의존적일까? 대학 입학처에서 일하는 여
직원에게 요즘 Y세대의 관심을 끌기 위해 대학 홍보를 어떻게 하는지
물었다. 그녀는 기숙사에 새로 설치한 세탁기를 집중적으로 홍보한다
고 대답했다. "난데없이 그게 무슨 소리입니까?" 내가 물었다. 그러자
그녀가 대답했다. "난데없다니요. 우리가 새로 들여온 세탁기는 세탁
이 끝나면 문자메시지를 전송해준답니다." 이 얼마나 기발한 생각인
가! 기존의 세탁기는 빨래가 언제 끝나는지 도통 알 수 없어서 나도
답답할 때가 많다.

IT기술에 크게 의존하는 Y세대는 (심지어 비행기 안에서도) 정보에
대한 신속한 접근은 물론이거니와 최첨단의 오락거리를 항시 그리고
공짜로 즐길 수 있기를 바란다. 또한 수만 가지의 선택 중에서 고민하

고 제품을 맞춤제작하고 원하는 텔레비전 프로그램을 일주일 내내 어디서든 '광고 없이' 보는 데 익숙하다. 게다가 친구, 직장동료, 그리고 가족들과 밤낮을 가리지 않고 연락할 수 있기를 바란다. 하지만 Y세대가 지나치게 IT기술에 의존하는 데 따른 단점도 있다. 바로 대인관계다. Y세대는 사람들 특히, 기성세대에 속한 어른들과 의사소통하는 능력이 현저히 떨어진다.

베이비부머인 임원 한 명이 내게 자녀 얘기를 들려준 적이 있다. 그의 딸이 남자친구에게 문자로 헤어지자고 말한 다음 그 사실을 아버지에게 전화로 알렸다. 그는 점잖은 말투로 이별을 문자로 통보하는 것은 좋은 방법이 아니라고 타일렀다. 하지만 딸은 "지금 무슨 소리 하시는 거예요? 그 애도 사귀자는 말을 문자로 했단 말이에요!"라고 대답하더라는 것이다.

많은 사람들, 특히 Y세대의 부모들은 우리가 한 번에 여러 개의 기계를 다루는 것을 보고 우리가 멀티태스킹에 능할 것으로 생각한다. 하지만 그렇지 않다. 우리는 (기계를 잘 다루는 것과 상관없이) 내용물을 동시다발적으로 뿜어내는 기계들 사이에 있어야만 편안함을 느낄 뿐이다. 예를 들면 숙제를 하면서 친구에게 문자메시지도 보내고, 텔레비전도 보고, 인터넷 검색도 하고, 음악도 함께 들어야 안도감을 느낀다. 사실대로 고백하면 Y세대는 멀티태스킹에 능숙하지 않다. 오직 한 곳에 집중하기보다는 다양한 것에 관심을 갖고 많은 것들로부터 한꺼번에 자극을 받으면서 편안함을 느낄 뿐이다.

소매업에 종사하는 한 Y세대 경영자가 말했다. "나는 지금 절반만 완성된 6개의 이메일 창을 띄워놓고 두 사람과 문자메시지를 주고받으며 세 사람과 메신저로 대화를 나누고 있다. 또 음악을 틀어놓은 채 트위터 피드[3]를 보면서 휴대전화로 통화를 하고, 끊임없이 방문하는 사람들과 이야기를 나누면서 일을 한다. 난 내 일을 사랑한다. 모든 것이 너무도 분주하고 무엇인가 이루고자 하는 열의가 마구 샘솟는다."

5. 다양성에 대한 높은 이해심

Y세대는 미국 역사상 가장 다양한 인종·민족적 특징을 갖고 있고 이례적으로 다문화주의의 영향을 받으며 자라났다. 인터넷, 대중문화, 이민, 인종 간의 결혼, 다양한 문화권 학생들과 함께했던 학교나 대학 생활, 세계화의 진전 등과 같은 요인들 때문에 Y세대는 다양한 그룹과 스스럼없이 편안하게 지낼 수 있었다. 하지만 역설적이게도 다른 민족이나 인종과 친밀하게 지내는 Y세대의 모습은 종종 기성세대의 심기를 불편하게 할 수도 있다. Y세대는 극도로 정치적 올바름[4]을 강조하던 시절을 겪었음에도 인종이나 민족 문제를 제대로 의식하지 못해 다른 세계관을 가진 사람들에게 오해를 살 만한 말을 생각 없이 하기 때문이다.

모든 것을 감안할 때 Y세대의 다양성에 대한 친숙함은 기업에 커다란 플러스 요인이다. 인종이나 민족의 다양성은 인식의 다양성, 즉 '생각의 다양성'을 증진시킬 가능성이 높다. '생각의 다양성'은 기존 문제에 색다르게 접근하고 해결하는 데 효과적인 전략으로 입증되었으며,

---

3) Twitter feed. 트위터 계정과 블로그 계정을 연결해서 블로그에 글을 작성할 때마다 자동으로 트위터에 전달되는 기능이다.

4) political correctness. 차별적인 언어 사용이나 행동을 피하는 원칙을 지칭한다.

점차 세계화되어가는 시장에서 기업의 경쟁력을 강화시켜줄 발판 역할을 하기도 한다.

6. "내 일정은 내가 조정할래요"

Y세대는 직장 내의 다른 어떤 세대보다 지시받지 않고 독립적으로 일하려는 경향, 즉 기업주가 되려는 경향이 강하다. Y세대는 기업주가 되는 모든 과정을 미화한다. 돈 한 푼 없이 대학 기숙사에서 사업을 시작해서(나도 이렇게 사업을 시작했다) 100만 달러짜리 혁신적인 아이디어를 내고(나는 이러지 못했다) 제품개발에 성공하여 큰돈을 번 성공 사례를 좋아한다(이러한 이야기들은 도니 도이치[5]의 토크쇼에서 절정을 이루었다).

Y세대에게 기업 경영은 굉장히 매력적인 일이다. 돈을 많이 버는 것보다는 기업가의 생활을 동경하기 때문이다(같은 돈을 벌더라도 로또에 당첨되는 것보다 직접 사업을 운영하는 쪽을 원한다). 중대한 결정을 내리고 위기에 빠진 기업을 이끌어서 궁극적으로 언스트앤드영Ernst&Young이 선정한 올해의 기업가 상을 받거나 〈포춘Fortune〉 지의 표지를 장식하고 싶어 한다.

그렇다면 Y세대가 궁극적으로 쫓는 것은 무엇인가? 열정을 품을 만한 일을 할 수 있도록 기회를 마련하고 본인의 일정을 스스로 통제할 수 있는 능력을 갖추는 것이다. Y세대는 늦게 출근해서 일찍 퇴근하고, 날씨 좋은 날이면 휴가를 내서 백수 친구들과 놀러 가고 싶어

---

5) Donny Deutsch. 미국 CNBC방송국의 전前 아나운서. 2008년 12월 4일 종영된 토크쇼 〈도니 도이치의 빅 아이디어The Big Idea with Donny Deutsch〉의 진행자.

한다. 물론 실제로 기업을 경영하는 CEO들은 이런 생각이 비현실적이라는 사실을 잘 알 것이다. 날씨가 좋은 날 하루쯤 휴가를 내서 친구와 놀 수도 있지만(기껏해야 일 이야기를 하면서 보내겠지만) 결국 밀린 업무를 처리하기 위해 밤을 새워야 하기 때문이다.

7. 출근 첫날 경험의 중요성

Y세대는 출근 첫날 회사를 계속 다닐지 말지를 결정한다. 아마 대다수는 출근 첫날 점심시간도 되기 전에 마음을 굳힐 것이다. 점심시간 전에 현재의 직장이 마음에 들면 친구들에게도 빨리 입사 지원서를 내라고 정신없이 문자를 보낼 것이며, 마음에 들지 않으면 남은 시간 내내 '일하며(즉 인터넷을 통해 구인 정보를 탐색하면서)' 보내게 될 것이다. 정보통신업종에 있는 한 기성세대가 Y세대의 출근 첫날 행태를 보고는 "화장실에서 행방불명"되는 직원이라고 불렀다. 출근 첫날 화장실에 잠시 다녀오겠다면서 사라져버리는 Y세대를 표현한 것이다. 이렇듯 Y세대에게 출근 첫날의 경험은 매우 중요하기 때문에 이를 잘 활용해야만 기업은 다양한 이점을 누릴 수 있다. 비용을 거의 들이지 않거나 아주 적은 비용으로도 Y세대에게 잊을 수 없는 출근 첫날의 경험을 안겨줄 수 있는 방법을 7장에서 소개하겠다.

8. 인사평가는 한달에 2번, 140자 내외의 문자나 이메일로…

당신 회사가 1년에 한 번씩 인사평가를 한다면 Y세대 고용 인터뷰를 퇴직 인터뷰라고 불러도 좋을 것이다. Y세대는 그런 회사를 좋아하지 않기 때문이다.

Y세대는 훨씬 더 정기적인 피드백을 요구한다. 한 달에 2번 정도가 이상적일 수 있다. 하지만 많은 시간과 노력을 필요로 하는 정기적인 피드백과 혼동해서는 안 된다. 인성, 태도, 성과 등에 대한 종합적이고 심도 있는 평가를 해달라는 것이 아니라 5초 동안 잠깐 들러서 존재를 확인해주는 정도면 충분하다. Y세대 직원의 책상 칸막이 앞에 잠시 멈춰 서서 "마이클, 지난번에 브루커를 도와서 수금 문제를 해결했던데 아주 훌륭했어"라고 말해주기만 하면 된다. 그 정도면 충분하다.

Y세대에게 걸맞은 소통 방식은 문자메시지다. '단락'이라는 고리타분한 것으로 구성된 몇 장의 편지로는 Y세대와 소통할 생각도 하지 말아야 한다. Y세대가 원하는 글자 수는 최대 140자다. 내용은 간단 명료해야 하며 직접 전달될수록 좋다. 군더더기 없이 요점만 정확하게. 클릭해서 열어보지 않고 제목만으로도 전달하고자 하는 내용을 '한눈에' 알아볼 수 있는 이메일을 보내자. 그러면 Y세대 사원은 일주일을 활기차게 보낼 것이다(9장과 12장에서 더 자세히 소개하겠다).

9. 졸업장은 몇 개 되지만 사회 경험은 거의 없다

Y세대는 상대적으로 늦은 나이에 취직한다. 베이비부머에 비해 길게는 5년 정도 늦게 (대학에서 더 이상 이수할 과목이 없어질 때 반강제적으로) 사회생활을 시작한다. 예를 들어 Y세대는 20대 후반이나 30대 초반에 처음 취직하는 반면 Y세대를 고용한 베이비부머 사장님은 30대 초반에 (이미 2명의 자녀는 말할 것도 없이) 2~3번의 직장 경험이 있었을 것이다. 그나마 중고등학교나 대학교에서 점차 직업교육이 사라지고 있는 추세여서 Y세대의 경험 부족은 더욱 심각하다.

학교생활에만 전념하도록 강요받아온 Y세대는 직장에서 전문가처럼 보이는 법 혹은 비즈니스 미팅에 참여하는 법(둘 다 습득해야 하는 기술이다) 등을 배울 기회가 적었다. 고등학교 때 마지못해 했던 따분한 아르바이트나 대학졸업 전의 인턴사원 등이 유일한 사회 경험이다. 하지만 이런 경험조차 많지 않은 Y세대는 직장에서 전문성이 부족하고 게으르고 (어느 세대보다 학위를 많이 보유하고 있지만) 교육이 부족하다는 평가를 받곤 한다.

나의 결론은 이렇다. Y세대라고 해서 다른 세대보다 더 많이 아는 것은 아니다. 기성세대들이 처음 취직했을 때 부족한 점이 많았던 것처럼 Y세대도 똑같다. 단지 기성세대는 이른 나이에 취직했고 Y세대는 좀 더 늦은 나이에 (좀 더 많은 신용카드 빚을 진 채) 취직한다는 것이 다를 뿐이다. 그래서 Y세대가 경험적인 측면에서 배워야 할 것이 많다고 (그리고 듣기 싫은 표현 중 하나인 "애티를 벗어야 한다"고) 생각해도 타당할 것이다. 여기서 중요한 것은 어떤 기업이 최소한의 시간과 비용을 투자해서 추가적인 급여 인상 없이도 Y세대의 가치를 신속하게 이끌어낼 수 있을 것인가 하는 문제다.

10. 내 삶은 퇴근 이후부터 시작된다

Y세대는 직업 외적으로 자신이 어떤 사람이고 어떤 일을 하는지를 매우 중시하며, 이것들을 토대로 정체성을 형성한다. 베이비부머는 자신이 오전 8시부터 오후 5시까지(사실은 오전 7시부터 오후 7시까지라고 말하는 것이 맞겠지만) 하는 일로 자신의 정체성을 결정하는 반면, Y세대의 정체성은 오후 5시 이후(아마 금요일에는 4시 반 이후)의

활동에 의해 결정된다. Y세대는 업무 외적인 시간을 중시하기 때문에 삶에서 사회적이고 오락적인 요소가 차지하는 비중이 더욱 크다. 또한 Y세대는 생활 방식과 인간관계를 직업보다 중시한다. 직업을 찾기도 전에 이사부터 하는 경우가 바로 이런 이유 때문이다. 나는 이렇게 삶의 방식을 먼저 결정하고 난 후에 직업을 찾아나서는 Y세대를 굉장히 많이 만났다. 이런 Y세대의 모습에 부모들은 기겁을 하지만 정작 Y세대는 자신들의 가치관과 맞기 때문에 자연스럽게 생각한다. "나중에 후회해도 소용없다. 젊은 시절이 영원할 것이라고 생각 말고 열심히 살아라!"라는 말을 주변에서 들을 때마다 이러한 Y세대의 가치관은 더욱 확고해질 뿐이다. (그러므로 이번 여름휴가 때 유럽 여행을 가겠다는 Y세대의 계획에는 변동이 없다. 당장 현금이 없더라도 신용카드가 있으니까.)

베이비부머 경영자들(그리고 부모들)은 직장도 없는 Y세대가 어떻게 여행을 할 때마다 도심에 있는 값비싼 호텔에 묵을 수 있는지 물어보곤 한다. 정말 재미있는 질문이다. 우리는 호텔에서 자는 것이 아니다. 카우치서핑닷컴[6]에 가입한 뒤 처음 본 낯선 외국인 집의 소파couch에서 무료로 숙박하는 것이다. 인터넷에서 찾은 정보니까 분명 안전할 것이라고 확신하면서.

---

6) www.couchsurfing.com은 현지인의 도움을 받아 무료로 숙박할 수 있게 도와주는 (운이 좋다면 현지 가이드까지 소개받을 수 있는) 여행자들을 위한 비영리 커뮤니티다.

Y사이즈로 기업의 경쟁력을 높인다

나 또한 Y세대이기 때문에 그들의 특징들 하나하나가 첫눈에 (혹은 2~3번 봐도) 잠재적인 가치를 지닌 강점으로 보이지 않는다는 것을 잘 안다. 하지만 Y세대를 올바르게 관리하여 그들의 10가지 특징들을 기업의 강점으로 전환한 기업을 많이 봤다.

이제 기업은 새롭게 부상하는 잠재력이 큰 인력을 잘 활용하기 위해서라도 그들의 특징을 예상하고 이해하며 이용할 줄 알아야 한다. 이러한 노력은 기존의 고용 방식보다 비용이 덜 들고 실행하기 쉬울 뿐만 아니라 회사의 이익에 즉시 반영된다. 내가 접촉했던 대부분의 기업은 '조금'의 노력만으로도 Y세대의 잠재력을 최대한 끌어낼 수 있다는 사실을 깨닫는 순간 비약적인 성장을 이룩할 수 있었다.

나는 Y세대다. 그래서 Y세대에게 큰 영향을 준 사건들이나 세대 형성에 결정적으로 기여한 경험들을 판단할 때 주관적인 시각에 영향을 받을 수밖에 없다. 다른 Y세대도 세대 형성에 기여한 요소들이나 사건들을 접할 때마다 개인적인 기억을 하나씩 (혹은 여러 개씩) 떠올린다. 수천 명의 Y세대와 이야기를 나눠본 결과 우리는 하나의 단편적인 사건이나 공동의 관심을 불러일으킨 사회적 현상으로부터 서로 유사한 방식으로 영향을 받고 있음을 알고 놀랐다. 이러한 경험과 사회적 현상들로 인해 Y세대는 기성세대와는 구분되는 Y세대만의 믿음과 가치관, 선호도와 우선순위 등을 갖게 되었다(3장에서 자세히 소개하겠다).

결국 이런 형태의 믿음과 가치관, 선호도와 우선순위 등이 조합을 이루며 직장 내 Y세대의 10가지 두드러진 특징을 만들어냈다. 반드시

Y세대의 생각에 동의할 필요는 없지만 출근 첫날부터 Y세대를 잘 활용하고 싶은 기업은 이 10가지 중요한 특징들을 꼭 알고 이해해야 한다. 이 10가지 특징들 그리고 그 배후에 있는 사회적 현상과 경험들은 Y사이즈 프로세스가 기업 내에서 효과적일 수밖에 없는 이유를 설명하는 기준이 된다. Y사이즈 프로세스는 Y세대를 완벽하게 이해하고 그들과 소통하기 위해 특별히 설계되었기 때문이다.

Y사이즈를 위한 질문

1. 첫 취업 당시 당신은 몇 살이었습니까? Y세대 직원에게 나이를 물어본 적이 있습니까?

2. Y세대가 가장 중요하게 생각하는 IT기술은 무엇이라고 생각합니까? 당신에게 가장 중요한 IT기술은 무엇입니까?

3. 이 장에 소개된 Y세대의 10가지 특징 중 당신과 가장 다르게 느껴진 것은 무엇입니까? 가장 비슷하게 느껴지는 것은?

3장 한 직장 네 세대, 다양한 문제

현재 Y세대만이 직장 내에서 다른 태도와 관점을 갖고 있는 것은 아니다. 나팔바지나 나일론 정장이 유행하고 사람들이 '자유로운 영혼'을 부르짖던 시대를 기억하는가? 또 텔레비전에서 인기리에 방영되었던 〈비버에게 맡겨라〉[1]에 등장한 담배연기가 자욱한 사무실이나 '기업가'의 모습을 기억하는가? 이렇듯 직장에 새롭게 진입하는 모든 세

1) Leave it to Beaver. 1957년에서 1963년 사이에 미국에서 인기리에 방영된 가족 시트콤으로 중산층 백인 가족의 모습을 시어도어 비버 클리버Theodore 'Beaver' Cleaver라는 어린 소년의 시각으로 그렸다.

대들은 자신만의 믿음과 가치관, 선호도와 우선순위를 갖고 있다. 가끔 이러한 다양성이 직장 내에서 조화를 이룰 때도 있지만 트리비얼 퍼수트[2] 게임을 할 때면 세대차가 두드러지게 나타나기도 한다.

Y세대 직원들과 업무상 중요한 대화를 나눈 후 그들이 도통 무슨 이야기를 했는지 이해하지 못하는 표정으로 사무실을 나서는 모습을 지켜본 적이 있다면 위에 언급한 '세대차'의 의미를 정확히 이해할 것이다. 베이비부머 상사는 직장 내에서 어떻게 Y세대와 소통할까? 베이비부머의 대표적인 '무기'는 펜과 종이이므로 주요 사항을 일일이 '흘림글씨'로 써서 직원들에게 전달한다. 하지만 흘림글씨에 익숙하지 않은 Y세대는 전달 내용을 이해하지 못한다! 무슨 내용인지 알아보지도 못하는 메모를 받아든 Y세대는 그들의 '무기'인 휴대전화로 상사에게 문자메시지를 보내 묻는다. 하지만 휴대전화와 친하지 않은 베이비부머 상사는 문자메시지가 도착한 것도 모르고 지나치는 경우가 많다. 이렇듯 직장 내에서 흔히 일어날 수 있는 세대 간의 현상에 당신이 어떤 방법론으로 접근하느냐에 따라 '문제'가 될 수도 있고 '기회'가 될 수도 있다.

위의 사례에서 서로 다른 세대에 속한 두 사람은 각자가 가장 편하고 효과적이라고 생각하는 방법으로 소통을 시도했다. 하지만 양쪽 다 실패했다. Y세대의 장점을 조직의 경쟁력으로 활용하면서도 기성세대들이 불만을 느끼지 않게 하려면 우선 Y세대를 기존의 3개 세대와 같은 맥락 안에서 이해하려는 노력이 필요하다. 4개 세대(장년

---

2) Trivial Pursuit. 일반상식이나 대중문화와 관련된 질문을 묻고 답하는 형식의 보드게임.

충, 베이비부머, X세대, 그리고 Y세대)의 특징들은 이 장 후반부에 소개한다. 우선 연령에 따른 세대 구분을 간략하게 언급하면 1946년 이전에 태어난 세대를 '장년층', 1946년과 1964년 사이에 태어난 세대를 '베이비부머', 1965년부터 1976년 사이에 태어난 세대를 'X세대(혹은 386세대)', 그리고 1977년부터 1995년 사이에 태어난 세대를 'Y세대'로 정의하고자 한다.

서로 다른 네 세대의 불편한 동거

사상 처음으로 네 세대가 한 회사에서 어깨를 맞대고 일하고 있다. 이런 유례없는 현상 때문에 직위, 학력, 경력의 차이를 떠나서 모든 비즈니스 리더들이 골머리를 앓고 있다. Y세대를 (그리고 Y세대가 맹렬히 퍼부어대는 문자메시지를) 감당하는 것만으로도 벅찬데 회사 곳곳(사무실, 휴게실, 프런트 등)에서 다양한 세대들의 업무 스타일마저 충돌하고 있기 때문이다. 경영대학원들도 최근에야 네 세대가 공존하는 기업을 리드하는 방법을 교과 과정에 포함시키기 시작했다. 하지만 아직도 이런 과목을 채택하지 않은 대학원들도 많다. 이유가 무엇일까? 한 회사 내에 네 세대가 공존하리라고는 아무도 예상하지 못했기 때문이다.

예상대로라면 장년층은 이미 오래전에 은퇴했어야 한다(은퇴해서 증손자들을 버릇없는 애들로 키우는 데 일조하고 있어야 한다). 베이비부머는 이미 은퇴했거나 은퇴가 임박했거나 삶의 질을 중시하는 직장으로 이직을 고려할 시점이다. X세대는 베이비부머 임원들의 뒤를 이어 승진을 하고 Y세대는 순조롭게 비즈니스 세계로 진입해서 잠재력을 발휘해야 한다. 하지만 최근에는 이러한 예상을 뒤엎는 '반전'이 펼쳐지고 있다.

오늘날의 베이비부머들은 자신들이 예상했던 것보다 훨씬 길고 건강한 삶을 누리고 있을 뿐만 아니라 여전히 기업의 고위직에서 큰 영향력을 행사하고 있다. 이와 동시에 집값은 폭락했고 주식 투자와 노후 계획은 물거품이 되었으며 다 큰 자녀들은 계속 "조금만 더 도와달라"며 손을 벌리고 있다. 이런 예상치 못한 상황들이 베이비부머의 '일중독적인' 성향에 더해져서 그들을 회사에 더 오래 머물게 하고 있다. 뿐만 아니라 장년층조차도 금전적인 이유 때문에 어쩔 수 없이 직장으로 되돌아오고 있다. 내가 만나본 사람들도 이러한 상황으로부터 자유롭지 못하다. 최고령 직원과 최연소 직원의 나이 차이가 근래에 가장 많이 벌어졌고 앞으로도 계속 벌어질 것으로 예상한다고 그들은 말했다.

제품 생산과 의사소통에서부터 오리엔테이션 진행과 판매(예, 판매 방식도 방문 판매에서 트위터를 이용한 판매로 점차 옮겨가는 추세다)에 이르기까지 기업 운영에 필요한 많은 분야에서 네 세대가 함께 일하는 데 따른 충돌이 두드러지게 드러나고 있다. 다양한 세대가 조화를 이루지 못하고 충돌할 경우 회사의 운영비는 증가하고 생산성은 하락한다. 문제는 이뿐만이 아니다. 기업의 리더들은 서비스와 품질의 저하, 정보의 단절, 높은 이직률과 엄청난 스트레스 등 다양한 문제를 경험하게 될 것이다. 또한 세대 갈등이 심화될수록 다세대 팀에서 일하기를 꺼리는 직원이 속출하면서 팀의 효율성은 급격하게 떨어질 것이다. 게다가 직원들은 서로를 탓하며 혁신을 뒷전으로 밀어낼 것이며, 세대 간의 긴장감이 극에 달해서 불필요한 문제들을 더욱 많이 양산해내는 악순환에 빠지게 된다. 하지만 오늘날과 같은 어려운 경제 상황에서 경영자가 이런 문제를 해결하기 위해 할애할 수 있는 시간은 턱없이 부족하다.

설상가상으로 노동시장 내의 인구통계학적인 변화가 빨라질수록 다세대 인력에 대한 리더십이 더욱 시급한 문제로 부상할 것이다. Y세대의 노동시장 진입은 급속하게 늘고 있다. 반면, 기성세대들은 이직이나 전직을 거부하거나 (자녀도 덩달아 취업시킬 방법도 모색할 겸) 회사로 되돌아오고 있다. 새로운 세대의 등장이 점차 빨라지면서 네 세대로 구성된 인력은 기업 내의 새로운 표준이 될 것이다. 뿐만 아니라 한 회사 내에서 서로 다른 다섯 세대가 함께 일할 날도 머지않았다.

앞으로는 Y세대와 나머지 3개 세대를 이해하고 효과적으로 이끌어나갈 수 있는 경영 능력이 가장 으뜸으로 요구될 것이다. 이 능력을 갖추기 위해서는 각 세대의 특징, 업무 태도, 신념, 그리고 의사소통 방식 등을 이해하고 어떤 점들이 기업과 잘 맞는지 통찰할 수 있어야 한다. 이는 Y세대 인력만 채용하는 기업이 드물기 때문에 특히 중요하다. 내 강연 중에서 Y세대를 포함한 모든 세대의 직원을 기업의 성장동력으로 활용하는 방법을 다룬 것이 가장 인기가 많은 이유도 여기에 있다.

다양한 세대가 한 직장 내에서 어떻게 상호작용하는지 '큰 그림'을 보려면 먼저 세대를 형성하는 요소들을 이해해야 한다.

세대를 형성하는 핵심적인 요소

세대를 형성하는 결정적인 요소는 4가지다. 제너레이셔널 인사이트 Generational Insight의 사장인 캠 마스턴Cam Marston으로부터 세대 형성 요소라는 개념을 처음 접한 후 나만의 세대에 대한 연구와 세대 간의 연결을 주제로 한 강연을 기반으로 살을 붙여나갔다. 아래와 같은 4가지 요소들은 각 세대를 구분 짓는 기준점이 되는 한편, 한 세대 안에서 공유되는 강점과 약점, 믿음과 편견의 근거가 된다. 또한 직장 내에서 아무런 문제없이 어울리는 세대들이 있는 반면, 마치 여섯 살짜리들이 위 게임기를 놓고 싸움을 벌이듯이 지속적으로 충돌하는 세대도 있는 이유를 설명해준다.

캠 마스턴이 언급한 4가지 요소는 다음과 같다.

- **성장 배경** 우리가 어떻게 자랐나는 직장에서의 행동이나 가치관에 가장 큰 영향을 준다.
- **경제 상황** 돈에 대한 가치관, 생각, 신념은 성장기에 형성되며 훗날 직장 생활에도 영향을 준다.
- **IT 기술** 세대에 따라 IT기술과 맺는 관계가 다르다.
- **기대 수명** 기대 수명에 따라 앞으로 남은 시간 동안 무엇을 어떻게 하며 보낼 것인지를 결정하게 된다.

1. 성장 배경

Y세대와 베이비부머는 서로 다른 환경에서 자랐고 그 차이는 '열여덟

살 생일' 때 가장 두드러지게 나타난다. 베이비부머가 열여덟 살이 되던 날 그들의 어머니와 아버지는 (부부니까 당연히) 나란히 서서 이렇게 말했다. "우리는 너를 사랑한다. 네가 너무나도 자랑스럽구나. 앞으로 더욱 큰 미래가 너를 기다린다. 이제 성년이 되었으니 대학에도 가고, 군대도 갔다 오고, 직장도 구해서 얼른 결혼해야지. 하지만 이제 모든 것은 너의 몫이니 독립해라."

그래서 8,000만 명의 베이비부머들은 (몇몇은 히피 문화에 심취해서) 필요 이상으로 직원을 채용한 환경(오늘날의 Y세대는 상상조차 못할 환경)에서 사회생활을 시작했다. 그리고 조직의 말단 사원에서부터 차근차근 승진의 절차를 밟았다. 그들은 열심히 일하는 것 외에 성공의 지름길은 없다고 믿었다. 많은 베이비부머들에게 사회생활은 어렵고 따분했지만 그들은 부모님 집에 다시 들어가서 살 생각은 하지 않았다(물론 들어간다고 해도 부모가 받아주지 않았을 것이다). 다시 말해 베이비부머는 직장이나 가정에서 자신이 원하는 것을 성취하려면 스스로의 노력과 추진력에 의존할 수밖에 없다고 생각하며 성장했다.

반면 열여덟 살이 된 Y세대의 경험은 베이비부머의 것과 완전히 다르다. (더 이상 부부는 아니지만 자녀의 생일을 축하해주기 위해 일부러 시간을 맞춘) 어머니와 아버지는 나란히 서서 자녀와 포옹하며 이렇게 말했다. "우리는 너를 사랑한다. 네가 너무나도 자랑스럽구나. 앞으로 더욱 큰 미래가 너를 기다린다. 하지만 너는 아직 열여덟 살이니까 대학을 졸업할 때까지는 우리가 지원해주마." 그리고 Y세대는 이 말을 듣고 너무 기뻐서 슬리퍼를 신은 채 팔짝팔짝 뛰었다. "엄마! 아빠! 고마워요!"

그리고 우리는 대학에 진학하고 학사학위를 받기 위해 6년이나 대학생활을 한 끝에 드디어 졸업을 한다. 하지만 학사모와 학사가운을 입고 갓 졸업한 Y세대의 절반 이상은 어디로 향했을까? 집! 부모의 집으로 향했다. 베이비부머 부모는 "자녀가 편한 삶을 누릴 수 있으면 좋겠다"는 유별난 육아 철학을 갖고 있었기 때문이다. 자식을 위하는 부모의 마음에서 비롯된 것이었지만 Y세대는 빨래에서부터 월급 관리와 매치닷컴match.com에 프로필을 등록하는 일까지도 모두 부모에게 의존하는 처지가 되었다.

몇몇 심리학자들은 '초기성인기adultolescence'라는 새로운 용어를 써서 20대의 행동을 설명한다. 성인으로서 누릴 수 있는 온갖 자유를 꿈꾸면서 일말의 책임도 지지 않으려는 Y세대의 행동을 지칭하는 용어다. 인터뷰 결과 Y세대 스스로가 '정식으로' 성인이 되었다고 느끼는 평균 나이는 서른 살이었다. 서른 살! 이 나이가 의미하는 바가 크다. 스스로 성인이라고 느끼지 않는다면 성인처럼 행동하지도 않을 것이기 때문이다.

2. 경제 상황

세대 형성에 중대한 영향을 미치는 두 번째 요소는 바로 '경제 상황'이다. 각 세대는 각자 성장하면서 겪게 되는 '상대적인 부富'와 '경제 사이클'을 토대로 부유함과 가난함, 성장과 침체 등의 경제관념을 형성한다. 예를 들어 장년층은 대공황기에 성장했다. 그래서 그들은 모두 철저한 절약가다. 그들은 음식점에서 먹다 남은 음식을 꼭 포장해가고 모든 물건 값을 현금으로 계산한다. 또한 쿠폰을 '모으고 반짝 세일을 찾아다니며, 한 번 구입한 승용차는 30년 이상 탄다.

Y세대는 장년층과 정반대의 경제 상황을 경험하면서 자랐다. Y세대는 그 어느 세대보다도 풍요로운 환경에서 자랐다. 제로 금리 덕분에 자본 없이도 부동산 대박을 이룰 수 있었고 '빠르게 부자되기'같이 소파에 편안히 앉아서도 시작할 수 있는 인터넷 창업 상품들이 쏟아져 나왔으며 실현되지 않은 거짓 이윤을 내세운 수백억대 기업들의 주가도 주식시장에서 연일 고공 행진했다. 성공은 결국 돈이라는 생각 그리고 소비를 많이 할수록 더욱 성공한 삶이라는 생각이 Y세대의 머릿속에 확고히 자리잡았다.

이런 Y세대의 생각에 부모들도 동조했다. Y세대는 부모가 더 큰 집과 더 좋은 차 그리고 (할인 판매하는) 100만 원짜리 핸드백을 사는 것을 곁에서 지켜보면서 자랐다. Y세대의 물질 중심적인 사고방식은 가정에서뿐만 아니라 언론매체와 사회를 통해 한층 강화되었다. 하지만 오늘날 Y세대는 상반된 경제 상황을 (주변에서 보거나) 실제로 경험하고 있다. Y세대 부모들이 집을 잃고 있기 때문이다. 또한 닷컴 기업의 도산, 부동산 거품의 붕괴, 신용 위기 그리고 주요 기업들의 대량 해고 등을 목격하고 있다. 카드 대금을 하루만 연체해도 이자율이 급상승하는 것은 물론이고 설령 결제 기간 내에 상환한다 하더라도 신용한도가 줄어든다. Y세대는 이런 경제 상황이 앞으로도 지속될지, 아니면 일시적인 현상으로 끝날지, (혼인 신고를 함께할 배우자를 찾기는커녕) 대출 보증인을 구하기가 왜 이렇게 힘이 드는지 등을 이해하기 위해 부단히 노력하고 있다.

3. IT 기술

세 번째 요소는 'IT 기술'이다. IT 기술이 세대 형성의 기초가 된다고 주장하는 전문가들이 있는 반면, 세대가 IT 기술 형성의 기초가 된다고 주장하는 전문가들도 있다. 직장 내에서 다양한 세대들이 어떻게 상호작용하는지 이해하기 위해서는 세대에 따라 IT 기술과 맺는 관계가 다르다는 사실을 인식해야 한다. 장년층에게 펀치카드로 작동하던 (그리고 엄청나게 큰 공간을 차지하던) 컴퓨터는 '그때 그 시절'을 떠올리게 하는 물건이다. 또한 이른바 '프랏치 전화'로 불리던 공동 가입 전화선 너머로 들려오던 '거친 숨소리'도 하나의 추억거리다. 마찬가지로 베이비부머들은 등사기[3](와 먹지의 냄새)를 기억할 것이다. 또한 X세대들은 손가락이 얼얼해지도록 개구리게임[4]을 했던 기억이 있다.

　Y세대도 다를 바 없다. 단지 IT 기술에 대한 의존도가 상대적으로 높을 뿐이다. Y세대에게 휴대전화란 마치 탯줄로 연결된 것 같은 '필수' 도구다. 또한 원하는 것은 언제든 버튼을 누르기만 하면 (현금을 들고 다니지 않아도) 얻을 수 있는 환경에서 살고 있다. 최근에는 기업 경영도 IT 기술에 대한 의존도가 높아지는 추세여서 다양한 세대가 IT 기술과 맺는 관계, 특히 각 세대마다 자연스럽게 느끼는 IT 기술이 무엇인지를 이해하는 것이 매우 중요하다.

----

3) 손쉽게 서류를 복제할 수 있는 공판孔版 인쇄 기구.
4) Frogger. 1981년 코나미Konami 사가 개발한 고전 게임으로 장애물을 피해서 개구리를 목표 지점home으로 보내야 한다.

4. 기대 수명

네 번째 요소는 대부분의 사람들이 과소평가하고 있는 '기대 수명'이다. 앞으로 얼마나 생존할 것인가 하는 문제는 남은 시간 동안 무엇을 어떻게 하며 보낼 것인지에 큰 영향을 준다. 기대 수명의 영향을 가장 많이 받은 세대가 바로 베이비부머다. 앞서 말했듯이 베이비부머는 이미 은퇴했거나 은퇴가 임박했거나 삶의 질을 중시하는 직장으로 이직을 고려해야 할 시점이다. 하지만 예상과 다르게 베이비부머는 직장에서 살아남기 위해 필사적으로 노력하고 있다. 뿐만 아니라 직장으로 되돌아오려는 장년층의 움직임도 활발하다. 10년이 넘는 세월 동안 직업 없이 생활하다가 최근에 다시 직장으로 되돌아온 장년층 고객과 이야기를 나눠본 적이 있다. 그가 직장으로 '회귀'한 이유는 저축해두었던 자금이 떨어진데다가 연금은 턱없이 부족하고 자식들에게 도움을 청하기에는 자존심이 상했기 때문이다(게다가 자녀들도 힘든 나날을 보내고 있기 때문에 차마 손을 벌릴 수 없었을 것이다).

요약하면 위에서 언급한 4가지 요소들(성장 배경, 경제 상황, IT 기술, 기대 수명)은 다른 요소들과 더불어 각 세대 고유의 신념, 가치관, 선호도, 우선순위, 태도, 기대, 의사소통 방식 등을 결정한다. 또한 이 4가지 요소가 빠르게 변할수록 각 세대의 구성 기간은 점차 짧아질 것이다. 그렇다고 해서 한 세대를 구성하는 인원수, 즉 세대의 크기가 작아진다는 의미는 아니다. 세대의 크기는 인구와 출생률에 좌우되기 때문이다. 하지만 각 세대의 구성 기간이 짧아질수록 한 직장 내에서 4개 이상의 세대 집단이 함께 일할 가능성은 높아진다. 즉 Z세대의 등장이 머지않았다는 의미다.

장년층, 베이비부머, X세대, 그리고 Y세대

이제 각 세대가 공유하는 공통된 특징들을 요약해서 소개하고자 한다. 하지만 이런 특징들이 모든 세대 구성원을 완벽하게 끼워 맞추기 위한 '틀'은 아님을 염두에 두기 바란다. 다양한 세대의 구성원들을 이끌어나가고 서로를 '연결'해줄 방법을 찾기 위한 단서로만 활용하기 바란다. 당신이 한 세대가 시작하는 시점이나 끝나는 시점에 태어났다면 이 장의 마지막에서 다룰 '커스퍼'에 관한 이야기가 도움이 될 것이다.

1. 장년층: 1946년 이전 출생 세대
– 세대 형성 요소: 경제대공황, 진주만공격, 2차 대전

'전통주의자'나 '침묵의 세대'라고 불리는 '장년층'을 결속시키는 가장 주요한 요소 중 하나는 '전쟁'이다. 장년층은 자신이 직접 병역의 의무를 졌거나 친구, 가족, 이웃, 혹은 자신이 사랑하는 누군가가 참전한 경험이 있다. 즉 전쟁은 직접적으로나(예, 연료배급제[5]) 간접적으로(진주만 공습) 장년층의 성장에 영향을 끼쳤다. 장년층은 혼자 두드러지기보다는 함께 어울리고자 하는 성향이 강하며 의무감과 명예를 중

5) 2차 대전 중인 1942년 미국의 몇몇 주정부가 군 수요를 조달하기 위하여 가솔린 배급제를 실시했다. 그해 말까지 연료배급제가 미국 전역에서 실시되어 2차 대전이 끝날 때까지 지속되었다. 당시 연료 절감을 위해 자동차의 주행 속도도 시간당 35마일(약 56km)을 넘지 못하게 했다.

시한다. 이와 동시에 장년층은 대공황을 직접 겪었거나 그 후폭풍 속에서 성장했기 때문에 최소한의 소비로 생존하는 법을 몸에 익혔다. 그들은 "낭비가 없으면 부족함도 없다"라는 속담을 몸소 실천하는 세대다. 조금 덧붙이면 장년층은 일을 훌륭히 해내는 한편 겸손함을 잃지 않는 절약가들이다. 또한 그들은 인내심이 매우 강하다(그들이 1차선에서도 느긋하게 운전할 수 있는 비결이다).

올해 연세가 87세이신 나의 할아버지는 자랑스러운 장년층이시다. 내가 전쟁 이야기를 들려달라고 하면 할아버지는 "그때 참 많은 동료들을 전장에 버려두고 왔어"라고 말하고는 더 이상 말을 잇지 못하신다. 할아버지는 참전 당시 입었던 군복이며 사진 한 장도 남겨두지 않았다. 살아생전에 절대 구매하지 않을 '캐딜락'이 할아버지가 아는 유일한 명품 브랜드다. 할아버지는 내가 상상조차 못했던 온갖 것들을 (샌드위치 포장지 같은) 재활용하신다. 또한 믿기지 않을 정도로 적은 돈으로 생활하고 남이 요청하기 전에는 결코 조언하는 법도 없다. 남의 이야기를 잘 들어주시고 엄청난 인내심을 갖고 있는 나의 영웅 중 한 분이다. Y세대가 가장 신뢰하는 세대는 장년층이라는 나의 조사 결과에 비춰보더라도 할아버지에 대한 나의 존경심이 당연하게 느껴진다. 장년층의 높은 윤리 의식과 변함없는 충성심 그리고 겸손한 태도가 Y세대를 완벽하게 보완해주기 때문이다.

2. 베이비부머: 1946~1964년 출생 세대

– 세대 형성 요소: 냉전, 시민권 운동,[6] 베트남 전쟁, 달 착륙

현재 직장에서 베이비부머가 일중독적인 성향을 보이는 데는 그럴 만한 이유가 있다. 베이비부머는 취직을 한 즉시 안정적이고 성공적인 일자리를 보장받기 위해 경쟁자들보다 더 열심히 일해야 함을 깨달았다. 오늘날까지도 그들은 이 깨달음을 실천하고 있다. 그들은 일찍 출근해서 늦게 퇴근하고 주말에도 일을 한다. 그러면서 (자신들의 자녀를 제외한) 다른 직원들도 그들과 똑같이 하기를 기대한다. 요약하면 베이비부머는 직장 내에서 앞서가는 방법을 터득했고 이를 실천하기 위해 부단히 노력한다. 베이비부머가 근면성과 성실성을 측정하는 기준은 딱 한 가지뿐이다. 바로 일주일 동안 근무한 시간이다. 그리고 근무하는 모습을 베이비부머들이 직접 눈으로 확인할 수 있어야 한다! 어느 베이비부머 경영자의 말을 빌리면 "매일 8시부터 5시까지 일주일 동안 40시간 회사에서 근무한다는 원칙을 지켜주기만 한다면 재택근무를 해도 된다"는 것이 그들의 생각이다. 또 성공에는 지름길이 없다고 그들은 믿는다. 직장에서 성공하려면 마땅한 대가를 치러야 하며 중간 단계를 건너뛰는 방법은 없다. 게다가 베이비부머는 항상 바쁘다. 하지만 베이비부머 사장이 무슨 일로 바쁜지 궁금해하지 말라고 Y세대에게 조언하고 싶다. 사장에게 물어도 '설명하기 복잡해'라는 대답을 들을 것이 뻔하기 때문이다.

....

6) Civil Rights Movement. 1950년대 말에 미국에서 시작된 대중운동이다. 비폭력 저항 활동을 통해 백인 전용과 유색인종 전용으로 공공시설을 엄격히 구분하는 남부의 관행을 깨뜨렸고 흑인에게 평등권을 부여하는 법률이 제정되는 데 중요한 전기를 마련했다.

업무에 대한 신념, 승진에 대한 욕망, 그리고 은퇴 시기가 늦춰지고 있는 상황으로 미뤄봤을 때 베이비부머가 현재 기업 내에서 가장 큰 영향력을 행사하는 세대라는 사실은 당연해 보인다. 대부분의 조직에서 그들은 의사결정권자다. 또한 그들은 내 강연의 주된 청취자이기도 하다. 한때 우려했던 대로 베이비부머가 일제히 퇴직하지는 않겠지만 (베이비부머가 세계 여러 국가의 수도 등 온갖 '끝내주는' 정보를 많이 알고 있으므로 다행스럽게 생각한다) 길고 긴 업무 시간과 밤샘 근무를 줄여야 하는 시점에 도달하면 결국 삶의 질을 중시하는 직업으로 이직하게 될 것이다. 재미있는 사실은 그들이 Y세대 자녀들에게 들려주었던 조언을 자신들도 그대로 따르게 될 것이라는 점이다. 즉 "돈이 전부가 아니다. 네가 행복할 수 있는 일을 찾아라."

내 아빠는 진정한 베이비부머다. 아빠는 1952년에 태어나서 열세 살 때부터 사회생활을 시작했다(이 사실을 100번도 넘게 들어서 외우다시피 알고 있다). 아빠는 아직도 2개의 직업을 갖고 있고 (쉬는 시간을 갖는다는 이유만으로) 내가 열심히 일하지 않는다고 생각한다. 또한 아빠는 아직도 수표책을 들고 다니고(완전 끝내준다!) 5분 일찍 출근했음에도 10분 늦게 출근한 것처럼 행동하고 컴퓨터에 의존하는 것을 싫어한다. 심지어 은행 업무를 보러 은행에 직접 찾아가기까지 한다. 간혹 장난스레 아빠의 휴대전화 벨소리를 몰래 바꿔놓으면 아빠는 옆집에 사는 Y세대를 찾아가서 벨소리를 원래대로 해달라고 부탁한다(우리 아빠 정말 신기하다!). 한마디로 베이비부머는 일중독자이고 경쟁을 통해 자신이 원하는 것을 얻고자 하며 경쟁에서 이겼을 때 박수를 받고 싶어 한다.

3. X세대: 1965~1976년 출생 세대

– 세대 형성 요소: 워터게이트 사건, PC의 대유행, 맞벌이 부부의 아이들

최근의 다세대 인력 구조 내에서 최악의 대우를 받는 세대가 바로 X
세대다. 그들은 샌드위치 세대다. X세대는 승진할 날만을 기다리고
기다리고 또 기다린다. 하지만 베이비부머는 아직 회사를 그만두려
하지 않는다. 그런 베이비부머들을 바라보면서 X세대는 "언제쯤 물러
나실 건가요? 안 물러나실 거면 적어도 타이핑이나 빨리 해주시죠?"
라고 생각하며 속앓이를 하고 있다. 최근에는 Y세대가 '자신들에게
자리를 내주지 않으면 회사 블로그에 항의글이라도 올릴 것처럼' X세
대들을 압박하고 있다. 나의 인터뷰 결과에 의하면 직장 내에서 서로
의 존재에 대해 가장 스트레스를 많이 느끼는 세대는 장년층과 Y세
대가 아니라 X세대와 Y세대다. 빨리 승진시켜주지 않는 회사에 대해
온갖 불평불만을 늘어놓는 Y세대를 보면서 X세대는 "너희는 도대체
뭔데 갑자기 회사에 들어와서 마땅히 대접을 받아야 하는 것처럼 행
동하지? 나도 그동안 내 차례를 기다렸으니 너희도 그래야지"라고 생
각한다.

X세대는 스캔들이 난무하고 전쟁이 빈발했으며 정부의 공약公約이
공약空約으로 끝나버리는 시대에 성장했다. 기업이 규모를 축소하고
아웃소싱을 늘리는 것부터 이혼율과 유가가 꾸준히 상승하는 것까지
모든 것을 목격하며 자라왔다. 또한 타자기와 고용 보장이 구시대의
유물이 되어가는 것을 경험했다. 게다가 기업은 고용주와 고용자 간
의 평생 고용 약속도 깨버렸다. X세대의 부모님과 나이 많은 친구들
은 아무런 사과의 말도 듣지 못한 채 대기업에서 해고당한 후 회사의

녹슨 철문 밖으로 밀려났다.

　결과적으로 X세대는 직장 내에서 극도로 회의적이기로 악명 높다. X세대가 느끼는 회의감은 승진하지 못하고 몇 년째 제자리걸음인 자신들의 상황으로 인해 더욱 가중되고 있다. X세대는 어떤 것도 액면 그대로 받아들이지 않는다. 그래서 나는 가끔 강연을 하면서 누차 자료를 재확인하는 X세대를 농담거리로 삼곤 한다. 또한 X세대는 고용 관계에서 큰 변화를 일으킨 주역이다. 그들은 이직의 가능성을 생각한 첫 세대다. 이러한 X세대의 생각은 베이비부머와 정면으로 배치된다. 베이비부머는 평생 고용과 연금 그리고 최고위직에 올랐을 때 받게 될 회사차를 꿈꾸며 직장에 들어갔기 때문이다.

　X세대가 처음으로 고용주에 대한 충성심에 회의감을 드러낸 세대이긴 하지만 아이러니하게도 직장 내에서 가장 충성스러운 세대로 평가된다. 하지만 X세대는 회사가 아닌 개인에게 충성한다. 만일 믿을 수 있는 고용주를 만난다면 X세대는 그 고용주를 끝까지 따를 것이다. 반면 자신의 마음에 들지 않는 고용주를 만난다면 X세대는 즉시 새로운 직장을 찾아 나선다. 이러한 X세대의 특징은 베이비부머와 확연히 구분된다. 베이비부머는 마음에 들지 않는 직장상사를 당연하게 생각하고 받아들인다. 모든 것이 다 '일'의 일부이기 때문이다. 조직에 대해 회의적인 X세대가 고용을 보장받기 위한 전략으로 선택한 것은 바로 '업무 기술 습득'이다. 그들은 업무 기술을 습득해서 직업 선택권이 넓어지면 직장에서의 안정성이 커진다고 믿고 있다.

　나보다 여섯 살 연상인 내 아내는 X세대다. 우리가 데이트하던 시절 나는 Y세대라면 누구나 하는 행동, 즉 '문자메시지'를 많이 보냈다. 각종 기호와 이모티콘도 곁들여서 정성스럽게 보냈고 답장을 보내달라는 함축적인 의미가 담긴 '빈' 문자메시지를 보내기도 했다. 한 달 내내 그녀에게 문자메시지를 보냈지만 답문은 한 번도 받지 못했다! 슬슬 불만이 쌓여갈 무렵 그녀와 같이 점심 식사를 하는데 그녀의 핸드폰에서 경고음이 울렸다. 그녀는 핸드폰을 짜증스럽게 바라보면서 "도대체 내 핸드폰에 무슨 문제가 있는 걸까? 한 달 내내 왜 이렇게 이상한 소리를 내지?"라고 내게 물었다. 그녀는 문자메시지가 무엇인지 몰랐던 것이다. 그녀를 바라보면서 나는 'ㅋㅋㅋ' 웃었다.

참고로 띄어쓰기와 맞춤법에 맞게 문자메시지를 보내면 당신은 서른 살이 넘은 것이고 쉼표까지 찍어서 보내면 마흔 살이 넘은 것이다.

4. Y세대: 1977~1995년 출생 세대

– 세대 형성 요소: 베이비부머인 부모님, 인터넷, 9·11테러

내 세대, 즉 Y세대는 인구통계학적으로 가장 빠르게 성장하고 있다. 사회경제적 상황과는 무관하게 Y세대를 위하는 베이비부머 부모 덕분에 그들은 결과에 책임을 지지 않아도 됐고 고된 노력으로부터 해방될 수 있었다. 이와 동시에 Y세대는 "꿈은 이루어진다"라는 말을 귀에 못이 박이도록 들으며 자랐다(그나저나 내 근육질 몸매는 언제쯤 이루어지려나…). Y세대는 항상 모든 사람 그리고 모든 것들과 연결되어 있기를 원하기 때문에 첨단 IT 장비에 의존적이며 결과 중심적으로 움직인다. 또한 Y세대는 사회보장제도의 혜택을 받지 못할 것을 예상하면서도 수입보다 많은 지출을 한다. 뿐만 아니라 Y세대는 성공을 위해서 꼭 대가를 치러야 한다고 생각하지 않는다. 어차피 업무 시간

을 꼭 지키지 않아도 승진을 할 수 있다고 믿기 때문이다.

또한 Y세대는 한 기업에서 평생토록 일하는 것을 한 번도 꿈꿔본 적이 없다. Y세대는 스스로가 특별한 재능을 갖고 있다고 자부하며 어느 기업에서든 즉시 가시적인 성과를 달성할 수 있다고 믿는다(정말 뭐든지 할 수 있다! 못 믿겠으면 우리 엄마한테 물어보삼!).

5. 커스퍼: 회색 세대

앞서 언급한 네 세대 안에서도 각 세대가 처음 형성되거나 쇠퇴할 무렵에 태어난 세대는 출생일을 기준으로 앞뒤 두 세대의 특징을 여러 개 혹은 모두 갖추고 있다는 느낌을 받을 것이다. 세대 형성기의 5년과 쇠퇴기의 5년을 합친 10년의 과도기 안에 태어난 세대를 '커스퍼cusper'라고 부른다. 각기 다른 두 세대 사이cusp에 맞물려 있기 때문이다. 커스퍼들은 태어난 시점을 기준으로 앞뒤 세대의 특징을 두루 갖추고 있지만 그들의 가장 큰 특징은 자라온 환경에서 비롯된다.

Y세대를 다양한 세대와 같은 맥락 안에 놓고 파악함으로써 각 세대가 어떻게 조화를 이루는지 혹은 단절되는지 그리고 어떻게 서로의 특징들을 보완하는지 쉽게 이해할 수 있다. 또한 각 세대의 개성과 강점들을 기업의 경쟁력으로 활용해서 성공의 발판을 마련할 수 있다.

|

Y사이즈를 위한 질문

|

1. 당신은 출생년도를 기준으로 어느 세대에 속합니까? 앞서 소개한 각 세대의
   특징에 비춰봤을 때 당신은 어느 세대에 속합니까?

2. 당신이 다니는 (혹은 운영하는) 기업 내에서 다른 세대의 직원들 간에 단절을
   경험한 적이 있습니까? 있다면 어떤 경험입니까?

3. 출생년도에 따른 분류법을 따랐을 때 기업 내에서 각 세대가 차지하는 비율
   을 알고 있습니까?

|

4장 Y사이즈 프로세스 어떻게 구성되어 있나?

오늘날의 노동시장은 급격히 변화하고 있다. 중소기업이나 신생 기업 뿐만 아니라 대기업들도 최소한의 인원으로 늘어나는 업무를 효율적으로 처리해야 하는 압박감에 시달리고 있다. 이런 현실 속에서 Y세대야말로 기업의 밝은 미래를 책임질 핵심 주역이라는 믿음이 생긴다. 그들은 자신감과 열의를 품고 노동시장에 진입하고 있으며 무엇보다도 그들의 업무 능력이 향상될수록 매력적인 이익을 기업에 안겨줄 것이기 때문이다. Y사이즈 프로세스는 이런 Y세대의 잠재력을 최대한 '발굴'하고 '발전'시키기 위한 지침이다.

여러 선입견(예를 들어 Y세대 사원의 반짝이는 입술 피어싱) 때문에 Y세대 직원의 잠재력을 한눈에 파악하기는 쉽지 않겠지만 기업의 성공은 바로 (입술의 붓기가 가라앉은 뒤에 발휘될) Y세대의 무궁무진한 잠재력에 달려 있다. 우리는 현재 Y세대가 갖고 있는 문제점보다 앞으로 그들이 회사에 안겨줄 잠재적 가치를 기준으로 그들을 평가해야 한다. Y세대를 포용하는 방법을 터득한 회사는 단기적으로는 비용 우위를, 장기적으로는 전략적인 경쟁 우위를 점하게 될 것이다.

Y세대가 과연 회사를 이끌어갈 핵심 인재일까? 그 가능성을 가늠해보기 위해서 아래 빈칸에 숫자를 채워 넣어보자.

Y세대에게 얼마나 투자하고 있나?

1. 당신 회사는 현재 몇 명의 Y세대 직원을 고용하고 있습니까?

   답:＿＿＿＿＿＿＿＿＿＿＿＿＿＿＿＿＿＿＿＿＿＿

2. 당신 회사에 고용된 Y세대 직원의 평균 비용은 얼마입니까?

   답:＿＿＿＿＿＿＿＿＿＿＿＿＿＿＿＿＿＿＿＿＿＿

3. 위의 두 질문에 대한 답을 곱하시오(Y세대 직원의 수×평균 비용).

   답:＿＿＿＿＿＿＿＿＿＿＿＿＿＿＿＿＿＿＿＿＿＿

   (1, 2에서 답을 모를 경우 인사·재무 담당자에게 물어보거나 대략적인 수치를 넣을 수 있음)

3번 질문에 대한 답이 바로 현재 당신 회사가 Y세대에게 투자하고 있는 비용인 셈이다. 이는 곧 Y세대의 잠재적인 가치에 대한 투자 비용이자 그들이 앞으로 회사 성장에 보탬이 될 것이라는 전제하에 부담하는 위험 비용이기도 하다. 그러므로 고용주와 Y세대 직원 모두가 윈윈win-win하기 위해서는 앞으로 소개할 Y사이즈 프로세스를 통해 이 리스크를 잘 관리해야 한다.

전반적인 기업 운영에 있어서 Y세대에 대한 투자 비중을 파악하고 싶다면 3번의 답과 전체 매출 그리고 Y세대를 포함한 전체 근로자의 총비용 등을 비교해봐야 한다. Y세대에 대한 의존도가 얼마나 빠르게 증가할지 알고 싶다면 Y세대의 평균 비용과 5년 후에 예상되는 Y세대 사원의 수를 곱하면 된다. 이 수치는 향후 5년간의 회사 경영 계획, 연평균 매출 그리고 Y세대 고용 비율 등을 통해 얻을 수 있다. 실제로 별로 대수롭지 않게 이 질문들에 답을 적어나가던 사람들은 결과를 받아보고는 하나같이 "&#*%!"이라는 반응을 보였다. Y세대라면 아마 "헐-_-!"이라고 말했을 것이다.

다시 한 번 말하지만 Y세대에 대한 투자 수익률을 높여야 회사의 경영 실적도 향상된다. Y세대 활용은 중요하면서도 시급한 과제다. 하지만 이를 충분히 이해했더라도 다음과 같은 새로운 질문에 대한 답이 필요하다.

"그럼 이제부터는 어떡하지?"

다양한 사례와 효과적인 솔루션을 제시한다

〈포춘〉지가 선정한 500대 기업의 성공한 CEO와 관리자에서부터 신생 기업의 창업자에 이르기까지 모두가 마치 서로 약속이라도 한 듯이 이 질문을 내게 던졌다(Y세대가 점점 기업의 중책을 맡기 시작했지만 그들을 어떻게 다뤄야 하는지 도무지 모르겠다는 것이었다). 나는 그들의 질문에 대한 답을 찾기 위해 입사하는 순간부터 퇴사할 때까지 Y세대를 '완벽하게' 다루고 있는 개인이나 기업을 찾아 나섰다.

나는 CEO와 중간관리자, 창업자와 이사회 임원, 그리고 일선에서 일하고 있는 Y세대 직원들과 수많은 인터뷰를 했다. 그들의 업종은 의료 서비스업에서부터 패스트푸드업까지 다양했다. 그들과 직접 만나서 이야기를 나누기도 했지만 전화를 하거나 사무실에 찾아가서 회의에 같이 참석하거나 이메일을 주고받는 등 다양한 방법으로 소통했다. 셀 수 없이 많은 대화와 이메일 그리고 수천 통의 편지가 오갔지만 불행히도 Y세대를 '완벽하게' 다루는 방법을 터득한 조직을 단 한 곳도 찾지 못했다. 대신 2가지 사실을 깨닫게 되었다.

첫째, 모든 회사가 Y세대 사원에게 바라는 바는 같다. 회사(고용주)는 최고의 실력을 갖춘 Y세대 사원을 채용하기를 원한다. 그리고 Y세대가 늦지 않게 출근해서(회사 유니폼을 입어야 한다면 몇 분 일찍 출근해서) 업무에 최선을 다하고, 문제 해결에 앞장서고, 혁신적인 아이디어를 내고, 전문기술을 습득하고, 다른 세대 직원들과 잘 어울리고, 한 달 이상(대부분의 고용주들이 원하는 근무 기간은 3~5년이었다) 근무해주기를 바란다. 5만 명의 직원을 거느린 대기업이든 화장실도 없는 좁아터진 사무실에서 책상 2개와 컴퓨터 한 대를 직원 4명이서 공유하는 작은 회사든 마찬가지였다.

비록 사용하는 단어는 개인마다 달랐고 간혹 '은어'가 섞이기도 했지만(예, 대형 법률 회사의 간부 사원이 서른 살짜리 직원을 "애"라고 부르는 것을 들었을 때가 개인적으로 가장 재미있는 경험이었다. 내가 마치 열 살짜리 아이로 되돌아간 느낌이었다!) 호텔 체인, 법무 법인, 정보통신 회사, 심지어 공기업의 고용주들조차 이구동성으로 같은 고민을 털어놓았다. 하지만 그들이 Y세대에게 요구하는 바는 같아도 각자 피부로 느끼는 '시급함'은 Y세대에 대한 의존도에 따라 달랐다.

생각해보면 이는 너무나도 당연한 사실이다. 말단직에서부터 주요 직까지 Y세대 고용 비율이 높은 회사들은(예를 들어 서비스가 주종인 소매업체의 경우) Y세대 채용에 따른 '문제점'을 이미 인식하고 있을 것이며 이에 대한 해결책이 시급할 것이다. 하지만 이제야 Y세대를 채용하기 시작한 회사들(예를 들어 고학력의 인력을 기반으로 한 회사는 Y세대들이 이제야 졸업했기 때문에)은 기존의 채용 방침과 달라야 할 것이라는 막연한 생각만을 하고 있었다.

둘째, 많은 회사가 Y세대를 '완벽하게' 다루는 다양한 방법들 가운데 창의적인 해결책을 한 가지씩 갖고 있었다. 이와 관련해서 일선에서 검증된 여러 사례를 찾아내는 과정이 내게 가장 재미있고 뜻 깊은 시간이었다. 하루는 〈포춘〉지가 선정한 500대 기업의 한 CEO로부터 Y세대의 역량을 효과적으로 개발하는 방법에 대해 들었고, 또 하루는 작은 사업을 운영하는 사장으로부터 Y세대를 효과적으로 채용하는 방법을 전해 들었다. 나는 이런 자료들을 하나하나 모은 다음 가장 비용·시간 효율적이고 다른 세대들에게 거부감이 없으면서도 모든 회사에 효과적일 수 있는 사례들을 추려냈다. 그러고는 일선의 CEO와 관리자 그리고 Y세대로부터 업종이나 학력에 상관없이 모든 회사와 Y세대 직원이 이 아이디어를 통해 도움을 받을 수 있는지를 평가받았다.

Y세대 활용 전략

이런 노력을 통해 얻은 결과물이 바로 이 책이다. 실제 회사가 어떻게 Y세대를 고용하고 활용하는지 분석해서 모은 귀중한 사례와 전략을 토대로 이 책을 집필하게 되었다. Y세대의 선호도, 우선순위, 가치관, 그리고 신념 등에 대한 나의 연구를 바탕으로 일선에서 수집한 회사 자료를 덧붙여나갔다. 그리고 CEO와 관리자가 Y세대와 함께 일할 때 발생할 수 있는 여러 문제들(동기부여, 의사소통, 혁신, 팀워크, 그리고 전반적인 업무역량 개선 등)을 위주로 자료를 정리했다.

이 책에 소개되어 있는 Y사이즈 전략을 하나만 따로 적용해도 분명 효과를 볼 수 있을 것이다. Y세대를 효과적으로 고용하고 활용하는 회사들만 찾아다니면서 자료를 모으고 분석했기 때문이다. 하지만 따로 적용된 전략들은 하나같이 효과가 지속되지 못했다. 왜 그랬을까? 'Y세대 고용'이라는 커다란 틀에 접목시키지 못했기 때문이다. 이 회사들은 하나의 커다란 핵심 아이디어와 그에 상응하는 구체적인 전략들을 알고 있기는 했지만 이들을 하나로 통합시키지 못했다. 그 때문에 나는 이 전략들 사이에 '뼈대'를 형성하는 데 집중했다. 재직 기간이 기존 세대들보다 훨씬 짧은 Y세대의 근무 사이클과 다세대 근무 환경에서 Y세대가 보이는 행동 및 사고방식에 대한 이해(나 역시 Y세대이므로)를 뼈대의 근간으로 삼았다.

이미 사회활동을 활발히 하고 있는 기존 세대들과 배치되지 않으면서 오늘날의 어려운 경제 상황 속에서도 실행 가능한 방법을 만들기 위해 Y사이즈 프로세스를 계속 다듬고 발전시켰다. 이런 노력을 통해 얻게 된 결과물이 바로 이 책에서 소개할 Y사이즈 프로세스다. Y사이즈 프로세스는 Y세대의 관심을 사로잡는 방법부터 시작해서 회사가 그들과 함께 성장해나가는 단계로 끝을 맺는다. Y세대는 Y사이즈 프로세스를 통해 효과적으로 역량을 개발할 수 있을 뿐만 아니라 전반적으로 질 좋은 사회적 경험을 쌓게 될 것이다. 그리고 회사는 Y사이즈 프로세스를 통해 더 적은 비용으로 더 빨리 더 효과적으로 사업을 키워나갈 수 있을 것이다.

Y사이즈 프로세스의 구성

5장 Y세대의 마음을 사로잡는 방법

Y세대의 구직 활동은 기존 세대와 매우 다르다. 실력 있는 Y세대의 마음을 사로잡는다는 것은 곧 (온라인이나 전화통화 등을 통해) 당신 회사의 구직 정보를 얻자마자 그들이 바로 입사 지원을 하게 한다는 의미다. 하지만 모든 지원자가 회사에 적합한 '실력 있는' 인재는 아닐 것

이다. 그러므로 5장에서는 1년 365일 내내 당신 회사가 가장 필요로 하는 '적합한' Y세대 직원을 채용할 수 있는 올바른 채용 절차에 대해 설명하고자 한다. 이 Y사이즈 프로세스를 통해서 당신 회사에 적합한 지원자들만을 효과적으로 추려낼 수 있을 것이다.

6장 실력 있는 Y세대를 채용하고 육성하는 방법

6장에서는 실력 있는 Y세대를 '내 것으로' 만드는 4가지 방법을 소개한다. 이 방법은 업종과 규모를 불문한 '모든' 회사들이 즉시 유용하게 쓸 수 있는 것들이다. 이 방법에는 큰 돈이 들지 않는다. 또한 가장 기본적인 개념을 정리한 것이기 때문에 각 회사의 특별한 상황에 맞게 변형시키기가 쉽다. 나는 이 방법을 통해 얻게 될 결과물에 많은 사람들이 만족할 것이라 확신한다. 만족할 만한 결과를 얻은 사람들은 부디 내 엄마한테 그 사실을 알려줬으면 한다(이 이야기는 12장에서 좀 더 자세히 하겠다).

7장 모든 것은 출근 '첫날' 결정된다

대부분의 Y세대는 자신이 취직한 회사에 오래 다닐지 말지를 출근 첫날 결정한다. Y세대에게는 출근 첫날이 '이례적으로' 중요한 만큼 회사도 Y세대 직원의 충성심, 열정, 그리고 재직 기간 등에 중대한 영향을 미치는 출근 첫날을 잘 관리해야 한다. 7장에서는 Y세대 직원들에게 잊지 못할 출근 첫날을 선사하는 방법이 상세히 소개된다. 환상적인 출근 첫날을 경험한 Y세대는 빨리 다음 날이 오기를 기다리며 밤잠을 설칠 것이다(게다가 입사를 희망하는 여러 명의 친구들을 데리고 올

지도 모른다). 조금만 미리 고민하고 약간의 노력만 기울이면 충분하다
(비용 지출은 없다!).

8장 오리엔테이션, 입사를 결정한 당신의 선택은 옳았습니다

대다수의 기업은 지속적인 성장을 위해 신규 인력을 꾸준히 채용한
다. 또한 신규 인력을 채용한 기업은 효율적이며 일관성 있는 기업 운
영을 위해 그들에 대한 오리엔테이션 과정을 표준화하려 한다. 오리엔
테이션 과정을 표준화하는 데 따른 혜택은 예상 외로 크다. 채용 인원
수와 무관하게 (단 2명이든지 2,000명이든지) 효과를 볼 수 있기 때문
이다. 특히 Y세대가 신규 채용에서 차지하는 비율에 따라 그 효과는
더욱 커진다. 회사에서 무엇을 해야 하는지 바로 알고 싶어 하는 Y세
대에게 오리엔테이션은 매우 중요하다. 만약 오리엔테이션이 없다면
그들은 궁금한 점을 일일이 상사에게 물어봐야 하기 때문이다. 이 장
에서는 흥미진진하고 활발한 교류가 오가는 오리엔테이션 프로그램
을 추가비용 없이 만드는 방법을 소개한다. 뿐만 아니라 책임감 없는
Y세대를 '책임감 있게' 키우는 방법도 덧붙여서 소개할 것이다.

9장 몰입하는 Y세대 직원 만들기

많은 Y세대와 인터뷰해본 결과 그들이 회사에서 보내게 되는 첫 30일
이 그 이후 30개월에 결정적인 영향을 준다는 사실을 깨달았다. 그러
므로 빠른 시일 내에 회사가 추구하는 목표와 방향을 신입사원들에
게 이해시키는 것이 중요하다. 회사와 '궁합'이 맞아야 Y세대 직원의
업무 몰입도가 커질 것이고 결과적으로 기업에 이득이 되기 때문이

다. 모든 회사는 출근해서 얼굴 도장만 찍고 빈둥거리는 직원보다 일할 채비를 완전히 갖추고 출근한 후 퇴근 때까지 업무에 열중하는 직원들을 이상적으로 생각할 것이다. '몰입'을 다루고 있는 9장에서는 올바른 시간과 장소에서 실력을 발휘하는 이상적인 직원을 만드는 방법을 소개한다.

10장 역량 개발, 그럭저럭 괜찮은 정도로는 부족하다

Y세대에게는 엄청난 잠재력이 있다(기회만 준다면 그들이 직접 증명할 것이다!). 하지만 Y세대의 잠재력을 '발굴'해내는 것은 당신의 몫이다. 10장에서는 Y세대가 가장 취약한 부분, 즉 당신의 도움이 어디에 가장 필요한지를 소개하고 그들의 잠재력을 발굴해내는 방법들도 자세히 살펴볼 것이다. 이 방법대로만 한다면 Y세대는 업무 능력 향상과 업무 태도 개선은 물론 차세대 리더로 변모하여 성공적인 실적을 만들어낼 것이다. Y세대의 잠재력을 가능성이 아닌 현실로 만들어라!

11장 높은 수준의 직업의식을 갖추게 해라

고백하건대 대다수의 Y세대(나를 포함)는 '올바른 복장'이라는 개념 자체를 이해하지 못할 때가 많다. "가죽 재질의 샌들은 회사에 적합한 복장인가, 아닌가? 품명이 '드레스 샌들[1]'니까 적합하지 않을까?"라고 생각하는 Y세대도 많다. 하지만 이런 Y세대 때문에 걱정할 필요

----

1) dress sandal. 정장화와 슬리퍼를 합쳐놓은 신발을 떠올리면 된다. 가죽 재질의 샌들이 바로 그런 경우다. 회사마다 판단 기준은 다르겠지만 일반적으로 샌들(아무리 드레스 샌들이라도)은 적합한 업무 복장에 속하지 않는다.

는 없다. 당신이 조금만 노력한다면 올바른 인사법에서부터 발표할 때의 몸가짐에 이르기까지 전문가적인 자질을 모두 그들에게 가르칠 수 있다. 중간관리자들이 흔히 범하는 실수처럼 Y세대를 '아마추어'라고 쉽게 단정 지어서는 안 된다. 아무도 Y세대에게 가르쳐준 적이 없기 때문에 아마추어처럼 보일 뿐이다. 11장에서는 Y세대에게 전문가적인 자질을 30분 이내로 '단숨에' 가르칠 수 있는 방법들을 소개하겠다. (예, "자네. 나와 지금 악수하는 방법을 잘 기억해두게. 갑자기 상대방을 끌어안거나 가슴을 부딪치는 행동은 적절치 못하다네.")

12장 동기부여, 상패와 기념 시계는 이제 그만~

동기 부여된 직원은 누가 시키지 않아도 스스로 노력하고 회사가 요구하는 것보다 더 많은 것을 이루려 한다. 동기부여를 통해 이러한 자발적인 노력을 장려하고 틀에 박힌 회사 생활에서도 좋은 성과를 내는 Y세대 직원을 만들려면 그들과 이성적·감성적인 유대를 형성해야 한다. 유대를 형성하는 데는 비용이 들지 않는다. 내가 12장에서 소개하는 방법은 쓸모없는 상품권(예를 들어 무료 세차권, 대다수 Y세대는 차가 없다)을 나눠주는 것보다 훨씬 저렴하면서도 효과적이다. 핵심 비결은 Y세대 직원들이 진정으로 원하고 중요하게 생각하는 것을 부상으로 제공하는 것이다. 회사에서 시키는 일만 하는 것을 '불만스럽게' 생각하고 최선을 다해서 일하는 것을 '당연하게' 느끼는 Y세대 직원을 만드는 것이 12장의 궁극적인 목표다.

13장 Y세대의 열정을 붙잡아라

Y사이즈 프로세스의 효과를 극대화하기 위해서는 당신이 공들여서 채용한 실력 있는 Y세대 직원이 오랫동안 근무해야 한다. 13장에서는 Y세대 직원들에게 업무의 즐거움을 제공하고 그 즐거움을 토대로 그들의 열정을 불태울 수 있는 방법을 소개한다. Y세대 직원의 재직 기간이 늘어난다는 것은 곧 데이터가 축적된다는 의미이므로 이 데이터 분석을 통해 Y사이즈 프로세스가 회사에 얼마나 큰 이익을 가져다주는지, 즉 Y세대 투자 수익률이 얼마인지 직접 확인할 수 있다!

14장 충성스러운 Y세대 직원 만들기

Y세대는 회사 상황이 좋을 때나 나쁠 때나(혹은 인터넷이 느려지는 절망적인 상황에서도) 회사와 함께해야 하는 이유를 항상 찾고자 한다. Y세대의 충성심을 키울 수 있는 가장 효과적인 방법은 Y세대 직원과 경영진 그리고 동료직원들의 교류를 활성화하는 것이다. 가장 좋은 방법은 Y세대 직원들과 정기적으로 업무상의 미팅뿐 아니라 비공식적인 만남을 갖는 것이다. 몇몇 전문가의 의견과는 달리 Y세대는 방대한 양의 깊이 있는 커뮤니케이션을 필요로 하지 않는다(그러므로 수십 장짜리 보고서는 당신만 갖고 Y세대에게는 핵심 요약본만!). Y세대가 알고 싶어 하는 것은 당신의 생각이다(가능하면 140자 이내로). 14장에서는 Y세대 직원이 당신에게 인정받고 있고 회사 안에 소속되어 있음을 느끼게 하는 방법을 소개한다(예, 밸류 비디오 등).

15장 탤런트 파이프라인을 구축해라

Y사이즈를 통해서 충성스러운 Y세대 직원을 만드는 데 성공했고 Y세대의 성과가 눈에 보이기 시작했다면 이제는 '탤런트 파이프라인[2]'을 만들어서 '굳히기'에 들어갈 차례다. 지속적으로 탤런트 파이프라인을 구축하는 것은 아직 사회생활에 뛰어들지 않은 (아마도 아직 면도할 나이도 안 된) 실력 있는 Y세대들의 관심을 사로잡기 위해서다. 그래야만 당신 회사가 중장기적으로 경쟁에서 살아남아 비교 우위를 확보할 수 있다. 또한 15장에서는 탤런트 파이프라인을 통해 리더가 한 회사, 더 나아가 그 회사의 모든 임직원의 삶에 어떤 영향을 미치는지 확인할 수 있게 될 것이다.

무엇부터 시작하나?

무턱대고 Y사이즈 전략들을 도입하기보다는 시급한 개선이 필요한 분야부터 먼저 파악해야 한다. 내 고객들 같은 경우에는 회사 운영의 모든 부분을 Y사이즈하기에 앞서 채용 부문에 Y사이즈 프로세스를 부분적으로 도입했다. 마찬가지로 당신도 그렇게 할 것을 추천한다. 예를 들어 당신 회사의 Y세대 직원들이 6개월을 못 넘기고 자꾸 그만둔다면 13장에 소개되어 있는 Y세대 직원의 재직 기간을 늘리는 방법을 우선적으로 도입할 것을 추천한다.

....

2) talent pipeline. 인재를 수시로 공급할 수 있는 시스템이다.

반면 당신이 실력 있는 지원자를 끌어모으는 데 어려움을 겪고 있다면 5장에 소개하는 'Y세대의 마음을 사로잡는 방법'을 우선적으로 도입하는 것이 좋겠다. 물론 Y사이즈 프로세스를 처음부터 끝까지 차근차근 밟아나가는 것이 이상적이겠지만 우리가 살고 있는 세계는 '이상'이 아닌 '현실'이기 때문에 (즉 이미 채용한 Y세대 직원들이 있고 그들로부터 당장 효과를 봐야 하기 때문에) 급한 불부터 끄는 것이 옳다. 일단 불부터 끈 다음에 나무를 심어도 늦지 않으니 말이다.

한 가지 확실한 사실은 당신이 Y사이즈 전략을 도입할 때 일일이 시행착오를 거치면서 시간을 허비하지 않아도 된다는 것이다. 이 책에 소개된 방법들은 모두 현장에서 효과가 입증되었다. 또한 편의를 위해 당신 회사만의 독특한 문화, 비즈니스 모델 그리고 목표에 맞게 Y사이즈 전략을 적용할 수 있는 방법들도 설명했다. 회사마다 적용하는 Y사이즈 프로세스의 모습은 다르겠지만 핵심은 변하지 않는다.

누가 이끌어나갈 것인가?

Y사이즈 프로세스를 도입할 때는 이 프로세스를 이끌어나갈 적임자가 누구인지 고민하게 된다. 이는 Y세대가 회사에서 어느 정도의 비중과 역할을 차지하는지에 달렸다. 대기업이거나 Y세대의 역할이 기업 성과에 직접적인 영향을 주지 않는 경우 Y세대가 조금 성장하도록 기다리면서 임원 모두가 Y세대와 관련된 문제에 관심을 갖고 노력을 기울여야 한다. 한편 당신 회사가 중소기업이거나 Y세대의 역할에 기업

의 성과가 바로 영향을 받는 경우라면 인사 담당자나 Y세대의 직속상사가 즉시 프로세스를 진행해나가는 것이 바람직하다.

Y사이즈 프로세스의 어느 부분을 우선적으로 도입하더라도 'Y사이즈 전략을 실행하는 시기가 빠르면 빠를수록 더 많은 혜택을 보게 된다'는 사실만은 변하지 않는다. Y세대의 등장은 일시적인 현상이 아니다. 열정과 포부를 갖춘 Y세대가 기존의 인력을 대체하고 새로운 인력으로 자리매김하고 있다. 출근 첫날부터 회사에 기여하고자 하는 Y세대의 열정에 귀 기울이기를 바란다. 그리고 Y사이즈를 통해서 Y세대로부터 최고의 역량과 충성심을 이끌어내기 바란다. 궁극적으로 당신이 Y세대의 강점과 약점을 모두 포용할 수 있는 현명한 리더가 되었으면 한다.

Y사이즈를 위한 질문

1. 당신 회사에서 Y세대 인력이 차지하는 비중은 어느 정도입니까?

2. Y세대만을 위해 고안된 채용, 교육 혹은 역량 개발 프로그램이 있습니까?

3. 당신은 Y세대를 채용하는 것이 회사의 발전에 기여할 것이라고 믿습니까?

5장 Y세대의 마음을 사로잡는 방법

능력 있는 Y세대가 당신과 함께 일하기를 간절히 원하는 상황을 상상해보았는가? 아니면 그들이 당신과 함께 일할 수 있는 기회만이라도 잡기를 원하는 상황은?

취업난이 계속되는 어려운 경제 상황에도 불구하고 기업들은 능력 있는 Y세대 지원자들의 관심을 사는 것이 쉽지 않다고 호소한다. 하지만 내가 만나본 한 프랜차이즈 기업은 Y세대의 마음을 손쉽게 사로잡는 방법을 아는 듯했다. 기존의 채용 절차를 '조금' 바꿨을 뿐인데 항상 실력 있는 Y세대 지원자들이 입사를 위해 줄을 선다.

이 기업은 12개국에 1,400개가 넘는 프랜차이즈를 갖고 있는 대형 아이스크림 회사 콜드스톤 크리머리Cold Stone Creamery다. 과연 콜드스톤의 인기 비결은 무엇일까? 콜드스톤은 기존의 채용 인터뷰를 '채용 오디션'으로 대체했다. 그렇다. 인터뷰가 아니라 오디션이다. 이것으로 콜드스톤은 Y세대의 마음을 사로잡을 수 있었다. 단어만 바꾼 것이 아니다. 실제로 오디션을 열었다. 콜드스톤은 오디션 방식을 채택함으로써 얻을 수 있는 이점이 몇 가지 있었다. 첫째, 지원자(특히 친구들과 함께 단체로 오디션을 보러 오는 Y세대)가 늘었다. 둘째, (종종 한 동네에 몰려 있는) 경쟁 기업과 차별화된 채용 전략을 갖게 되었다. 셋째, 오디션의 특성상 한꺼번에 많은 지원자들을 평가함으로써 시간을 절약할 수 있었을 뿐만 아니라 오디션을 통해 지원자들의 회사 문화 적합성을 효과적으로 판단할 수 있었다. 특히 콜드스톤의 경우 직원과 회사의 '궁합'이 중요했다. 왜냐하면 콜드스톤에 입사한 직원은 결과적으로 '아이스크림 판매자 겸 엔터테이너' 역할을 수행해야 하기 때문이다. (콜드스톤 매장을 떠올려보면 이해가 쉽다. 고객들이 매장에서 아이스크림을 주문한 후 기다리는 동안 점원들은 노래를 부르고 재미있는 이야기를 주고받으며 아이스크림으로 저글링을 한다.)

콜드스톤의 오디션 진행 방식은 할리우드의 그것과 매우 흡사하다. 매번 오디션을 열 때마다 6~20명의 지원자들이 모인다. 우선 오디션은 '3초 장기자랑'으로 시작된다. 지원자들은 웃기는 이야기, 악기 연주, 문워크 등을 하면서 자기 재능을 뽐낸다. 장기자랑이 끝나면 각각의 지원자들은 콜드스톤의 로고송 중 하나를 솔로로 부른다. 마지막으로 지원자들은 작은 그룹으로 나뉘어 10분 내에 노래 한 곡을 만들어 불러야 한다. 안무까지 짜는 팀에는 보너스 점수가 주어진다! 그리고 오디션을 가장 잘 본 지원자에게는 개별적으로 연락을 취해서 일반적인 형식의 2차 인터뷰를 진행한다.

콜드스톤은 기존의 채용 인터뷰 방식을 채용 오디션으로 대체하면서 Y세대의 마음을 사로잡는 데 성공했다. 실력 있는 Y세대 지원자가 오디션을 보기 위해 몰려들었고 콜드스톤은 이들을 효과적으로 평가할 수 있었으며 궁극적으로 회사와 '궁합'이 잘 맞는 직원을 채용할 수 있었다. 정말 신나서 노래라도 부를 만한 (그리고 배울 만한) 일이다!

콜드스톤의 사례를 언급한 이유는 앞으로 설명할 Y사이즈 프로세스의 도입부를 장식하는 데 손색이 없었기 때문이다. Y사이즈 프로세스의 첫 번째 단계는 '실력 있는 Y세대의 관심을 사로잡는 것'이다. 내가 정의내리는 '실력 있는 Y세대'란 회사가 요구하는 업무를 만족스럽게 달성할 수 있는 잠재 능력과 이를 뒷받침하는 적합한 사고방식 및 업무 역량을 지닌 직원을 뜻한다. 지금은 지난 25년 중 최고의 실업률을 기록하고 있지만 여전히 실력 있는 Y세대 지원자들의 관심을 사기란 쉽지 않다. 지원자들이 넘쳐나는 기업도 몇몇 있기는 하지만 그 지원자들이 모두 실력 있고 믿음직스럽고 (즉 직접 차로 '모시고 다니지 않아도' 알아서 제 시간에 회사에 출근하고) 회사에 적합한 인재는 아니다.

기존 세대와는 전혀 다른 Y세대

실력 있는 Y세대의 관심을 사로잡기 힘든 이유는 (심지어 피고용자보

다 고용자의 영향력이 큰 시장에서도) Y세대의 구직 활동이 기성세대와
는 다르고 기업은 이런 변화에 더디게 적응하고 있기 때문이다. Y세대
의 구직 활동이 기존 세대와 '다르다'는 것은 곧 그들이 구직 활동에
서 유심히 살펴보는 '관심사'가 기존 세대와는 다르다는 의미다. 따라
서 기존 세대에게 효과적이었던 채용 절차도 Y세대가 선호하는 방식
과 맞아 떨어지지 않아서 빛을 못 보는 경우가 많다. Y사이즈 프로세
스는 기업의 채용 절차를 Y세대의 구직 활동과 일치시키도록 돕는다.
따라서 적응이 느린 기업도 Y사이즈를 통해 우수한 인력을 채용할 절
호의 기회를 마련할 수 있을 것이다.

언젠가 커피숍에서 이 책을 쓰던 중에 다른 테이블에 앉아 있던 Y
세대들의 대화를 우연히 듣게 되었다. 그러고는 Y세대의 구직 방식이
기존 세대와 얼마나 다른지를 다시 한 번 깨달았다. 한쪽 테이블에 앉
아 있는 2명의 Y세대 중 한 명은 20대의 여성이었다. 그녀는 들뜬 목
소리로 친구에게 '취업 성공담'을 들려주고 있었다. 그녀는 해당 기업
CEO의 트위터에 들어가서 입사 의사를 트윗으로 남겼고 그 글을 읽
은 CEO가 이메일로 답변을 보내와서 채용 인터뷰를 한 끝에 취업에
성공했다는 것이다. 그녀의 이야기를 들으면서 나도 내심 뿌듯했다!

반면 내 테이블 근처에서 대화를 나눈 또 다른 2명의 Y세대 중 한
명은 대학을 갓 졸업한 사회생활 새내기였다. 그녀는 "경제가 너무 안
좋아서" 직장을 구하기가 너무 힘들다고 친구에게 하소연했다. 구인
정보를 찾는 것만으로도 진이 다 빠진다고 투덜댔다. 정보를 어디서
구하냐고 친구가 묻자 그녀는 대답했다. "아침 내내 인터넷에서 구인
정보를 검색했어. 10시부터 11시 반까지 무려 한 시간 반이나." "정말

직장이 급하긴 급한가 보구나?" 친구가 되물었다. 커피를 마시던 나는 너무 놀라서 사레가 들었다.

채용 담당자들은 이와 같은 Y세대의 구직 활동에 대해 이미 잘 알고 있다. 아래 경험담은 인사 담당자로부터 전해들은 Y세대 입사 지원의 '실제 사례'다.

- 새벽 4시 16분 온라인 입사 지원서를 받았다. 그리고 같은 지원자로부터 4시 18분과 4시 20분에 똑같은 지원서를 받았다(이 Y세대 지원자는 지원서를 많이 보낼수록 인터뷰할 확률이 높아질 것으로 생각했다고 한다).
- 한 Y세대 지원자는 2통의 추천서를 요구하자 '엄마'와 '아빠'의 추천서를 각각 첨부했다.
- 한 Y세대 지원자는 "Sex(성별)"란에 "경험 있음"이라고 적었다.

Y세대는 색다른 사고방식(과 입사 지원서의 '빈칸'을 채워 넣을 재미있는 답변)을 갖고 있다.

겉으로 봤을 때 커피숍의 대화에 등장한 두 그룹의 Y세대는 매우 다른 사고방식을 갖고 있는 것처럼 보일 수 있다. 그리고 입사 지원에 대한 실제 사례가 비현실적으로 느껴질 수도 있다. 하지만 놀랍게도 국적을 불문하고 모든 Y세대가 생각하는 구직 활동 방식은 거의 동일하다. 당신 회사가 능력 있는 Y세대를 채용하고자 한다면 그들의 방식에 초점을 맞춰야 한다. 결국 당신 회사의 궁극적인 목표는 실력 있는 Y세대의 마음을 사로잡아서 그들이 설령 다른 직장에서 일하고 있거

나 부모와 저녁식사 중이더라도 당장 당신 회사에 지원하도록 '유혹'
하는 것이다.

Y세대가 회사에 바라는 것

모든 것을 제쳐두고, 심지어 스스로 사업가가 되겠다는 꿈보다도 Y세
대가 더 절실히 추구하는 것은 자신의 '개성과 생활 패턴 그리고 생활
의(또는 가치의) 우선순위'와 부합하는 회사를 찾는 것이다. 여기서 한
가지 눈여겨볼 점은 이 3가지 요소 안에 '돈'이 포함되지 않았다는 것
이다. 물론 Y세대들도 금전적인 요소를 중요하게 생각한다(특히 Y세대
자녀를 하루빨리 독립시키고자 하는 부모에게는 더욱 중요할 것이다). 하
지만 Y세대는 적합한 일을 찾기만 한다면 기꺼이 낮은 급여를 받고도
곧바로 업무에 뛰어든다.

대기업과 연봉 차이가 무려 1만 달러 이상 벌어지는 중소기업이 Y세
대 채용 경쟁에서 어깨를 나란히 할 수 있는 이유는 바로 이 3가지 요
소 때문이다. 또한 비영리단체나 공기업 등 상대적으로 낮은 연봉 때
문에 채용 경쟁에서 밀렸던 곳이 최근 성공적으로 Y세대의 마음을 사
로잡을 수 있었던 것도 같은 이유에서다. Y세대는 급여의 많고 적음을
떠나서 회사 문화 혹은 직속상관이 될 가능성이 있는 사람과의 첫 대
면을 토대로 직장에 다닐 것인지 말 것인지를 결정하기 때문이다.

이를 뒷받침해주는 어느 Y세대의 취업 사례가 있다.

"내가 이 회사에 취직한 이유는 급여나 복리 후생 때문이 아니었다.

그때 당시에는 '복리 후생'이 정확히 뭘 의미하는지도 몰랐다. 내가 이 회사에 다니는 이유는 스테파니(그녀는 현재 나의 직속상관이다)가 설명해준 회사의 이미지가 너무나도 재미있고 흥미로웠기 때문이다. '우선 우리 회사가 하는 일을 간략하게 소개해드리죠. 이 설명을 듣고 흥미가 생긴다면 지원서를 줄게요.' 그녀가 말했다. 스테파니가 내게 취업 제의를 했을 당시 다른 회사에서도 취업 제의를 받았다. 하지만 나는 스테파니와 함께 일하기로 마음먹었다. 왜냐하면 내가 적임자처럼 느껴졌기 때문이다. 스테파니로부터 설명을 듣기 전까지는 사무실에서 일하는 것이 재미있거나 도전적으로 느껴질 거라고는 상상도 못했었다."

Y세대는 '개성을 존중해주고, 잠재력을 키워주며, 자신의 능력을 믿고 기대하는 환경'에서 일하고 싶어 한다(이런 업무 환경을 만드는 방법에 대해서는 다음 장에서 자세히 소개하겠다). 또한 Y세대는 철저한 직업 윤리와 흥미로운 미션을 제시하는 회사에 굉장한 매력을 느낀다. 이렇듯이 Y세대들이 기업에 바라는 몇 가지를 요약·정리한 내용이 Y세대의 10가지 '핫버튼Hot Button'이다. 이 10가지 핫버튼을 채용 정책의 중요한 기준점으로 삼는다면 Y세대의 마음을 효과적으로 사로잡을 수 있을 뿐만 아니라 비용을 줄이면서도 금전적인 이익을 얻을 수도 있다. 한 가지 중요한 팁은 Y세대가 지원하기 한참 전에 채용 절차가 개선되어야 한다는 것이다. 기존의 채용 절차와 채용 홍보 방식 등을 개선하여 즉각적이고 주목할 만한 성과를 내기 위해서는 우선 Y세대의 10가지 핫버튼을 제대로 이해해야 한다. 이제부터 Y세대의 10가지 핫버튼을 살펴보자.

Y세대를 주목시키는 10가지 핫버튼

새벽 4시에 친구와 주고받는 메신저 쪽지 속도보다도 더 빠르게 Y세대의 관심을 사로잡기 위해서는 구직 활동을 하는 그들의 10가지 핫버튼을 채용 절차에 접목시켜야 한다(당신 회사에 전문적인 채용 부서가 있든지 혹은 당신이 전적으로 채용을 담당하든지 이 10가지 관심사가 중요하다는 사실에는 변함이 없다). 이 10가지 핫버튼을 채용 절차에 실제로 적용한 사례는 6장에서 자세히 소개하겠다.

Y세대들의 10가지 핫버튼은 아래와 같다.

1. 재미

Y세대는 회사가 재미있기를 바란다. Y세대의 관심을 끌기 위해서는 당신 회사의 어떠한 면이 '재미있는지'를 부각시켜야 한다. 재미있다는 것이 꼭 하이파이브를 남발하거나 스트레스를 하나도 받지 않아야 한다는 의미는 아니다. 가장 바쁜 업무 시간에도 충분히 '즐기면서' 일할 수 있는 환경임을 보여주는 것만으로 충분하다.

2. 문제 극복

Y세대는 문제를 극복하는 경험을 원한다. 이런 경험이 쌓이면서 Y세대의 회사 적응력과 실력은 점차 향상된다. 그들의 적응력을 테스트하고 실력을 키워갈 수 있는 다양한 '문제'들을 입사 첫 달 혹은 첫 해 동안 접하게 해주어라.

3. 창의성

일을 할 때는 창의성이 중요하다는 사실을 인식시켜야 한다. 창의성은 머리 염색을 허용하거나 신발의 색깔을 마음대로 고를 수 있게 하는 것이 아니다. 회사 정책과 업무 절차를 벗어난 색다른 접근 방식을 허용하는 회사의 전반적인 분위기를 의미한다.

4. 승진 기회

Y세대는 미래에 대한 기대가 크다. 당신 회사에서 최고가 되는 길을 알려줘라. Y세대가 선택할 수 있는 여러 승진 경로를 보여줘라. 당신 회사의 조직이 기능별이나 계층별로 엄격하게 구분되어 있지 않음을 알려줘야 한다.

5. 기업 윤리

각 회사는 고유의 철학과 윤리관을 갖고 있다. 당신 회사의 고유한 경영 철학을 Y세대와 공유해라. 회사의 가치 기준과 원칙을 알려주고 힘들고 어려운 상황에 어떤 기준과 원칙으로 대처해야 하는지를 사례로 설명해라. 기업 윤리를 강화하는 가장 이상적인 방법은 간단한 영상물을 보여주거나 선배들의 이야기를 들려주는 것이다.

6. 기업가 정신

일에 대한 오너십ownership을 어떤 방식으로 제공할 것인지 알려줘라. Y세대 스스로 프로젝트를 리드할 수 있게 해주거나, 해당 포지션에 대한 손익 개념을 심어주던가, 아니면 새로운 제품이나 서비스 개발에 참여시킴으로써 기업가 정신을 느끼게 해주는 것이 중요하다.

7. 라이프스타일

Y세대가 구직 활동에서 가장 중요하게 생각하는 요소가 바로 '라이프스타일'이다. 당신 회사가(특히 타 기업들과의 급여 경쟁에서 밀린다면) 얼마나 Y세대의 라이프스타일을 배려하는지 일일이 나열해서 보여줘라. 예를 들어 업무 스케줄의 유연성, 회사 근처에 위치한 라이브 카페, 야외 활동, 사내 피구팀, 그리고 플러그택[1] 무료 입장권 등을 강조하는 것이 Y세대의 관심을 사는 데 효과적이다(14장에서 자세히 소개하겠다).

8. 다양성

Y세대는 역사상 다양성이 가장 돋보이는 세대다. Y세대가 다양성을 충분히 발휘할 수 있도록 당신 회사가 다양성에 대한 포용력이 높음을 보여줘야 한다. 다양성에 대한 포용력이 클수록 Y세대는 '평소 자신의 모습대로' 편안하게 업무에 임할 수 있다.

9. IT기술

Y세대는 새로운 IT기술을 실험해보거나 다루는 것을 좋아한다. 항상 '얼리 어답터early adopter'이고 싶은 Y세대에게 당신 회사가 얼마나 자주 새로운 기술을 접하게 하고 활용할 기회를 주는지 보여줘라.

----

1) Flugtag. 참가자들이 자체적으로 만든 '인간 동력' 비행기구를 타고 비행하는 대회다.

10. 사명

당신 회사가 존재하는 이유, 즉 사명mission을 설명하고 이를 이루기 위한 Y세대의 노력이 어떻게 평가되는지 알려라. 그 과정이 눈에 보일수록 좋다. 회사의 사명을 이해한 Y세대는 자긍심을 느끼며 업무에 성실히 임할 것이다.

이제 10가지 핫버튼을 활용해서 Y세대가 주로 이용하는 3가지 채용 정보 수집 채널(온라인, 친구, 그리고 신문)에 채용 광고를 하면 된다. 유난히도 집중력이 짧은 Y세대의 특성과 이들의 주요 입사 지원 경로를 오랫동안 연구한 결과 Y세대의 관심을 한 방에 휘어잡을 수 있는 'Y세대의 입사 지원을 유도하는 6가지 지침'을 찾아낼 수 있었다. 문자와 소리 그리고 이미지의 형태를 띠는 이 '6가지 지침'을 접하면 Y세대는 바로 구인 정보를 검색하느라 쉴 새 없이 내려대던 마우스스크롤을 멈추고 회사 웹사이트를 즐겨찾기에 추가하거나, 부모님이나 친구들에게 그 회사에 대해 조언을 구하는 등 실제 행동에 나서게 된다.

Y세대의 입사 지원을 유도하는 6가지 지침

1. 자신이 특별한 존재라고 느끼게 해라

Y세대는 무엇보다도 '특별한 존재'로 평가받기를 원한다. 그러므로 당신 회사가 제시하는 자리가 Y세대 개개인을 위해 준비된 자리라는 생각이 들게 해라. 예를 들어 렌터카 기업의 채용 홈페이지에는 이렇게

적혀 있다.

"당신만을 위한 커리어, 우리와 함께해요Your Career. Let's get it started."

2. 마치 자기 일처럼 느끼게 해라

회사가 Y세대를 채용하는 것이 아니라 Y세대가 당신 회사에서 적합한 자리를 찾는다고 생각하도록 입사 지원 절차를 만들어라. 이 메시지는 간단하지만 매우 효과적이다. 여기에는 몇 가지 방법이 있다. 예를 들어 Y세대 지원자들에게 간단한 선호도 조사를 실시해서 본인이 지원한 포지션이 자신의 관심과 일치하는지를 비교할 수 있게 해줌으로써 채용 과정에 스스로 참여하고 있다는 느낌을 줄 수 있다. 또한 실제 이름으로 된 이메일을 보내는 것('인사팀 보냄'보다는 '마크Mark 드림')도 좀 더 인간적이고 친근한 느낌을 줄 수 있다. Y세대 스스로 직업 활동을 통해 스스로의 정체성 확립과 목표 달성이 가능함을 보여주고 모든 일은 회사가 아닌 사람이 진행함을 알려라.

3. 즉각적인 반응을 보여라

Y세대는 자신의 존재를 알아봐주기를 바란다. 그렇기 때문에 당신 회사가 Y세대의 입사 지원 사실을 안다는 신호(예, 편지나 이메일 등)를 보내면 Y세대는 강한 만족감과 더불어 자신의 가치가 상승한 느낌을 받는다. 다시 말해 즉각적인 반응을 보여주면 Y세대는 자신감이 상승할 뿐만 아니라 자신들이 진지하게 채용 후보로 고려되고 있음을 확신하게 된다. 또한 실제로 구직 활동을 하고 있다는 증거물을 부모에

게 보여줄 수도 있다. 단순히 입사 전형 절차를 밟고 있다는 통지를 하는 것보다는 할인쿠폰과 같은 소정의 상품을 제공하는 방법도 고려해볼 만하다. 이제 지원자들은 당신 회사를 직접 방문할 용기가 생겼을 것이다(어쩌면 할인쿠폰으로 물건을 사갈지도 모른다).

4. 즐겁게 만들어라

Y세대가 모든 대상에 빠르게 흥미를 잃는다는 사실이 새삼스럽지 않다. 그 이유는 Y세대가 차량용 DMB, 휴대용 게임기, 유튜브와 100개 이상의 텔레비전 채널 등을 항시 접하며 자랐기 때문이다. 당신 회사를 Y세대가 가장 일하고 싶어 하는 직장으로 만들고 싶다면 '약간'의 창의력, 디지털카메라(혹은 캠코더), 열정적인 직원 한 명, 그리고 '콘테스트'만 있으면 된다. 콘테스트의 한 가지 예로는 직원들끼리 60초짜리 동영상을 만들어서 자신의 팀에 지원해야 하는 이유를 설명하게 하는 것이다. 이는 다음 장에서 자세히 설명하겠다.

5. 진심이 느껴지게 해라

Y세대는 진부하기 짝이 없는 회사의 가식적인 홍보를 귀신같이 알아차린다. Y세대는 주변의 거의 모든 것들, 즉 휴대폰, 컴퓨터, 텔레비전, 라디오, 공원 벤치, 화장실 문, 심지어 스쿨버스에서도 늘 광고를 접하면서 성장했다. 덕분에 진심이 느껴지는 광고와 그렇지 않은 광고를 구분하는 능력이 자연스럽게 생겨났고 이 능력에 대해 상당한 자부심을 느낀다. (다시 말해 전문 모델을 고용해서 마치 회사의 유능한 직원인 척 꾸민 광고는 사절이다. 실제 직원들을 광고에 등장시키고 그들의 직책을 밝히

는 편이 낫다.) 손쉽게 진심을 전달하는 방법을 하나 소개하면 직원 전용 블로그를 만들고 그 안에 문법상 오류가 있더라도 고치지 말아라.

6. 간단명료하게!

구구절절 늘어놓은 회사 설명서나 뭔가 '있어 보이는' 업무 절차 등은 Y세대에게 매력적이지도 인상적이지도 않다. 오히려 죽을 만큼 힘들었던 수능시절만을 연상시킬 뿐이다. 당신 회사가 Y세대들에게 요구하는 업무 내용이 무엇인지 간단하고 명료하게 알려주어야 한다(하지만 회사 주차장을 청소해야 한다는 이야기는 빼도 된다). 고등학생도 당신 회사의 채용 공고를 보고 내용을 이해할 수 있을 정도로 간략해야 한다. (예, __________. 이런 형식으로 핵심만 간략하게 3가지로 요약한다.)

Y세대의 10가지 핫버튼과 입사 지원을 유도하는 6가지 지침을 관통하는 핵심은 Y세대가 전적으로 다른 방식으로, 그리고 대부분의 사람들이 잠들어 있을 새벽에 구직 활동을 한다는 것이다.

한 유통 회사 중간 관리자의 말을 빌리면 이렇다.

Y세대 지원자는 다른 세대의 지원자들과 굉장히 다르다. Y세대는 회사에 불현듯이 나타나서는 사무실을 한 번 쭉 훑어보고 입사 지원서를 집어 들고 나간다. 나중에 그 Y세대는 3명의 친구를 데려와서 단체로 지원한다. 나 같으면 절대 친구들과 함께 지원하지 않는다. 앞으로 직장상사가 될 사람에게 친구들을 알려서 좋을 것이 없다고 생각하기 때문이다. 하지만 Y세대는 나와는 완전히 다른 생각을 갖고 있는 것 같다.

새로운 채용 절차

일선에서 Y세대 채용을 담당하고 있는 인사팀 직원들은 이미 기존의 채용 절차가 비효율적이라는 사실을 알고 있다. 신문의 구인 광고란에 조그만 크기로 '직원 모집' 광고('아직도 그런 형태의 광고가 남아 있나?'라고 의심하게 하는)를 내고는 능력 있는 지원자들이 지원하기를 바라는 기업도 이제는 거의 없을 것이다(Y세대 대신 그들의 부모를 채용하는 것이라면 또 모르겠다). 또한 '몬스터닷컴[2]' 같은 취업 사이트에 일반적이고 추상적인 구인 정보를 올리는 것도 '비추'다. 저녁 식사 전에 입사 지원을 끝내고 싶은 일념으로 수십 개의 지원서를 이 회사 저 회사에 앞다퉈 제출하는 '평범한' 지원자들이 몰려들 것이 뻔하기 때문이다. 믿음직스럽고 능력 있는 Y세대를 채용하려면 채용 절차를 Y 사이즈해야 한다.

6장에서는 이 장에서 다뤘던 Y세대 채용과 관련된 통찰을 바탕으로 실제 채용 절차에 적용할 수 있는 효과적이고 구체적인 방법들을 소개하겠다. Y세대를 성공적으로 채용하기 위해서는 'Y세대를 이해하고 포용하는 회사'라는 이미지를 각인시킬 포지셔닝[3]과 보여주기 presenting가 핵심이 되어야 한다는 사실을 잊어서는 안 된다. 이렇게

2) Monster.com. 1994년에 설립된 글로벌 온라인 채용 시장의 1인자다. 몬스터닷컴은 전 산업 분야에서 기업과 구직자들이 원하는 신뢰성 있는 취업 정보들을 제공하고 있으며, 기업의 채용 과정 전반에 걸쳐 혁신적인 기술과 뛰어난 서비스를 제공하고 있다.

3) positioning. 어떤 제품이 소비자의 마음에 인식되고 있는 모습을 일컫는 경제 용어다. 이 글의 문맥상 입사 지원을 희망하는 혹은 이미 지원한 Y세대의 마음에 인식되고 있는 회사의 이미지를 뜻한다.

함으로써 당신 회사는 타 기업보다 (특히 이제 갓 트위터를 사용하기 시작한 기업에 비해) Y세대 채용 경쟁에서 훨씬 앞서가게 될 것이다.

|

Y사이즈를 위한 질문

|

1. 당신 회사는 '능력 있는' Y세대를 충분히 확보하고 있습니까?

2. 당신 회사가 '특별'하다는 것을 어떻게 홍보하고 있습니까?

3. Y세대 채용에 있어서 가장 효과적인 방법은 무엇이라고 생각합니까?

|

6장
실력 있는 Y세대를
채용하고 육성하는 방법

지금 자포스[1] 직원들은 무슨 생각을 하고 있을까? 자포스에 입사하고자 하는 Y세대라면 분명 궁금할 것이다. http://twitter.zappos.com/employee_tweets를 방문하면 궁금증을 바로 해결할 수 있다. 자포스 직원들이 어떤 생각을 하고 또 무엇을 하고 있는지 모두 공개되어 있기 때문이다.

농담이 아니다.

----

1) Zappos. 미국의 온라인 의류 종합 쇼핑몰.

많은 기업들은, 특히 프라이버시를 지키려는 기업일수록 자포스처럼 회사의 내부 사정을 낱낱이 '공개'하는 것을 두려워한다. 하지만 두려워할 필요가 전혀 없다. 회사의 거래 내역을 밝히라고 강요하지는 않을 테니까. 단지 잠재적인 지원자들, 특히 당신이 채용하고 싶어 하는 '실력 있는' 지원자들에게 당신 회사가 어떤 이미지로 비춰지는지를 곰곰이 생각해볼 필요가 있다.

아래에 소개할 네 단계의 Y사이즈 프로세스는 능력 있는 Y세대 직원(즉 당신 회사에 적합한 인재)의 관심을 사로잡고 그들을 채용하여 '내 것으로' 만드는 데 즉시 활용할 수 있는 유용한 내용이다. 또한 채용 예산이 빠듯한 기업들도 적용할 수 있는 '현실적'인 대안이기도 하다. 각각의 단계를 따로 적용해도 비슷한 효과를 얻을 수 있지만 최상의 효과를 얻기 위해서는 네 단계를 함께 적용해야 한다. 모든 단계를 적용해야만 온라인, 오프라인, 혹은 친구로부터 얻은 채용 정보('친구'는 Y세대들이 가장 신뢰하는 조언자이자 참고인이기 때문에 구직 활동에도 매우 중요한 존재다) 간에 일관성을 유지할 수 있고 그 효과를 극대화할 수 있다.

1단계: 회사 웹사이트, 이미지 관리의 시작이다

Y세대의 관점에서 봤을 때 회사의 웹사이트는 채용으로 이어지는 결정적인 통로다. 내가 이렇게 말할 수 있는 이유는 그동안 인터뷰해본 대다수의 Y세대들이 입사 지원서를 내기 전에 혹은 입사 여부를 결정

하는 시점에서 회사의 웹사이트에 한 번쯤은 들어가봤다고, 아니 단순히 들어가보기만 한 것이 아니라 친구들에게 회사에 대한 조언을 구하기도 했다고 고백했기 때문이다. 즉 회사의 웹사이트가 채용 절차의 '기본'이 되어야 한다. 내가 회사 웹사이트를 가장 먼저 Y사이즈 해야 한다고 주장하는 이유도 바로 이 때문이다.

회사의 웹사이트가 낡았거나(예를 들어 1990년대를 연상시키는 클립아트로 구성되어 있거나) 업데이트가 안 되어 있거나(예를 들어 게시판의 마지막 글이 2005년에 올린 것이거나) 사이트가 제대로 표시되지 않는다면(호스팅 서비스 연결이 제대로 되지 않는다면) Y세대는 당신 회사의 업무 환경도 낡고 업데이트가 안 되며 제대로 되는 것이 없으리라고 추측한다. 웹사이트를 통해 Y세대의 관심을 사로잡는 방법은 비용 대비 효과가 제법 크다. 그렇다고 Y세대의 관심을 사로잡기 위해 웹사이트를 요란하게 꾸밀 필요는 없다. 예를 들어 아바타를 만든다거나 웹2.0 형태로 웹사이트를 꾸밀 필요가 없다는 의미다(물론 회사가 원한다거나 예산이 허락한다면 상관없다). Y세대가 관심 있게 살펴보는 10가지 '핫버튼'만 웹페이지에 '일목요연'하게 정리되어 있으면 그들의 관심을 사로잡기 충분하다. (5초 안에 내용이 파악되지 않으면 웹페이지 창을 닫아버릴 것이다. 명심하라.)

실력 있는 Y세대를 '내 것으로' 만들기 위한 첫 단계로서 회사의 웹사이트를 Y사이즈 하는 방법을 지금부터 소개하겠다.

• 고객 사진, 이벤트 사진, 프로젝트 설명을 위한 사진을 제외하고 회사와 직접적으로 관련 없는 사진들을 모두 없애라. 그리고 가식적

인 사진들(완벽하게 조명 처리된 '뻔한' 포즈의 사진들) 대신 실제 직원들이 즐겁게 업무에 몰두하는 사진을 올려라. www.ysize.com/resources를 방문하면 이런 Y사이즈 테크닉에 관한 다양한 예시를 접할 수 있다.

- 현재 근무 중인 Y세대 직원들의 솔직 담백한 이야기를 비디오 영상으로 만들어라. 흥미로웠던 프로젝트나 도전 과제 등을 다루면 더 효과적이다. 전문적인 스튜디오에서 비디오를 찍으라는 의미가 아니다. 실제 업무 환경인 사무실 공간을 찍는 것이 좋다. 비디오 영상을 찍은 후 회사의 웹사이트뿐만 아니라 '유튜브'에도 링크시켜라. 유튜브에 올려야 하는 이유는 '전파력'이 훨씬 크기 때문이다. 유튜브에 올린 회사 동영상을 거꾸로 회사 웹사이트에 링크시켜도 좋다(공짜다). 직원들과 관리자들을 대상으로 (우리 회사에 지원해야만 하는 이유를 설명하는) 60초짜리 홍보 영상 콘테스트를 열면 좀 더 '인상적인' 영상을 얻을 수 있다. 좀 과하다 싶을 정도로 상상 밖의 내용을 다룰수록 Y세대의 관심을 사로잡는 데는 효과적이다. www.ysize.com/resources를 방문하면 직원들이 직장상사에 대해 솔직한 뒷담화를 나눈 영상 등 다양한 사례를 접할 수 있다.

- 페이스북, 트위터, 링크드인과 같은 유명한 소셜 네트워킹social networking 사이트를 활용할 수 있는 사람들로 채용 담당팀을 구성해라. 그리고 Y세대가 당신 회사에 대해 궁금한 점이 생기면 언제든 온라인 채용 담당자로부터 직접 답변을 들을 수 있으며 Y세대 직원들과도 소통할 수 있음을 부각시켜서 홍보해라. 페이스북, 트위터, 링크드인 외에도 이용자 간에 활발한 커뮤니케이션이 오가

는 소셜 네트워크를 홍보에 활용해라. 하지만 회사 홍보에 지나치게 매달려서도 안 된다. 그저 요청만 하면 언제든지 채용 정보를 제공해주는 '중립적인' 포지션을 취하는 것이 좋다. www.ysize.com/resources를 방문하면 다양한 실제 사례를 접할 수 있다.

- 간략하면서도 흥미로운 회사 소개서를 만들어라. 목소리 내레이션을 넣은 슬라이드쇼를 만들어도 되고, 대기업의 경우에는 기업광고의 변천사를 간략히 보여주는 것도 좋다. 소개 방식이 어떻든 간에 "우리 회사에 대한 놀라운 사실 5가지(특이할수록 좋다)" 혹은 "우리 회사에 대한 10가지 진실 혹은 거짓" 등의 리스트를 포함시켜라. www.ysize.com/resources를 방문하면 훌륭한 회사 소개서(아바타 포함)들을 볼 수 있다.

- 당신 회사의 경영 윤리, 가치관, 그리고 사명 등을 웹사이트에 게시해라. Y세대는 기업 윤리에 관심이 많다. 따라서 기업 윤리와 가치관 등이 Y세대 눈에 잘 띄도록 하는 것이 좋다. 기업 윤리를 몸소 실천하는 직원들의 영상이나 사진을 첨부하면 더 좋다. www.ysize.com/resources를 방문하면 실제 사례들을 볼 수 있다.

- 가상 '회사 투어' 혹은 가상 '출근 첫날'의 경험을 선사해라. 앞서 Y세대가 회사에 계속 다닐지 말지는 출근 첫날에 결정된다는 말을 했던 것을 기억할 것이다. 신입사원의 출근 첫날 경험을 담은 비디오 영상과 입사 3년차 직원의 하루를 담은 비디오 영상을 함께 웹사이트에 올려라. 영상 안에는 일하는 모습에서부터 먹는 모습까지 가능한 모든 것을 상세히 담아라. www.ysize.com/resources를 방문하면 실제 가상 투어 사례들을 볼 수 있다.

- 직원과 함께 성장해나가는 회사라는 점을 확실히 설명해라. 교육 프로그램, 오리엔테이션, 신입사원을 위한 리더십 개발 과정 등 직원을 육성하기 위해 당신 회사가 투입하는 노력을 일일이 나열해라. 입사 후 고속 승진을 거듭한 신입사원을 예로 들어 설명하는 방법도 효과적이다. www.ysize.com/resources를 방문하면 실제 사례들을 볼 수 있다.

- 회사에서 무슨 일을 하고 어떤 것을 배우는지 소통할 수 있는 직원 전용 블로그를 만들어라. 직원들 간에 소통이 활발해지면 자연스럽게 새로운 콘텐츠가 증가할 것이고 결국 검색 순위 상위에 오를 수 있다. 또한 당신 회사가 '사람 냄새 나는' 회사라는 인식을 Y세대들에게 심어줄 수 있다. www.ysize.com/resources를 방문하면 직원 전용 블로그의 실제 사례들(예, 여러 개의 직원 전용 블로그를 갖춘 마이크로소프트사의 사례)을 볼 수 있다.

- 현재 공석인 직위에 가장 적합한 Y세대를 찾아라. 취미, 강점, 학력, 경력 등을 지원서 질문에 포함시킨 후 이 답변들을 토대로 적임인 Y세대 지원자를 찾아라. 혹은 최소 학력 등 현재 공석인 직위에 걸맞은 요구 사항을 명시함으로써 지원자들이 알아서 적합한 자리에 지원하도록 유도할 수도 있다. 적임자를 좀 더 효과적으로 찾고 싶다면 사우스웨스트 항공사의 방식을 따르면 된다. 사우스웨스트 항공사는 자신들의 채용 홈페이지를 방문한 지원자들에게 적합한 자리가 생기는 즉시 이메일로 개별 통보를 한다. www.ysize.com/resources를 방문하면 더 많은 실제 사례들을 볼 수 있다.

실력 있는 Y세대를 '내 것으로' 만드는 방법에 대해 좀 더 알고 싶다면 현재 당신 회사에서 근무하고 있는 Y세대 직원에게 조언을 요청해라. 그들에게 몇 가지 조언을 구하고 더 필요하다 싶으면 그 친구들에게도 물어라. 이들에게서 얻은 조언들 중 회사에 굉장히 도움이 되는 아이디어가 섞여 있을 수 있다. 또한 Y세대 직원과 그들의 친구들이 선호하는 타 기업의 채용 홈페이지를 참고하는 것도 좋은 방법이다.

'인터넷'을 활용함으로써 얻을 수 있는 가장 좋은 점은 당신 회사가 대기업이 아니라도 혹은 예산이 넉넉하지 않더라도 충분히 유능한 Y세대 사원을 채용할 수 있다는 것이다. 또한 크레이지 에그Crazy Egg나 구글 애널리틱스Google Analytics 같은 응용 프로그램 덕분에 채용 분석이 더욱 용이해졌다. 이런 프로그램들에 대해 한 번도 들어본 적이 없다면 이번 기회에 www.crazyegg.com과 www.google.com/analytics/를 방문해보라.

회사의 웹사이트를 Y사이즈했다면, 이제 모든 곳에 '소문을 퍼트리는' 일만 남았다. '소문을 퍼트리는' 방법을 아래에 소개하겠다.

- 회사의 웹사이트 주소URL를 '모든 것'에 프린트해라. 여기서 강조하고 싶은 것은 '모든 것'이다. 당신 회사가 만일 소프트웨어 회사라면 소프트웨어 업데이트를 위해 최신 버전을 다운받는 모든 고객에게 URL을 홍보해라. 당신 회사가 패스트푸드 음식점이라면 냅킨, 영수증, 식탁보에 URL을 새겨 넣어라. 당신 회사가 택배업체라면 물건을 배달하면서 회사의 채용 소식도 함께 배달해라. 고객들 중

에 유능한 Y세대 직원이 숨어 있을 가능성이 높기 때문이다. 게다가 그들은 이미 당신 회사의 브랜드에 호감을 갖고 있으므로 금상첨화다!

- 웹사이트 방문을 유도하기 위해 무료 사은품을 나눠줘라. 값비싼 사은품을 말하는 것이 아니다. 무료 벨소리 다운로드 쿠폰, 당신 회사의 제품이나 서비스를 공짜로 이용할 수 있는 쿠폰, 자주 가는 쇼핑몰의 포인트 적립권 등 모든 것이 회사 웹사이트를 방문하게 하는 충분한 인센티브가 될 수 있다.

- 회사 웹사이트를 통해야만 참가할 수 있는 콘테스트를 개최해라. 예를 들어 학원이라면 '5만 원으로 학원 이미지를 개선하는 아이디어' 콘테스트를 개최하면 된다. 혹은 은행이라면 '20대의 저축을 유도하는 방법(100자 이내)'을 콘테스트의 주제로 삼으면 된다. 콘테스트 우승자에게는 재미난 사은품을 줘라. 그리고 모든 참가자들에게 취업 의사를 물어라.

- 입사 지원자들이 문자를 보내면 자동으로 온라인 입사 신청서의 링크 주소를 답문으로 보내주는 전화 서비스를 신청해라. 이 서비스는 저렴하면서도 홍보가 쉽고 당신 회사가 신기술을 선호한다는 이미지를 심어주기 때문에 Y세대의 사랑을 받을 수 있다(또한 종이 입사 지원서는 쉽게 잃어버리지만 링크된 주소는 분실의 위험이 없다).

당신 회사의 웹사이트에 접속해봐라. 만일 휴대전화로 웹사이트의 내용을 확인하기가 불편하다면 휴대전화 사용자를 위한 버전을 따로 만들어라. 만일 이 힌트를 읽으면서 '내 휴대전화로는 인터넷 접속이 안 되는데…'라고 생각했다면 당신의 휴대전화를 바꿀 때가 된 것이다.

Y세대가 입사 지원을 했다는 사실을 확인하는 즉시 다음 절차를 간단하게 소개한 이메일을 보내라. 일주일 혹은 2주일 간격으로 회사 소식을 간략하게 적은 이메일을 보내서 지원자의 관심을 자극해라. 또한 채용 절차에 도움이 될 만한 책이나 준비물을 추천해도 좋다(이렇게 함으로써 지원자가 회사에 얼마나 열정을 갖고 있는지를 파악할 수도 있다). 이렇게 인터넷을 통해 연결을 꾀함으로써 Y세대의 관심을 유지할 수 있을 뿐 아니라 입사 지원 이후로는 연락이 두절되다시피 하는 경쟁 기업과 차별화할 수 있다.

2단계: 창의적인 입사 지원서로 관심을 끌어라

인터넷을 활용하여 Y세대의 관심을 사로잡는 것이 가장 비용 효율적인 방법임에도 불구하고 아직 많은 기업들이 전통적인 입사 지원 방식(종이 입사 지원서)을 고수한다. 아직도 전통적인 방식을 따르는 이유는 회사의 업무 특성 때문이거나 고용하고자 하는 인력의 특성(컴퓨터 사용이 능숙하지 못하거나 언어적인 장벽이 있거나 인터넷 접근이 용이하지 않은 환경) 때문일 수 있다. 이유가 어찌되었든 전통적인 입사 지원서뿐만 아니라 온라인 입사 지원서도 자체적인 마케팅 도구로 '리모델링'할 수 있다. '약간의 창의력'만 발휘한다면 Y세대의 '핫버튼'과 조화를 이루면서도 '기발한' 요소들이 숨어 있는 입사 지원서를 만들 수 있다(유튜브의 도움이 없어도).

전통적인 입사 지원서와 Y세대의 '핫버튼'을 적절히 조화시킨 기업의 예로는 K&N 매니지먼트 사에서 운영하는 루디스 BBQ 프랜차이즈를 들 수 있다. 루디스는 동종 업계에서 최고의 매출을 올리는 프랜차이즈업체로 고객이 음식점에 들어서자마자 "루디스에 오신 것을 환영합니다!"라고 외치는 독특한 인사 방식 때문에 텍사스 주 오스틴 시에서는 굉장히 유명하다. K&N은 탑그레이딩Topgrading®이라는 프로세스를 통해 점원에서부터 요리사와 매니저에 이르기까지 모든 직원을 채용한다. K&N은 현재 450명의 직원을 거느리고 있고 이들의 연간 이직률은 요식업계 평균의 절반에도 미치지 못한다. K&N의 공동 소유주인 켄 실러Ken Schiller는 이렇듯 낮은 이직률을 기록하는 이유 가운데 하나로 '채용 방식'을 꼽는다. K&N은 '펜 없이' 바로 지원서를 낼 수 있는 환경을 조성해서 입사 지원을 쉽게 했다.

Y세대의 입사 지원율을 높이기 위해 K&N의 인사팀은 Y세대가 주로 입사 지원하는 시점과 방법을 관찰했다. Y세대 간에 일종의 패턴이 나타날 것이라고 기대했기 때문이다. 한 가지 관찰된 사실은 Y세대들이 주로 (음식점이 가장 바쁜) 점심시간에 입사 지원을 한다는 것이었다. 지원자들은 종업원에게 입사 지원서를 달라고 요청하는 동시에 루디스에서 가장 인기 있는 메뉴인 '닭 가슴살 요리'도 함께 시켰다. 다른 고객들이 음식을 먹느라 분주한 가운데 Y세대들은 테이블에 구부정하게 앉아서 입사 지원서를 썼다(루디스에서는 모든 고객이 한 테이블을 공유한다).

이 모습을 지켜본 루디스의 경영진은 기존의 입사 지원 절차가 비

효율적일 뿐만 아니라 다른 고객들에게 방해가 된다는 사실을 깨달 았다. 그래서 입사 지원 절차를 바꾸기로 했다. 루디스는 은행에서 흔히 볼 수 있는 '번호표 발급 기계'를 출입문 근처에 설치했다. 이 기계에서 회사의 전화번호와 웹사이트 주소가 적힌 종이를 간단하게 뽑을 수 있다. 이제는 누군가 K&N 매장에 들어가서 입사 지원서를 요구하면 카운터의 종업원이 친절한 미소를 띠며 이렇게 대답한다. "만나서 반갑습니다. 우리와 함께 일하실 수 있기를 바랍니다. 나가 시는 길에 출입문 앞 기계에서 티켓을 뽑으셔서 수신자 부담으로 전화를 주시거나 온라인으로 입사 지원하시면 됩니다. 일주일 내내 하루 24시간 지원 가능합니다." 종업원의 말대로 티켓에 적힌 수신자 부담 번호로 전화를 걸면 안내원이 지원자의 답변을 듣고 지원서의 질문을 하나하나 꼼꼼히 작성해준다. 그러고는 각각의 답변과 루디스의 채용 방침을 비교해서 적합하지 않은 지원자를 미리 솎아낸 후 인사 담당자에게 전달한다. 회사 입장에서도 효율적이지만 이 방식이 Y세대의 마음을 사로잡는 이유는 펜을 빌리지 않고도 입사 지원을 할 수 있을 뿐 아니라 지원서에 빠뜨린 항목은 없는지 마음을 졸이거나 음식을 먹다가 BBQ 소스가 입사 지원서에 묻지는 않을까 조마조마해하지 않아도 된다는 점이다. 내가 봐도 정말 훌륭한 시스템이다.

여기 소개한 번호표 발급 시스템이 당신 회사의 문화나 경영 방식에 부합하지 않는다면 메모리스틱을 나눠주는 방법도 좋은 대안이 될 수 있다. 메모리스틱 안에 경영자의 환영 인사와 회사에 대한 간단한 소개와 더불어 입사 지원서를 담으면 된다. 이렇게 해서 훌륭한 직원을 한 명 뽑을 수 있다면 충분한 투자 가치가 있다고 생각한다. Y세대의 입사 지원율을 높이는 방법은 과도한 시간과 비용을 요구하지 않는다. 약간의 관찰력과 창의력만 있으면 된다. Y세대들이 언제 어떻게 입사 지원을 하는지 관찰하면 효과적인 답이 보일 것이다.

자, 이제 입사 지원서를 Y사이즈하는 방법을 살펴보자.

전통적인 입사 지원서를 고수해야 하는 기업이나 대다수 기업들처럼 온라인 입사 지원서를 선호하는 기업이라면 회사의 '핵심가치'를 기반으로 '기발한' 질문을 던짐으로써 Y세대의 채용 기회를 한층 업그레이드시킬 수 있다. 이렇게 함으로써 얻을 수 있는 효과는 3가지다. 첫째, 회사의 가치관에 걸맞은 인재를 찾을 수 있다. 둘째, 지원자들이 즐겁게 지원서를 작성할 수 있다. 셋째, 지원자의 사고방식에 대한 깊이 있는 통찰이 가능하다. 당신 회사의 입사 지원서에 적용할 만한 기발한 질문 사례를 아래에 소개한다.

- 우리 회사의 핵심가치 중 하나는 '성실'이다. 당신이 차를 몰고 출근하던 중 차가 고장 났다면 어떻게 하겠는가?
- 우리 회사의 핵심가치 중 하나는 '가치 창출'이다. 만일 매장 매니저가 매장 내의 무엇인가를 바꿔서 매출을 올려야 한다면 무엇을 어떻게 바꾸겠는가?
- 우리 회사의 핵심가치 중 하나는 '창의성'이다. 이 종이 가방으로 창의적인 것을 만들어보아라(이 질문은 에이미 아이스크림Amy's Ice Cream의 실제 입사 문제다).
- 우리 회사의 핵심가치 중 하나는 '희생과 봉사'다. 타인을 돕기 위해

자신을 희생했던 경험을 설명해보아라.

현재 당신 회사에 근무 중인 Y세대 직원은 이런 질문들을 더 많이 떠올릴 수 있는 '잠재적 공급원'이다(하지만 Y세대가 떠올리는 질문들을 지원서에 적용하기에 앞서 관련 법률과 사내 규정에 부합하는지 항상 확인하길 바란다). 이들에게 물어보면 창의적인 질문들을 더 많이 확보할 수 있다.

3단계: '올바른' 면접 요령을 가르쳐라

대부분의 기업은 한두 번의 인터뷰(혹은 여러 차례에 걸친 인터뷰)를 통해 채용 여부를 결정한다. 하지만 대인관계 능력이 부족한 Y세대(심지어 바로 옆에 앉아 있는 남자친구 혹은 여자친구와 문자메시지로 대화하는 Y세대도 있다)는 인터뷰 능력도 현저하게 떨어져서 많은 기업들이 이들과 인터뷰하는 과정에서 종종 어려움을 겪곤 한다. 인터뷰에 유독 취약한 Y세대를 보면서 기업은 혼란에 빠진다. 단순히 인터뷰 실력만 없는 것인지, 아니면 원래 실력이 없는 것인지 쉽게 판단하지 못하기 때문이다.

인터뷰 방식을 어떻게 바꿔야 이런 혼란으로부터 (잠재적인 '인재' vs. 즉시 해고하고 싶은 '골칫덩이') 자유로울 수 있을까? 텍사스 주에서 Y세대를 가장 많이 채용한 기업의 사장이었던 척 헨드릭스Chuck Hendrix는 모든 기업들이 효과를 볼 수 있는 해결책을 하나 발견했다.

이 해결책을 떠올리게 된 계기는 복장이 불량했던 어느 Y세대 때문이었다.

젊은 인력에 대한 의존도가 높은 회사의 사장이었던 척은 지원자의 동향을 항상 파악하고자 했기 때문에 수시로 채용 담당 부서를 찾아가서 채용이 어떻게 이루어지고 있는지 확인했고 종종 인터뷰에도 직접 참여했다. 하루는 젊은 청년을 인터뷰하게 되었다. 그 청년은 인터뷰 시간보다 늦게 도착했고 인터뷰 장소에 들어서자마자 의자에 구부정하게 앉았다. 셔츠는 바지 밖으로 나와 있었고 마치 방금 잠에서 깬 듯 부스스해 보였다. 척은 말했다. "이봐 젊은이. 단도직입적으로 말하면 자네는 채용되지 않을 걸세."

그 청년은 화들짝 놀랐으며 기분이 몹시 상한 듯했다. "지금 무슨 소리를 하시는 거예요?" 그가 물었다. "아직 인터뷰를 시작도 안했잖아요!"

"이유를 솔직하게 말해주지. 자네는 인터뷰 시간에 늦었네. 복장도 불량이고, 머리 상태도 엉망인데다가 껌까지 씹고 있네. 이런 모습을 보고 자네가 이 직장에 대한 열정이 눈곱만큼도 없다고 판단했네. 정말 이 일을 하고 싶긴 한 건가?"

그 청년은 약간 시비조로 대꾸했다. "당연히 하고 싶죠. 버스를 2번이나 갈아타고 왔다구요. 일을 하고 싶지 않다면 내가 여길 왜 왔겠어요?"

"알겠네. 만일 자네 말이 사실이라면 이렇게 하지. 채용 인터뷰에서 가장 중요한 5가지 요소를 알려주겠네. 이 5가지를 모두 지킨 상태로 내일 다시 인터뷰를 하러 오면 자네를 채용하겠네. 내 명함을 받게나.

내 비서에게 전화해서 인터뷰 스케줄을 잡게. 그리고 자네가 이 일을 얼마나 원하는지 증명해보게." 척은 말했다.

그 청년은 5가지 조언을 듣고 집으로 향했다. 그리고 척이 예상했던 것과는 다르게 그 청년은 모든 것을 완벽하게 갖추고 다음 날 회사에 나타났다. 완벽하게 작성된 지원서를 갖고 왔고 복장도 단정했으며 척과 정중히 인사를 나눴고 인터뷰 장소가 사장실이었음에도 불구하고 자신감이 넘쳤으며 바른 자세로 앉았고 껌도 씹지 않았다. 척은 약속대로 그 청년을 채용했고 그는 훗날 훌륭한 직원이 되었다. 그 후 척은 지원자 모두에게 성공적인 인터뷰에 필요한 요소들을 알려줘야겠다고 생각했다. 올바른 인터뷰 방법을 미리 알려줌으로써 척은 효과적으로 인터뷰할 수 있었고 채용된 직원들의 존경을 한 몸에 받았다.

척은 이렇게 설명했다.

당신 회사가 지원자들을 어떤 기준과 방식으로 평가하는지 솔직하고 명확하게 밝힘으로써 서로가 상당한 시간을 절약할 수 있다. 모두가 알다시피 비즈니스 세계에서 시간은 곧 돈이다. 당신 회사에 적합하지 않은 지원자들 때문에 전체 채용 과정이 혼란에 빠질 일도 없어진다.

"너 오늘 딱 걸렸어"라는 심정.으로 인터뷰를 진행해서는 안 된다. 인터뷰를 통해서 당신 기업의 전문성과 수익을 향상시켜줄 인재를 찾으려고 노력해야 한다. 정장 차림을 불편해 하는 지원자에게 회사의 얼굴 역할을 맡기진 못하겠지만 그는 다른 분야의 적임자가 될 수도 있다.

회사 입장에서 최상의 시나리오는 지원자 스스로가 회사에 적합한지 여부를 판단해서 '선택적으로' 지원하게 하는 것이다. 이렇게 함으로써 지원자 스스로를 존중하는 동시에 회사에도 이득이 될 수 있다.

척의 이야기를 요약하면 지원자에 대한 평가 방식을 솔직하고 명확하게 제시하면 시간과 돈을 절약할 수 있다는 것이다. 게다가 평가 방식을 분명하게 명시했음에도 이를 따르지 않은 지원자, 즉 결격자를 간단하게 솎아낼 수 있다.

척의 이야기에는 다른 회사들이 보고 배울 만한 큰 교훈이 담겨 있다. 내가 만나본 수많은 Y세대들은 어떻게 인터뷰를 해야 하는지 한 번도 배운 적이 없다고 고백했다. 30초만 투자해서 그들에게 기회를 주는 것이 현명하지 않을까? 일일이 숟가락으로 떠먹여주라는 의미가 아니라 Y세대의 잠재력과 열정을 테스트해볼 기회를 가지라는 것이다. 척의 이야기에서 그랬듯이 Y세대가 당신 회사의 평가 항목에 부합하는 모습으로 나타난다면 그 Y세대는 일하고자 하는 열정이 넘친다는 결론을 내려도 된다. 반면 Y세대가 평가 항목에 부합하지 않는 모습으로 인터뷰 장소에 나타난다면 시간 낭비와 짜증스러움을 미리 예방한 것이나 다름없다. 지원자들이 손쉽게 당신 회사의 평가 방식을 접하게 하려면 '채용 확률을 높이기 위해' 인터뷰에서 지켜야 할 것들을 5~10가지 정도 입사 지원서의 뒷면에 명기해주면 된다. 다시 한 번 강조하면 종이로 된 입사 지원서 뒷면에 '올바른 인터뷰 방법'을 크게 명기해서 지원자들이 인터뷰에 임하기 전에 꼭 한 번 읽어보게 해라. 이렇게 함으로써 지원자들은 최선의 노력과 실력을 발휘할 수 있는 한편, 회사의 채용 절차에 부합하지 않는 결격자는 재빠르게 솎아낼 수 있다.

이렇게 인터뷰 방법을 알려주는 회사들은 '저임금 혹은 저학력'의 지원자가 주로 몰리는 기업일 것이라고 단정해서는 안 된다. 왜냐하면 미국 내 다수의 저명한 기업들도 인터뷰 지침을 지원자들에게 미리 제공하기 때문이다.

매킨지McKinsey는 세계에서 가장 유명한 경영컨설팅 회사 중 하나다. 그 때문에 유능한 젊은 인재들이 경력을 쌓기에는 안성맞춤인 회사다. "매킨지에 취직할 정도라면 최고의 경영대학원을 졸업한 엘리트일 텐데 설마 인터뷰 방법을 알려줘야 할까?"라고 생각한다면 오산이다. 매킨지는 지원자들을 위해 홈페이지에 '올바른 인터뷰 방법'을 상세하게 다룬 비디오 영상(http://www.mckinsey.com/careers/how_do_i_apply/how_to_do_well_in_the_interview.aspx)을 올려 놓았다.

독자들 중에는 "지원서 작성법 내지 인터뷰 방법을 일일이 알려주는 것은 지나친 '친절'이 아닌가? 현실을 너무 모르는 것도 죄다. 모르면 모르는 대로 마땅한 책임을 져야 하는 것 아닌가?"라고 생각하는 사람도 있을 것이다. Y세대에게 '과잉 친절'을 베푼다고 비판하는 사람들은 주로 밑바닥에서부터 시작해서 혼신의 노력 끝에 오늘날의 성공을 이룩한 사람일 수 있다. (나도 마카로니 그릴Macaroni Grill이라는 음식점에서 접시닦이로 처음 사회생활을 시작했다. 그곳에서 처음으로 넥타이 매는 법을 배웠다. 이 이야기는 나중에 좀 더 자세히 소개하겠다.)

나 역시 기업을 경영하는 사람으로서 Y세대를 돕는 기업의 행동을 비판적으로 바라보는(특히 채용도 안 된 Y세대에게 과한 친절을 베푼다고 생각하는) 사람들의 시각을 충분히 이해한다. Y세대의 서툰 모습을 보면서 무능하다고 비난할 수도 있다. 하지만 이런 시각을 이해는 하지만 동의하지는 않는다. 나는 오히려 Y세대를 아직 개발되지 않은 커다란 '잠재력'을 갖고 있는 집단이라고 생각한다. 바지 밖으로 삐져나온 셔츠만으로 Y세대를 판단한다면 자칫 유능한 인재를 놓칠 수 있다. 당신에게는 '눈엣가시' 같던 셔츠가 알고 보면 인터뷰 때 입으려고 신중하게 고르고 골라 구입한 것일지도 모르는 일이다. 단지 셔츠를 바지 안으로 넣어야 한다는 사실을 몰랐을 뿐.

결론은 이렇다. Y세대 지원자가 올바른 인사법을 모르거나 시선 처리가 불안정하거나 복장이 불량한 이유는 배운 적이 없기 때문이다. Y세대의 이런 표면적인 '결함'만 보고 결정을 내리는 것은 충성스럽고 성실한 신입사원을 '남에게' 내주는 것과 다름없다. 그렇기 때문에 Y세대들에게 올바른 인터뷰 방법을 알려주는 것이 현명하다. Y세대를 위해 약간의 노력만 기울인다면 다른 기업들은 차마 그 가치를 발견하지 못했던 '진주'를 찾을 수 있다(예, '문신'이라는 진흙 속에 가려져 있던 진주).

지원자가 능력을 최대한 발휘할 수 있도록 회사가 도와주는 것도 중요하지만 몇 번씩 기억을 환기시켜줘야만 실천으로 옮기는 Y세대는 채용 가치가 없다(물론 당사자의 어머니는 다르게 생각하겠지만). 반면 회사의 요구 사항 및 올바른 처신 방법을 한 번만 알려줘도 제대로 실천할 뿐만 아니라 더 많이 배우고자 하는 열의가 넘치는 Y세대를 가르치는 것은 엄연한 '투자'다. 잠재적으로 당신 회사의 신입사원이 될 지원자를 육성하고 가치 있는 사원으로 키워내는 활동이다. 훌륭한 기업은 모두 이런 투자를 한다. Y세대의 '독특한' 머리 스타일보다 그들의 잠재력을 먼저 볼 줄 아는 기업은 Y세대와 감정적인 유대를 형성하고 이러한 감정적 교류를 기반으로 (돈으로도 살 수 없는) 그들의 충성심을 얻을 수 있다. 방법은 간단하다. Y세대의 잠재력을 파악하는 데 성공한 기업의 사례를 통해 보고 배운 것을 당신 회사에 적용하면 된다.

올바른 인터뷰 방식을 알려주는 노력과 더불어 다른 기업에서도 흔히 물어보는 진부한 인터뷰 질문 10가지를 질문 목록에서 제거함으로써 채용 절차의 효율성을 높일 수 있다. 내 개인적인 견해로는 (그리고 내 견해에 동의하는 많은 기업들은) 아메리칸 워크포스American Workforce의 CEO인 조나단 데이비스Jonathan Davis가 미국 내에서 가장 훌륭한 인터뷰 전문가라고 생각한다. 그는 항상 내게 이렇게 말하곤 했다. "제이슨 씨, 잘못된 채용이 이뤄지는 이유는 딱 2가지예요."

1. 회사가 채용하고자 하는 포지션에 대한 명확한 설명이 없는 경우
2. 채용에 앞서 회사의 요구 사항을 정확히 전달하지 못하는 경우

또한 조나단은 친절하게도 Y세대를 효과적으로 채용하기 위해 자신

이 '애용하는' 인터뷰 질문 몇 가지를 알려주었다.

- 대학 혹은 회사에서 당신의 결정 덕분에 일이 성공적으로 진행되었던 경험이 있는가?
- 잘못된 결정을 내린 경험은?
- 잘못된 결정을 내린 경험에서 어떤 교훈을 얻었나? 다음번에는 어떻게 개선하겠는가?
- 이성적으로나 감성적으로 '성숙한' 느낌이 드는 인터뷰 대상자에게 내가 가장 즐겨하는 추가 질문 하나. "잘못된 결정을 다음번에도 반복하지 말라는 보장이 없지 않나?"
- 가장 존경하고 본받고자 하는 인물은 누구인가?
- 그의 어떤 점을 존경하는가? 자칫 사사로운 질문으로 느껴질 수 있으므로 답변자에게 감사의 표시를 하고 다음 질문으로 넘어간다.
- (위 답변에서 언급한 점을) 존경하는 이유가 당신도 그 점을 공유하기 때문인가? 아니면 당신에게는 부족한 부분이기 때문인가?

이제부터 좀 더 강도 높은 질문들이 이어진다.

- 입사 지원서에 언급한 장점들이 많은데 지난 30일 동안 이러한 장점들을 더욱 개발하기 위해 어떤 노력을 기울였는가?
- 당신이 회사에서 뛰어난 성과를 달성했다면 어떤 말이 듣고 싶은가? 예를 들어 설명해보아라.
- 반면 당신의 부족한 부분에 대한 피드백을 나나 다른 상사로부터

듣는다고 가정해보아라. 어떤 말을 듣고 싶은가? 위 질문의 답변과 비교해서 설명해보아라.

- 지금까지 가장 오랫동안 활동했던 모임 혹은 단체가 있다면 무엇인가? 당신이 그토록 오랫동안 활동한 이유는?
- 당신 삶에서 가장 자랑스럽게 생각하는 부분이 있다면? 이유는?

4단계: 돈보다 더 값진 것을 선사해라

이제 슬슬 채용 계약을 마무리할 때가 되었다. 지금까지의 Y사이즈 프로세스를 통해서 유능한 Y세대의 관심을 성공적으로 사로잡고 그들의 입사 지원을 유도하고 효율적인 인터뷰도 진행했다. 이제 입사 계약만 체결하면 모든 것이 끝난다. 회사가 적절한 연봉을 제시하고 지원자는 계약서에 사인하면 근무 시작일부터 출근할 것이고… 이렇게 모든 것이 끝났다고 생각하면 안된다.

Y세대는 그렇게 단순하지 않다. 급여만 달랑 제시한 회사의 제의를 대부분의 Y세대는 단번에 받아들이지 않는다. 특히 유능한 Y세대일수록 이런 제의를 달갑게 생각하지 않을 것이다. 왜냐하면 그들은 당신 회사뿐만 아니라 여러 경쟁 회사로부터 동시에 취업 제의를 받기 때문이다.

당신 회사의 제의를 차마 거절하지 못하게 하려면 다음에 소개하는 Y사이즈 요소들을 적절히 활용하는 것이 중요하다.

- 회사의 공식적인 채용 제의서에 사인한 뒤 Y세대 지원자에게 편지로 보내주어라. 전화나 이메일로 채용 의사를 밝히는 것만으로는 부족하다. 공식적으로 서류화해야만 지원자가 당신 회사의 채용 제의를 좀 더 직접적이고 가시적으로 접할 수 있기 때문이다. 또한 서류를 받아본 지원자는 부모님과 친구들에게 보여주며 자랑할 수 있으므로 더욱 좋다. 하지만 우편물을 보내기에 앞서 지원자에게 전화를 걸어서 함께 일할 기회가 생긴 것을 진심으로 기쁘게 생각한다는 이야기를 함으로써 기대감을 더욱 고조시켜라. 더 나아가 장외 홈런을 쳤을 때와 같은 감동을 선사하고 싶다면 편지를 당일택배로 보낼 것을 추천한다. 비용을 부담하면서까지 택배로 편지를 보낸다면 회사가 지원자를 매우 중요하게 여기고 있음을 느낄 것이다 (그리고 아마 편지봉투도 버리지 않고 간직하려 할 것이다).

- 급여 옵션들을 최대한 간략하게 설명해라. 급여 옵션에는 보너스, 퇴직금, 출장비, 근무지 이전에 따른 지원금 등 급여와 관련된 모든 사항을 포함시켜야 한다. 하지만 포괄적으로 다루되 최대한 간략하고 쉽게 설명해야 한다. 그리고 추가적인 설명은 웹사이트에 올려놓는 것이 좋다. 급여가 커미션에 크게 의존하는 포지션의 경우 성과에 따라 벌어들일 대략적인 급여를 예시로 설명하는 것이 바람직하다.

- Y세대가 취업 이후 밟아갈 수 있는 '승진 경로'를 적어도 3가지 이상 소개해라. 예를 들어 소프트웨어 개발 회사라면 주니어 프로그래머에서 시니어 프로그래머, 팀장 어시스턴트, 팀장을 거쳐서 프로젝트 리더로 승진할 수 있음을 알려줘라. 이러한 과정을 점선으로 표

시한 도표를 제공해라. 대기업에서도 마찬가지다. 대기업의 경우 승진 경로뿐만 아니라 다른 부서나 다른 지역으로 옮겨갈 수 있는 기회에 대해서도 설명해라.

- 취직 후 첫해에 수행하게 될 프로젝트나 도전 과제를 자세히 소개해라. 한두 가지만 소개하더라도 Y세대는 채용 제의에 더욱 흥미를 느낄 것이다.
- 회사에서 현재 진행 중인 교육 및 복리후생 프로그램을 상세히 소개해라. 전문 자격증 취득 프로그램, 팀워크 개발 프로그램, 멘토링, 대출 학자금의 상환을 돕는 산학 연계 프로그램, 리더십 개발 프로그램 등 가능한 모든 프로그램을 소개해라.
- Y세대의 개인 생활과 회사 생활 간 균형 유지를 위해 회사가 지원하는 각종 프로그램들을 강조해라. 일정 기간 근무하면 업무 스케줄을 자유롭게 바꿀 수 있게 해준다든지, 재택근무를 허락한다든지, 헬스클럽처럼 건강을 위해 쓴 비용을 지불해준다든지, 봉사활동을 지원하는 등의 프로그램이 있을 수 있다. 사내 배구나 볼링 경기 등 비공식적인 이벤트를 지원하는 것도 좋다.
- 회사의 인사평가 기준을 명시해라. 회사와 신입사원 모두가 동의하는 인사평가 기준을 명백히 밝혀야 공정한 평가가 이뤄진다.

Y세대 개인에 대한 충분한 통찰을 기반으로 그들에게 세심하고 '엣지' 있는 채용 제안을 할 경우 Y세대 지원자의 마음을 한층 더 사로잡을 수 있다. Y세대 지원자가 채용 제안을 100퍼센트 받아들이게 하려면 이런 Y사이즈 요소들과 더불어 Y세대 지원자의 개인 생활을 보장

하고 개인적인 목표 달성도 지원하겠다는 의사를 적극적으로 밝혀야 한다. 예를 들어 채용하고자 하는 Y세대의 취미가 마라톤이라면 일주일에 2번씩 출근 시간과 퇴근 시간을 한 시간씩 조정해줌으로써 취미 생활을 보장해주는 것이 좋다. 이렇듯 Y세대 각각의 개성을 존중해준다면 회사가 제시하는 '특별한' 채용 제의를 Y세대 지원자가 소홀히 할 리가 없다(그리고 타 기업보다 낮은 급여를 제시하더라도 당신 회사의 채용 제의를 받아들일 것이다!).

|

Y사이즈를 위한 질문

|

1. Y세대를 위해 회사 웹사이트를 어떻게 바꿔보았습니까?

2. 당신 회사의 입사 지원서는 경쟁 회사와 어떻게 다른가요?

3. 지원자들이 입사 지원서를 제출하기 전에 채용 과정에서 요구되는 사항과 평가 방법에 대해 알려주나요?

|

7장 모든 것은 출근 첫날 결정된다

Y세대만큼 출근 첫날을 중시하는 세대도 없다. 대부분의 Y세대는 출근 첫날의 경험으로 그 회사에 계속 다닐지 말지를 결정하기 때문이다. 출근하자마자 말이다! 내 경험에 의하면 대다수의 Y세대는 점심시간도 되기 전에 마음을 굳힌다. 회사를 계속 다니겠다고 마음먹는 순간 Y세대는 친구들에게 (그리고 룸메이트에게) "야! 너도 지금 당장 여기 지원해!"라는 문자를 정신없이 보낼 것이다.

하지만 반대의 경우가 발생할 수도 있다. 출근 첫날부터 '심기가 불편해'지거나(예를 들어 첫 출근한 Y세대를 아무도 몰라볼 경우) 어색한

상황("민소매는 입지 말라고 아무도 말해주지 않았잖아요") 혹은 자신을
'철부지'로 여기는 상사의 말("이봐, 신입! 그런 건 알아서 해야지! 내가
신입이었을 때는 다 알아서 척척 해냈다고!")을 경험한 Y세대 직원은 오
후 내내 인터넷으로 다른 회사의 채용 공고를 살피고 지금 직장에 대
한 불만을 트위터에 올리면서 시간을 보낼 것이다.

출근 첫날이 중요한 3가지 이유

Y세대는 다음과 같은 3가지 이유 때문에 출근 첫날을 중요하게 생각
한다.

- Y세대는 부모의 기대를 한 몸에 받으면서 자랐다. 출근 첫날도 예외
  는 아니다. 엄마들은 Y세대 자녀를 직장에 보내놓고도 마음이 놓
  이지 않아서 "지각한 건 아니니?", "일은 잘하고 있니?" 등의 문자를
  몇 통씩 보낸다. 부모 못지않게 Y세대 자신도 출근 첫날에 대한 기
  대가 크다. 출근 첫날은 성공적인 사회생활을 위해 '첫걸음'을 내딛
  은 의미 있는 날이기 때문이다.
- Y세대는 사회생활 경험이 없거나 턱없이 부족하다. 그래서 회사에
  대한 환상이 깨지지 않은 상태로 상대적으로 늦은 나이에 첫 직장
  을 갖는다. Y세대에게 출근 첫날은 6년간의 기나긴 대학생활(과 4
  만 달러에 이르는 학자금 대출)을 보상해주는 소중한 경험이 될 수도
  있고 암담한 현실을 직시하게 해주는 슬픈 경험이 될 수도 있다.

• Y세대는 음식, 친구관계, 심지어 방금 산 옷 등 거의 모든 것에 대해 '좋고 싫음'을 빠르게 결정한다(그래서 Y세대는 옷을 구입한 날 즉시 반품하는 경우가 많다). 회사도 크게 다르지 않다. 다만 약간 일찍 일어나야 하고 옷 입는 스타일이나 말투가 Y세대와는 다른(즉 Y세대보다 낫거나 못한) 사람들과 좁은 사무실을 공유해야 한다는 사실만 빼고는 말이다.

출근 첫날 잊을 수 없는 경험을 만들어주면 일과 회사에 대한 Y세대의 열정을 끌어낼 수 있으며 덩달아 Y세대 '친구들'의 관심도 사로잡을 수 있다. 출근 첫날 매력적인 경험을 선사하는 것은 그리 어려운 일이 아니며, 돈도 별로 안 들고, 기존의 채용 방식을 고수하는 것보다 스트레스도 덜하다. 또한 Y세대를 포함한 모든 세대의 직원들에게 회사의 매력을 보여줄 기회가 되기도 한다. 오늘날과 같은 어려운 경제 상황일수록 고용에 대한 투자는 즉각적이며 가시적인 성과를 내야 한다. 다행히도 Y세대는 출근 첫날부터 회사에 크게 이바지하고 싶어 한다. Y세대 신입사원에게 하루빨리 회사의 주요 업무를 맡김으로써 그들의 열정을 실천에 옮길 수 있게 해라! 그러면 그들은 당신의 채용 결정이 현명했음을 바로 증명할 것이다.

출근 첫날을 위해 준비해야 할 것들

Y세대의 마음을 한 번에 사로잡고 그들이 회사에 잘 적응할 수 있도

록 도와주는 '성공적인' 출근 첫날의 모습을 알아내기 위해 나는 그동안 많은 연구와 상담을 진행했다. 이러한 노력을 통해서 깨달은 3가지 사실이 있다.

출근 첫날을 Y사이즈함으로써 신입사원은;
- 회사의 다른 직원들로부터 진심 어린 환영을 받는다고 느낀다.
- 회사 문화와 분위기 그리고 그들의 역할을 빠르게 파악할 수 있다.
- 적어도 한 명 이상의 직장상사와 강한 유대감을 갖게 된다.

당신은 위의 3가지 결과를 얻기 위해 노력하는 한편 회사를 '균형' 있게 운영하는 데도 신경을 써야 한다. 하지만 이것이 그리 호락호락하지만은 않다. 무엇보다도 당신은 바쁘다. 경제는 어렵고 다른 직원들에게도 신경 써야 할 일이 많다. 회사에서 한시도 눈을 뗄 수가 없다. 뿐만 아니라 기업 문화, 경영 철학, 임직원 외에도 다양한 현실적인 문제들에 대해 고민해야 한다.

이제 소개할 '출근 첫날 Y사이즈하기'는 바쁜 당신에게 큰 도움이 될 것이다. 그 가운데 당신 회사의 분위기와 채용 상황에 맞는 것을 선택적으로 적용하면 된다. 또한 이를 기반으로 당신 회사만의 출근 첫날 모델을 만들어도 좋다. 어떤 방식을 택하든 Y세대들에게는 출근 첫날이 매우 중요하다는 사실을 잊어서는 안 된다. Y세대들에게 잊을 수 없는 출근 첫날의 경험을 제공한다면 다른 직장을 찾는 노력을 접고 승진을 위해 모든 업무에 최선을 다할 것이다.

트랜스텍Transtec의 회장 댄 로지키Dan Rozycki는 경험을 통해 Y세대의 출근 첫날이 중요함을 깨달았다고 한다. 특히 그가 운영하는 엔지니어링 회사의 경우 직원들이 입사 후 빠르게 적응하고 즉각적인 성과를 내게 하는 것이 매우 중요했다. 그는 '사브리나'라는 신입사원을 예로 들어 설명했다. 사브리나는 입사 지원서에 엄마의 추천서를 첨부했다. 간혹 어떻게 친부모로부터 추천서를 받느냐고 놀라는 사람이 있다. 하지만 직장 경험이 거의 없는 Y세대에게는 일상적인 일이다. 부모 말고 추천서를 써줄 사람이 누가 있겠는가? 자주 가는 병원 원장에게 추천서를 부탁할 수는 없지 않은가? 댄은 사브리나의 출근 첫날을 축하하는 의미에서 그녀의 어머니를 직접 회사로 초청해서 사브리나(와 부서 전체 직원들)에게 잊을 수 없는 출근 첫날을 만들어주기로 했다. 물론 어머니를 설득하는 일은 쉽지 않았지만("회장님, 몰래카메라 같은 건 아니죠?") 그녀는 결국 동의했다.

출근 첫날 전 임직원이 강당에 모여 사브리나를 환영했다. 신입사원이 들어올 때마다 모두가 간단한 환영 인사를 하는 것이 트랜스텍의 전통이다. 사브리나의 어머니는 강당에서 조금 떨어진 복도에서 기다리다가 강당에 '깜짝 등장'했다. 사브리나는 너무 놀랍고 반가운 나머지 할 말을 잃었고 그녀의 어머니가 대신 말했다. "우리 아이의 유치원 입학식 때 내가 함께 있었습니다. 우리 아이가 대학교에 들어갈 때도 내가 함께 있었죠. 우리 아이의 출근 첫날 내가 이 기쁨을 함께할 수 있게 해주셔서 정말 감사합니다."

이런 상황을 상상이나 해봤는가? 깜짝 환영 인사가 끝나고 댄은 직접 사브리나와 그녀의 어머니를 데리고 회사를 둘러보면서 앞으로 사브리나가 맡을 직무가 얼마나 중요한지를 꼼꼼히 설명해주었다. 회사

문을 나서던 사브리나의 어머니가 말했다. "이 일을 절대 그만두면 안
된다. 정말 훌륭한 회사구나."

월요일 첫 출근? 오, 노우NO!

출근 첫날로 월요일만은 피해라. 신입사원에게는 월요일이 최악의 타
이밍이 될 수 있다. 통상적으로 월요일에는 지난주에 마무리 짓지 못
한 업무와 주말에 새롭게 발생한 일들이 한꺼번에 밀려들기 때문에 기
존 임직원들이 신입사원에게 눈길을 주기가 쉽지 않다. 신입사원을 월
요일의 '혼란' 속에 방치해두지 말고 월요일을 제외한 다른 요일 10시
경에 출근하게 해라. 월요일처럼 정신없이 하루를 시작하지 않아도 되
고 10시쯤 출근하면 점심시간이 시작되기 전까지 2시간 정도의 시간
이 있기 때문에 신입사원을 따뜻하게 환영해줄 여유가 생긴다.

점심시간이 되면 당신이 직접 신입사원과 함께하거나 부서의 동료
직원들과 함께 점심을 먹을 수 있도록 자리를 마련해주어라(물론 더치
페이로). 첫 출근한 회사에서 10명의 동료직원들과 인사만 나눈 후 홀
로 점심을 먹으러 간 신입사원이 건너편 테이블에서 동료들끼리 재미
나게 식사하는 모습을 지켜보게 되는 불상사를 예방할 수 있다.

출근 첫날을 대비할 수 있게 이메일을 미리 보내라

가능하다면 기초적인 사내 예절과 신입사원들이 자주 묻는 질문들에
대한 Q&A를 출근 전날 이메일로 미리 보낼 것을 권장한다. 어디에 주
차해야 하는지(사장 자리는 안 된다), 출근 후 궁금한 점이 생기면 누구
에게 물어봐야 하는지(역시 사장에게 직접 물어보면 안 된다), 어떤 복장

이 올바른지, 그리고 회사에 가져와서는 안 되는 물건이 있는지 상세하게 알려주는 것이 좋다. 예를 들어 어떤 회사에서는 카메라 기능이 있는 휴대전화가 사내 반입 금지 물품이다. (한 번은 원자력발전소에 강연을 하러 갔는데 그곳의 우락부락한 경비원들이 나의 소중한 '블랙베리'를 압수해갔다. 강연을 하는 2시간 동안 나는 휴대전화 금단 증상에 시달려야 했다.) Y세대들에게 출근 전날 사내에 들여서는 안 되는 물품을 알려줌으로써 이런 '금단 증상'을 어느 정도 피할 수 있다. 또한 샌들을 신고 출근할 수 없다는 등 회사가 허용하지 않는 것들을 미리 알려라. 그리고 함께 일하게 된 것에 대한 진심 어린 감사와 환영의 글을 다시 한 번 덧붙이면 감동이 2배가 될 것이다(더불어 출근 시간도 상기시켜 주어라).

회사 투어

선배 한 명을 선임하여 첫 출근한 신입사원을 맞이하고 함께 회사를 둘러보게 해라. 이 경험이 신입사원에게는 (당분간) 회사 전체에 대한 경험이 될 수 있으므로 회사를 대표할 수 있는 인물을 잘 선택해야 한다(같은 신입사원들끼리 모여서 회사를 둘러보는 일이 생기지 않도록 신경 써라). 직장상사나 동료직원이 회사를 안내해줘도 되겠지만 신입사원과 비슷한 또래의 직원이 안내하는 것이 가장 효과적이다. 특히 Y세대 신입사원들은 자신과 비슷한 또래의 직원을 더 편하게 느낀다. 그러기 때문에 둘 사이에는 자연스러운 질문과 대화가 오갈 수 있다(예를 들어 "근무가 끝나고 주로 어디서 노세요?" "회사 근처에 괜찮은 아파트가 있나요?" "청바지는 금요일에만 입을 수 있나요?" 등의 질문들).

명함 선물

잊을 수 없는 출근 첫날을 만들기 위한 '최고의 Y사이즈 전술' 중 하나는 20달러 미만의 비용으로도 충분하다. 우선 신입사원의 이름 석 자가 또렷이 새겨진 명함을 미리 인쇄해서 작은 선물 박스에 담아라. 그러고는 긴장감과 기대감에 잔뜩 휩싸인 채 출근한 Y세대 신입사원을 미소와 악수로 환대해주면서 선물 박스를 건네라. "우리 팀에서 함께 일하게 된 걸 환영해요. 정말 반갑습니다. 이제부터 당신은 우리 회사의 정식 직원입니다. 앞으로의 회사 생활과 업무에 대해 간단히 소개하도록 하죠. (이렇게 말한 후 신입사원이 알아야 하는 사항을 모두 전달한다.) 당신도 회사에 바라는 점이 있다면 함께 공유해주시겠어요?" 이런 따뜻한 말과 함께 선물을 전한다면 감동이 가득한 출근 첫날이 될 것이다.

"출근 첫날부터 명함이 왜 필요하나요? 줄 사람도 없지 않습니까?"라고 묻는 사람도 있다. 하지만 Y세대를 잘 이해하지 못해서 하는 소리다. 실제로 Y세대는 명함을 선물받자마자 기쁜 마음으로 부모에게 달려가 자랑할 것이다. 농담처럼 들리겠지만 사실이다. Y세대의 명함과 관련된 사례가 있다. 어느 과학기술 관련 회사에서 강연이 끝난 후 한 베이비부머 임원이 껄껄 웃으면서 내게 다가왔다. 그는 그날 아침에 처음 출근한 Y세대 자녀로부터 10장의 명함이 든 봉투를 택배로 받았다고 했다. "한 장은 엄마 것, 한 장은 아빠 것! 나머지는 친척들 것!"이라고 적힌 포스트잇도 봉투 안에 들어 있었다고 한다.

뜻 깊은 출근 첫날 경험

신입사원이 출근하기 전에 미리 명함을 준비하기 곤란하다면 다른 '눈에 띄는' 방식으로 이들을 환영해라. 동료직원들이 직접 손으로 환영 인사를 적은 카드를 건네주는 '고전적인' 환영 방식도 좋고, 출근 전부터 회사의 페이스북을 보거나 포스팅을 할 수 있게 승인해주는 'Y세대 맞춤형' 환영도 좋다.

IT 회사인 마이에듀닷컴MyEdu.com은 모든 신입사원들에게 출근 첫날 화분을 선물한다. 신입사원들은 선물받은 화분을 들고 기념 사진을 찍는다. 그리고 그 사진에다가 자신의 이름과 근무 시작 날짜를 적어서 사무실에 붙여놓는다. 화분 안의 나무가 자라듯이 신입사원도 "회사와 함께 성장"한다는 의미가 담겨 있다.

마이에듀의 공동 창업자인 크리스 칠렉Chris Chilek은 이렇게 말한다. "신입사원들에게 화분을 주자는 아이디어는 내가 낸 것이지만 굉장히 진부하게 느껴졌어요. 하지만 생각보다 반응이 좋았습니다. 특히 Y세대들이 너무나도 좋아했죠. 매 분기마다 회사 규모가 2배씩 커지는 상황에서 우리 회사 특유의 전통을 만들고 싶기도 했어요. 지금의 신입사원들은 회사에 있는 화분들과 사진 속의 화분들을 비교해보면서 자신도 이 '특별한' 과정에 동참했다고 느낍니다. 또 다른 의미를 덧붙이면 우리가 빠르게 성장하고 있는 회사이기는 하지만 꾸준히 자라는 나무는 '안정'을 의미합니다. 직업의 안정성은 오늘날의 고용시장에서 굉장히 매력적인 요소로 작용합니다. 게다가 이 화분들은 직원들 사이에서 인기랍니다. 그래서 직접 이름을 붙이기도 하죠!"

출근 첫날의 중요성을 잘 알고 있는 또 다른 대형 소프트웨어 회사
는 출근 첫날의 경험을 Y세대의 생활 패턴과 맞추기 위해 노력한다.
예를 들어 이 회사의 신입사원들은 항상 금요일에 첫 출근한다. 이유
는? 금요일 오후 5시에 사내에서 할인된 가격으로 맥주를 제공하기
때문이다. '맥주 타임'은 신입사원들이 같은 부서뿐 아니라 다른 부서
직원들과도 어울릴 수 있는 좋은 환경을 제공한다. 내가 신입사원이
라면 분명히 이런 회사에 계속 다니고 싶을 것이다. 아마 내 친구들은
이런 회사라면 주말 내내 일하려 들 것이다.

세심한 배려로 '소속감'을 느끼게 해주어라

앞서 언급한 방법들이 어렵게 느껴진다면(특히 병원에서는 맥주 파티를
할 수 없으므로) 세심한 배려로 회사에 '소속감'을 느끼게 해주어라. 세
심한 배려가 큰 감동을 준다(신입사원은 당신 회사를 선택한 자신의 판
단이 현명했음을 확신할 것이다).

신입사원을 맞이하는 부서 직원들이 각자의 이름표를 부착하는 것
은 사소해 보이지만 큰 배려라는 느낌을 전달한다. 부서 직원들은 신
입사원의 이름을 알지만 신입사원은 당연히 부서 사람들의 이름을
모르기 때문이다. 또한 앞으로 같이 일하게 될 동료직원들의 이름을
익힘으로써 회사에 빠르게 적응할 수 있다. 신입사원을 배려하는 또
다른 방법은 Y세대 신입사원에게 '출근 첫날을 기념하는 즉석 자기소
개'를 시키지 않는 것이다. 많은 청중 앞에서 말하는 것은 모든 사람에

게 '공포심'을 불러일으킨다. Y세대라고 예외일 수 없다. 게다가 유난히 대인관계 능력이 부족한 Y세대에게 이런 자리는 부자연스럽고 껄끄럽다.

환영 인사가 끝났다면 신입사원에게 조직 전반에 걸친 기업 문화를 소개할 차례다. 이런 소개를 할 때 가장 효과적인 방법은 신입사원과 함께 직접 회사 곳곳을 걸어 다니면서 안내하는 것이다. 회사의 각 부서가 어떻게 운영되는지 직접 눈으로 살펴볼 수 있어서 회사 문화를 전체적으로 이해하는 데 도움이 될 뿐만 아니라 회사 전체의 구조 내에서 자신이 맡을 역할에 대해 세부적으로 이해할 수 있다.

회사 문화를 체험하게 해라

앞서 언급한 대로 환영 인사와 회사 안내를 마쳤다면 이제는 회사 문화를 직접 체험할 기회를 줄 차례다. 이는 회사의 전통과 유산을 전시해놓은 곳(14장에서 자세히 소개하겠다)을 같이 둘러보며 소개하거나 현재 근무 중인 직원들이 제작한 '우리가 회사를 좋아하는 이유'라는 제목의 영상물(역시 14장에서 자세히 소개하겠다)을 보여줌으로써 가능하다. 촬영이나 편집이 서툴더라도 손수 만든 영상이 더 신뢰가 간다. 가능하다면 회사를 둘러보면서 장단기 경영 목표와 사명 등에 대해 직접 이야기해주는 것도 괜찮다. 잊을 수 없는 출근 첫날이 반드시 폭죽이나 화려한 이벤트로 Y세대 신입사원을 마냥 즐겁게 해주는 것을 의미하지는 않는다. Y세대의 마음을 사로잡으려면 '진심'과 '진정'

이 전달되어야 한다. 그러기 위해서는 즐겁게 일하는 직원들의 모습을 보여주는 것만큼 효과적인 것은 없다.

이렇게 Y세대 신입사원을 환영하고, 회사 투어도 끝내고, 회사 문화를 접하게 해주었다면 이제는 진절머리 날 정도로 일상적이고 재미없는 업무들을 마음 놓고 그들에게 맡겨도 된다(물론 입사 첫날부터 기밀 유지 협약에 사인하고 기밀 서류를 다루는 Y세대들도 있겠지만).

출근 첫날을 마무리하기

CEO(혹은 고위 간부)와의 만남을 주선함으로써 출근 첫날의 마지막을 화려하게 장식할 수 있다. 복도나 구내식당 혹은 사무실에서 CEO와 잠깐 대화를 나눴다는 사실만으로도 신입사원에게는 큰 영광처럼 느껴질 수 있다. 딱 1분이면 된다. 잠시 악수를 나누고 신입사원에게 축하한다는 말 한마디만 건네면 끝이다(신입사원의 이름을 미리 알고 있으면 더 좋다). 신입사원을 일일이 대면할 시간이 부족하다 싶으면 전화도 괜찮다. 전화도 힘들다면 행운을 빈다는 메시지와 회사의 비전을 담은 이메일을 보내주는 것으로도 충분하다.

한 프랜차이즈 기업의 회장은 적은 시간과 비용으로 Y세대 신입사원의 출근 첫날을 화려하게 마무리 짓는 방법을 내게 알려주었다. 출근 첫날을 마무리한 신입사원의 사진을 폴라로이드 카메라로 찍어 바로 출력한다. 알록달록한 펜으로 사진에다가 "XX 씨, 입사 첫날을 무사히 보낸 것을 축하해요! 당신과 함께 일하게 돼서 정말 기쁩니다. 밝은 미래를 위해 우리 함께 노력해요!"라고 적는다. 그다음 신입사원과 악수를 하며 메모가 적힌 사진을 건네준다.

Y세대 신입사원이 출근 첫날의 경험을 통해서 회사와 '감정적 교류'를 맺는다면 그는 출근 첫날을 결코 잊을 수 없는 경험으로 간직할 것이고 바로 자신의 블로그에 자랑할 것이다.

Y사이즈를 위한 질문

1. 신입사원에게 뜻 깊은 출근 첫날을 선사하기 위해 어떤 노력을 하고 있습니까?

2. 월요일을 제외한 다른 요일(혹은 가장 스트레스를 덜 받는 요일)에 신입사원을 출근하게 할 수 있습니까?

3. 신입사원을 위해 출근 첫날에 명함을 마련해줄 수 있습니까?

8장 오리엔테이션
입사를 결정한 당신의 선택은 옳았습니다

출근 첫날은 정말 환상적이었다. 회사가 Y사이즈 프로세스를 적절히 도입해서 Y세대 신입사원이 상상조차 하지 못했던 출근 첫날의 경험을 선사했다(예, 명함을 선물 받자마자 Y세대는 여러 명의 친구들에게 문자메시지로 자랑하느라 여념이 없었을 것이다). 이제는 오리엔테이션을 Y사이즈할 차례다. 신입사원 오리엔테이션이 지향해야 할 목표는 그들의 입사 결정이 현명했음을 증명하고 회사가 그들에게 기대하는 바를 강조하는 것이다. 오리엔테이션을 통해서 기업 문화를 직접 경험할 수 있게 하고, 조직 내에서 본인의 역할을 설명하고, 앞으로의 회사 생활에 대한 방향 제시를 하면 목표를 달성한 셈이다.

대부분의 기업은 상당한 자원을 투자하여 신입사원들이 알아야 할 핵심 내용을 영상이나 프레젠테이션 형태로 제작한다. 이렇게 제작된 오리엔테이션 프로그램은 매번 신입사원이 들어올 때마다 반복적으로 사용할 수 있도록 일반적으로 제작되는 경우가 대부분이어서 하품이 날 정도로 지루할 수밖에 없다(적어도 하품이 난다는 것은 아직 잠들지 않았다는 의미이므로 그나마 좀 재미있는 편에 속한다). 하지만 짧은 시간 안에 효과적인 오리엔테이션이 이루어지려면 그 내용과 과정이 Y세대의 학습 방식과 맞아야 한다. 이것이 신입사원 오리엔테이션을 Y사이즈하는 핵심이다.

오리엔테이션을 계획할 때 고려해야 하는 Y세대의 3가지 학습 방식은 아래와 같다.

- Y세대는 집중력이 매우 짧다(슈퍼볼 광고시간인 5초가 Y세대의 집중 시간이다).
- Y세대는 활발한 상호작용이 가능한 학습법을 선호한다(예, 한 번만 만져봐도 되요? 네? 네? 딱 한 번만요).
- Y세대는 학습에 투입한 자신의 노력이 '즉각적'이고 '가시적'인 성과를 거두기를 원한다(예, 수료증은 언제쯤 받을 수 있나요? 오리엔테이션 사진을 언제쯤 온라인에 올려주실 거죠?).

그동안의 연구 결과에 의하면 Y세대는 단시간에 많은 정보를 얻은 뒤 그룹 활동과 토론 시간 등을 갖고 싶어 하며 바로 도전 과제를 수행함으로써 가시적인 성과를 얻고자 한다. 다시 말하면 아직도 5~10년 전에 만들어진 (땡땡이 무늬의 넥타이를 맨 직원이 등장하는) 8시간짜리 비디오 영상을 시청하면서 간간이 쉬는 시간에 퀴즈를 푸는 형식의 오리엔테이션 프로그램을 채택하고 있다면 이제는 바꿔야 한다. 공식적인 오리엔테이션 프로그램이 없는 회사나 기존의 오리엔테이션 프로그램을 바꾸고 싶은 회사들을 위해 Y세대 신입사원 모두가 제대로 회사 생활을 시작할 수 있게 도와주는 몇 가지 유용한 방법들을 이 장 후반부에 소개하겠다. 공식 오리엔테이션이 있든 없든 회사가 지향해야 하는 오리엔테이션의 목표는 다음과 같다.

- 신입사원이 출근 첫날에 느꼈던 감동과 재미를 오리엔테이션에서도 느낄 수 있게 해줘라.
- 당신 회사에 입사하기로 한 Y세대의 결정이 현명했음을 100퍼센트 확신할 수 있게 해줘라.
- 오리엔테이션을 통해 신입사원의 책임감을 키워주고 성장의 기반을 마련해줘라.

공식 오리엔테이션— 소통과 감동을 선사한다

통상적으로 대기업들은 신입사원 교육을 위한 공식적이고 조직화된 오리엔테이션 프로그램을 갖고 있다. 대기업의 규모와 특성상 주로 여러 부서에서 많은 수의 신입사원을 뽑기 때문에 시간과 비용 효율 등을 따져 일관적인 메시지를 전달한다. 이렇게 스케일이 큰 오리엔테이션을 진행해야 하는 대기업들은 주로 인터넷 교육 프로그램이나 전통적인 비디오 프로그램을 사용한다. 하지만 이런 방법이 과거에는 효과적이었을지 몰라도 현재는 Y세대의 학습 방식과 그들의 관심사에 부합하지 않는다.

스스로 만족하게 만들어라

Y세대가 오리엔테이션에서 기대하는 바는 한 가지다. 입사 결정이 현명했음을 확인하는 것이다. 물론 오리엔테이션에서 언급하지 말아야 할 내용도 있다(예를 들어 동료직원과의 연애 금지 등). 하지만 Y세대의 주된 관심사는 이런 것들이 아니라 회사가 궁극적으로 추구하는 목표와 신념이 그들 자신의 목표와 신념에 부합하는가 하는 점이다. 오리엔테이션을 통해 회사의 궁극적인 목표와 신념을 공유함으로써 Y세대 신입사원의 '충성심'과 '열정'의 기반이 될 감정적이고 이성적인 연결고리를 만들어내야 한다.

　회사 생활에 대한 모든 정보(학교에서는 결코 가르쳐주지 않는 정보)를 8~16시간 안에 Y세대의 머릿속에 한꺼번에 집어넣으려 하지 마라. 오리엔테이션 후에도 시간은 충분하다. 오리엔테이션의 목표는 "역시 이 회사에 다니겠다고 마음먹길 잘했어"라는 생각을 하게 하는 것이다.

서먹한 분위기를 깨라

Y세대가 출근 첫날의 경험으로 회사를 계속 다닐지 말지를 결정하는

것처럼 오리엔테이션의 첫 5분도 그날 하루의 분위기를 결정한다. 애써 준비한 오리엔테이션이 서먹한 분위기로 망쳐지는 것을 원하는 사람은 아무도 없을 것이다. 분위기를 살리면서 Y세대의 적극적인 참여를 유도하고 싶다면 신입사원들 간의 대화로 오리엔테이션을 시작하는 것이 좋다.

신입사원들이 회사에 지원하게 된 계기를 서로 공유하게 해라. 해당 회사의 제품을 구매한 적이 있거나, 부모님 중 한 분이 같은 회사에서 일했거나, 평소에 이 회사 근처를 매일 지나다녔는데 어느 날 갑자기 회사 내부가 궁금해졌다거나(혹은 회사 안에서 들리는 소리가 궁금했다거나) 하는 등의 다양한 계기가 있을 것이다. 오리엔테이션 진행자가 "이 회사에 지원한 계기가 무엇입니까?"라고 상투적으로 물어보는 것보다는 이렇듯 신입사원들끼리 직접 소통할 시간을 줄 때 훨씬 다양하고 개인적인 이야기들을 편안하게 들을 수 있다.

입사 배경을 공유한 후에는 신입사원들을 좀 더 작은 그룹으로 나눠 소그룹별로 다양한 정보를 공유하게 하라. 앞 장에서 다뤘듯이 개성을 존중받고자 하는 Y세대의 특징을 기억하는가? 성장 배경이나 출신 학교에서부터 가장 좋아하는 영화나 앞으로 여행하고 싶은 장소 등 자신의 개성을 마음껏 드러낼 수 있는 정보를 5가지 이상 공유하도록 하라. 이런 시간은 오리엔테이션 활동에 대한 팀별 평가를 마치고 성적을 공개하기 전에 만들어줘야 한다. 그래야만 서로 어색함을 깨고 강한 유대감을 형성할 수 있다. 더 나아가 유독 '이름에 약한' 신입사원들을 위해 이름표를 나눠주는 것도 서먹함을 없애는 중요한 비결임을 잊지 마라.

매출보다는 사명과 가치를 전파해라

신입사원들 간의 어색한 벽을 허무는 데 성공했다면 이제는 회사의 역사, 문화, 사명, 가치관 등을 공개할 차례다. 회사 설립 당시의 모습을 담은 자료 화면이나 사진을 보여주는 방법이 있을 수 있다. 초창기의 제품을 보여주고 가장 최근의 제품과 비교할 기회를 주는 것도 좋다(아마 많은 신입사원들이 그때 당시에는 최첨단이었을 옛날 제품, 예를 들면 샤프를 보고 웃을 것이다). 대기업의 경우 창립 이래로 방영되었던 텔레비전 광고를 한데 모아 보여주는 것도 좋은 방법이다. 아마 신입사원들은 이 영상물을 보면서 티보[1]가 없던 시절에는 일일이 이런 광고를 봐야 했다는 사실을 떠올리면서 신기해할 것이다.

오리엔테이션 진행자들에게 내가 항상 강조하는 한 가지는 회사의 '현재'보다는 '사명'에 초점을 맞추라는 것이다. Y세대는 영향력 있는 조직의 일원이 되기를 원한다. 그러므로 회사의 연간 매출을 설명하기에 앞서 회사의 궁극적인 목표와 방향을 보여줘야 한다.

즉흥적인 교류로 주위를 집중시킨다

당신 회사가 '특별'한 이유를 충분히 설명했다면 이제야 비로소 교육 비디오를 시청하고 커리큘럼을 진행할 때다. 교육 비디오 상영 시간이 20분을 넘는다면 비디오를 적당한 간격으로 끊어서 방금 본 영상에 대해 질문을 던진다든지 관련된 일화나 재미있는 농담을 한다든지 (내가 가장 좋아하는 방법인) 오리엔테이션 워크북에 빈칸을 마련한

---

1) TiVo. 하드디스크에 텔레비전 프로그램을 자동으로 녹화할 수 있는 디지털 비디오 리코더.

후에 신입사원들에게 회사에 대한 자신의 생각을 적어보게 하는(예를 들어 "훌륭한 고객 서비스란 무엇이라고 생각하는지 적어보시오") 등 여러 가지 피드백 활동을 곁들여라. 테라 리조트Terra Resort 그룹은 이런 방식이 굉장히 효과적이라고 밝혔다. Y세대는 자신의 방식대로 회사의 정책과 절차 등을 바꾸고 싶어 하기 때문이다!

Y세대가 그룹 활동을 선호한다는 사실도 잊어서는 안 된다. 그룹을 구성할 때는 모자 안에 번호표를 넣고 모든 신입사원들 앞에서 임의로 뽑는 식으로(Y세대 중에 분명히 가방 안에 모자를 갖고 온 사람이 있을 것이다) 모든 과정을 투명하게 공개해야 한다. 그래야만 누군가가 '특별 대우'를 받는다는 느낌으로부터 해방될 수 있기 때문이다(Y세대들은 '특별 대우'를 정말 싫어한다). 공정하고 투명하게 그룹을 구성한 후에는 다양한 도전 과제들을 제시해라.

오리엔테이션 내용을 요약·정리해서 다른 신입사원들 앞에서 발표하게 해라. 단순한 요약·정리는 재미가 없다. 풍자극이나 인포머셜[2] 혹은 정치 연설 등 다양한 형태로 변형하여 발표하게 하면 신입사원들의 이해를 돕는 데 효과적일 뿐만 아니라 양질의 오리엔테이션 콘텐츠를 개발할 수 있다. 또한 즉흥적인 교류가 그들의 주의를 더욱 집중시키기도 한다.

같은 또래의 선임 멘토를 활용해라

이제 Y세대 신입사원은 비슷한 또래의 선임 멘토들로부터 어떻게 경

---

2) infomercial. 정보information와 광고commercial의 합성어로 상품이나 점포에 관한 상세한 정보를 제공해서 소비자의 이해를 돕는 광고 기법을 말한다.

력을 개발해 나갈지 들을 차례다. 신입사원이 일을 하면서 겪게 될 상황을 가장 최근에 경험해본 직원들 중에서 선임 멘토를 선발하는 것이 좋다. 이 선임 멘토에게는 Y세대 신입사원들과 초기 대화를 잘 이끌어갈 수 있도록 주제를 미리 알려줘라. 그러고 나서 본격적인 대화나 질의응답 시간을 갖게 해라.

신입사원과 선임 멘토 간에 마음을 터놓은 진실한 대화가 오갈수록 오리엔테이션의 효과가 극대화된다. 이 시간에는 오리엔테이션 진행자가 빠지는 것이 더 좋다. 멘토가 신입사원들 앞에서 연설하는 것을 부담스러워한다면 자신이 예상했던 입사 첫해의 모습과 실제로 입사 첫해에 겪은 경험들 간의 차이를 설명하거나, 지금까지 맡은 프로젝트 중 가장 마음에 들었던 2~3가지에 대해 설명하는 것도 좋다. 더 나아가 신입사원에게 나이와 경력이 '약간' 더 많은 Y세대 직원과 함께 점심을 먹을 기회가 주어진다면 이러한 진솔한 대화들이 더 많이 오갈 수 있을 것이다.

입사 첫해 업무계획을 수립하게 해라

모든 신입사원들에게 입사 첫해의 목표와 목표 달성에 필요한 절차를 기록하게 해라. 그러고 나서 그 목표와 절차를 어떻게 평가받을 것인가에 대해서도 구체적으로 적어보게 해라. 만일 회사에 공식적인 평가 기준이 있다면 오리엔테이션 중에 모든 신입사원에게 반드시 알리고 언제 어떻게 (그리고 누구에게) 평가받는지를 설명해야 한다.

그래야만 신입사원들이 본격적인 업무에 들어가기에 앞서 회사가 어떤 행동, 태도 그리고 결과를 중시하는지 이해할 수 있다. 또한 1년

뒤에 자신의 모습을 상상하면서 자신의 성과를 가상으로 평가해보는
시간을 갖게 하는 것도 좋다. 미래의 모습을 상상하는 것만으로도 신
입사원들은 현재와 미래의 모습 간에 연결고리를 형성할 수 있다. 게
다가 1년 뒤에도 계속 회사에서 근무해주었으면 하는 회사의 바람도
전달할 수 있다(이러한 메시지를 반복적으로 전달해라). 작성된 1년 후
의 평가서를 복사한 뒤 복사본은 회사가 간직하고 원본은 돌려줘라.
신입사원들은 각자의 목표와 가상의 인사고과 평가서를 작성해봄으
로써 자신이 나아갈 방향을 명확히 설정할 수 있을 뿐만 아니라 회사
도 신입사원 개개인의 목표와 계획을 충분히 이해할 수 있다.

작은 선물을 제공해라

오리엔테이션을 마칠 즈음 모든 참가자들에게 멋있는 티셔츠나 자동
차 스티커 등 소정의 선물을 제공해라. 재미있고 기발한 단어나 문장
이 적힌 머그잔, 회사의 로고가 새겨진 자동차 스티커 등 신입사원이
회사, 지역, 또는 해당 산업 등에 소속감을 느낄 수 있을 정도의 물건
이면 무엇이든 좋다. 기발하고 흔하지 않으면서도 재미있는 선물일수
록 효과적이다.

한 석유 회사의 CEO 및 관리자들과 이야기를 나눠본 결과 "락킨
더 바켄Rockin' the Bakken"이라고 적혀 있는 자동차 스티커가 신입사
원들 사이에서 가장 인기 있는 아이템이라고 했다. "락킨 더 바켄"은
석유 회사의 지리적인 환경과 밀접한 연관이 있다. (참고로 이 회사는
바켄Bakken이라 불리는 셰일암에서 셰일유를 뽑아내는 기술로 그 일대 지
역에 붐을 일으켰다. www.rockinthebakken.com에 들어가면 더 자세한

정보를 얻을 수 있다.) Y세대 신입사원들과 유대감을 형성하기 위해 어떤 선물이 좋을지 구체적으로 밝히기는 어렵지만 확실한 점은 회사 로고가 들어간 선물을 더 많이 줄수록 Y세대 신입사원들은 더 많은 친구들에게 자랑하고 다닐 것이란 사실이다. 회사가 자체적으로 기발하고 재미있는 단어나 문장이 적힌 사은품을 만든다면 (혹은 콘테스트를 개최해서 신입사원 각자가 기념품을 만들 기회를 준다면) 더 바람직할 것이다.

오리엔테이션 수료를 기념하게 해라

공식 오리엔테이션을 끝마치면서 신입사원들에게 오리엔테이션 수료를 상징하는 증서나 물건을 제공해라. 리본 달린 선물을 기대하는 Y세대들을 (나는 개인적으로 트로피를 받고 싶다) 비난하는 사람들도 있지만 형체가 있는 '물건'이 있어야 오리엔테이션의 기억을 훨씬 효과적으로 유지하고 떠올릴 수 있다. 그 물건은 Y세대 모두가 함께 찍은 단체사진이 될 수도 있고 좀 더 '창의적'인 무엇이 될 수도 있다. 오리엔테이션 참가자들에게 직접 기념품을 만들 기회를 주는 것도 좋은 방법이다.

신입사원들이 회사에 진심 어린 열정을 갖고 있는지 확인하고 싶다면 이미 수차례나 언론매체에 보도된 적이 있는 자포스의 독특한 방식을 따를 수도 있다. 자포스는 오리엔테이션 마지막 날에 모든 참가자들에게 회사가 제시하는 조건으로 입사하거나 입사를 포기하고 2,000달러를 지급받는 것 중 하나를 선택하게 한다. 자포스는 신입사원들에게 한 번의 기회를 더 주는 것이다. 오리엔테이션을 마치고 나서 회사가 마음에 들지 않으면 그 즉시 2,000달러를 지급한다. 돈을 선택한 사람은 결국 조직에 적응하지 못하리라는 것이 자포스의 생각이다. 일하고자 하는 열정이 없는 사람과 함께 일하느니 차라리 돈을 주고 회사를 그만두게 하는 것이 회사의 가치관에 더 부합된다는 생각이다.

오리엔테이션에서 반드시 다뤄야 할 학습 목표들을 확실하게 전달하는 것은 물론이고 가능하다면 오리엔테이션 이후에도 서로 연락하고 지낼 수 있도록 이메일 주소록을 만들어주는 것도 좋다. (특히 호감이 가는 신입사원에게 연락을 취하고 싶은 경우, 물론 사귀라는 것은 아니다.) 출근 첫날에 명함을 마련해주지 못했다면 오리엔테이션 수료 선물로 주는 것도 좋은 방법이다.

오리엔테이션에서 Y세대가 배워야할 것들

오리엔테이션에서 학습 목표는 무엇일까? 공식 오리엔테이션이 끝날 무렵 Y세대 신입사원들은 다음과 같은 개념에 대해 기본적인 이해와 만족스러운 지식을 갖춰야만 한다.

- 회사에서 어떻게 입고, 말하고, 행동하고, 느끼는 것이 '정상'인가?
- 가치와 비전(회사는 어떤 가치를 지지하는가? 향후 5년 안에 이룩하고자 하는 목표는 무엇인가? 그 목표를 이뤘을 때의 모습은?)
- 역할과 책임(신입사원의 책임은? 평가는 어떻게 이뤄지나?)
- 커뮤니케이션(동료, 상사, 혹은 CEO 등과 어떻게 소통하나?)
- 승진과 기회(회사의 발전에서 가장 중요한 것은? 회사와 함께 성장하기

위해 내가 해야 할 일들은?)

- 윤리와 도덕성(회사의 윤리 기준과 도덕성 기준은 무엇인가?)
- 존경과 리더십(직원들이 서로를 존중하는 업무 환경은 어떤 모습을 띠는가? 그리고 회사 내의 바람직한 리더십 모델은 어떤 것인가?)

비공식 오리엔테이션
실질적인 정보와 경험을 제공한다

사업 규모나 자원 혹은 비즈니스 모델 등에 따라 대규모의 공식적인 오리엔테이션을 채택하지 않는(혹은 필요로 하지 않는) 기업들도 많다. 만일 당신 회사가 이런 경우에 속한다면 혹은 현재의 오리엔테이션 프로그램을 조금 보완하고 싶다면 아래에 소개할 간략한 4가지 절차를 따르면 된다.

1. 출근 첫 30일을 위한 30가지 핸드북

어떤 회사든 신입사원이라면 꼭 읽고, 숙지하고, 따라야 하는 회사의 규정집이나 업무 매뉴얼 등을 나눠준다. 이런 규정집이나 매뉴얼이 사원에게 간혹 도움이 될 때도 있지만(아마 베고 자는 데 굉장히 유용할 것이다) '형식적'인 경우가 많다. Y세대들에게 필요한 '실질적'인 정보는 이런 지침서나 매뉴얼을 통해 얻기 힘들다(예를 들어 출근 복장으로 허용되는 샌들의 종류는 무엇인지 등). 그러므로 회사에 출근한 첫날부터 실질적으로 도움이 될 수 있는 '출근 첫 30일을 위한 30가지 핸드북'을 만들어서 나눠주어라.

신입사원이 2만 명이든 2명뿐이든(신입사원이 2명뿐이라면 그들이 순탄하게 회사 생활을 시작하도록 돕는 것이 더 중요해진다) '30일 핸드북'은 내가 가장 유용하게 여기는 오리엔테이션 자료 중 하나다. 이 핸드북을 통해 신입사원들은 실용적이고 가치가 있으면서도 널리 공개되지 않은 소중한 정보들을 얻을 수 있다(예를 들어 값이 싸고 맛도 좋고 음식도 빠르게 나오는 회사 근처의 식당 베스트5 등). 이렇듯이 진짜 유익한 정보는 규정집이나 매뉴얼에 없다.

'30일 핸드북'을 유용하게 만드는 방법은 간단하다. 재직 중인 Y세대 직원들에게 자신들의 경험을 토대로 콘텐츠를 만들게 한 후 이를 반영하면 된다. 입사한 지 채 3년이 되지 않은 Y세대 직원에게 이메일을 보내 이렇게 질문하면 간단히 해결된다. "당신의 입사 첫해를 떠올려보세요. 어떤 정보를 미리 알고 있었다면 일이 좀 더 수월하고 효율적으로 처리되었을까요?"

아마도 다음과 같은 답변들을 받아보게 될 것이다.

- 회사에 8시 반경에 출근하면 된다고 했는데 정확한 시간을 알려줬으면 좋았을 것이다. '8시 반경'이라고 말했다고 해서 9시가 다 되어 출근하는 것은 실제 회사 생활에서 용납되지 않는다.
- 금요일에는 '자유 복장'이 허용된다고 해서 '추리닝' 바람으로 출근해서는 안 된다.
- 애완동물 반입 금지라고 했다면 크기와는 상관없이 어떤 동물이든 안 된다(애완용 쥐도 안 된다).

- 복사기가 고장 나면 IT 부서에 전화할 필요가 없다. 2층에서 일하는 존을 찾아가면 된다. 그는 복사기 수리에 능하다.
- 실수를 해도 괜찮다. 사람이라면 누구나 실수를 하기 마련이다. 하지만 똑같은 실수를 3번 반복한다면 당신 상사는 당신을 채용한 것을 실수라고 생각할 것이다.
- 눈이 와도 출근해야 한다는 사실을 미리 알았다면 좋았을 것이다.

이 마지막 답변은 언제 봐도 정말 재미있다. 아마도 이 답변을 적은 직원은 눈이 거의 내리지 않는 지역에서 왔을 것이다.

'30일 핸드북'에서 꼭 다뤄야 할 내용은 아래와 같다.

- 출퇴근 방법(대중교통 수단 등)
- 회사가 보유하고 있는 최첨단 기계에 관한 정보
- 회사 근처의 음식점 혹은 커피숍 등
- 허용되지 않는 복장
- 급여와 복리에 대한 설명
- 회사 근처의 매력적인 주거지에 관한 설명
- 레크리에이션 시설(프리스비 골프[3], 요가 매트 등)

'30일 핸드북'의 중요성을 잊지 마라. 한 번은 주차 공간에 대한 정보가 부족해서 출근 첫날부터 차를 견인당한 Y세대 신입사원과 인터뷰

---

3) Frisbee Golf. 공 대신에 프리스비를 사용하는 골프 비슷한 게임이다.

를 한 적이 있다. 견인차를 부른 사람이 그 회사 직원이어서 서로가 불편했었다고 한다. '30일 핸드북'이 이런 불미스러운 일을 해결해줄 것이다. 또한 회사 상황은 항상 빠르게 변하므로 '30일 핸드북'도 꾸준히 업데이트할 것을 당부한다.

2. 회사의 전반적인 운영 시스템을 이해하게 해라

'30일 핸드북'을 통해 회사가 실제로 어떻게 돌아가는지 파악하게 되었다면 이제는 회사의 전반적인 운영 시스템을 보여주고 그곳에서 신입사원들이 어떤 역할을 수행하는지를 알려줄 차례다. 신입사원들의 잠재력을 한껏 끌어내기 위해서는 그들이 맡게 될 업무의 중요성을 인식시키고 회사가 그들에게 갖는 기대감을 확인시켜야 한다. 다시 말해서 조직이라는 틀 안에서 자신의 역할을 이해할 수 있도록 도와주는 것이 중요하다. 이를 위해서 에베레스트 산을 연상시키는 엄청난 단계의 조직도를 보여주는 것 말고도 창의적인 방법이 얼마든지 있다(게다가 갓 입사한 신입사원들은 조직의 가장 말단에 위치하므로 조직도를 보는 것이 달갑지 않을 것이다).

'보물찾기'는 신입사원이 회사의 전반적인 운영 시스템을 쉽게 이해하도록 도와준다. '보물찾기'의 방법은 이렇다. 신입사원에게 찾아야 할 보물 목록을 제시한다. 찾아야 하는 보물은 원자재 창고에서부터 마케팅 기획실에 이르기까지 요소요소에서 특정한 업무를 수행하는 사람들이다. 신입사원에게 목록에 있는 사람을 찾아 증거 사진을 찍어오게 한다. 신입사원들이 찍어온 사진들을 순서대로 나열하면 회사 운영 시스템이 한눈에 들어올 것이다. 그러고는 신입사원들에게 각자가 속한 부서에서 담당할 업무를 설명하고 그 업무를 제대로 수행하지 못했을 경우 발생할 문제점을 설명하도록 해라. 업무의 중요성을 말로만 듣는 것보다 직접 눈으로 보고 (그리고 사진도 찍고) 귀로 들으면서 인식하는 것이 훨씬 효과적이다.

3. 본보기 학습을 잘 활용해라

유사한 경력 목표를 지닌 기존의 직원들, 특히 말단에서부터 성공적으로 승진해온 직원을 통해 배우는 것, 즉 '본보기 학습'은 신입사원들이 가장 적은 시간에 효과적으로 업무를 습득할 수 있는 방법이다. 이렇듯 성공한 사람으로부터 직접 배우는 '도제' 개념은 역사가 깊고 (예, '원탁의 기사') 여전히 많은 나라에서 일반적으로 사용되고 있지만 대다수 기업들은 경험 많은 직원을 활용한 본보기 학습을 효과적으로 활용하지 못하고 있다.

본보기 학습의 효과를 극대화하기 위해서는 우선 신입사원들에게 직무 자료를 미리 제공한 후 이 자료를 통해 앞으로 그들이 맡게 될 직무와 여기 요구되는 자격들부터 이해시켜야 한다. 자료를 통해 기초적인 지식을 쌓은 후 경력직원들로부터 직접 설명을 듣는다면 각자의 포지션에 빠르게 적응할 수 있을 것이다.

또한 본보기 학습 효과를 극대화하기 위해서는 불필요한 갈등을 미리 제거해야 한다. 본보기 학습에 들어가기 전에 경력사원은 신입사원에게 기대하는 바를 명확하게 전달하고 그들이 얻고자 하는 것도 반드시 들어봐야 한다. 경력사원은 어떤 방식으로 학습 프로세스를 기록하고 언제쯤 새로 학습한 내용을 실무에 적용할 것인지에 대해 신입사원과 사전에 합의해야 한다. 본보기 학습의 목표는 수동적으로 업무를 지켜보게 하는 것이 아니라 보다 많은 업무를 적극적으로 배워나감으로써 경력사원의 도움 없이도 스스로 업무를 처리하게 하는 데 있다(그래야만 경력사원이 잠시 화장실에 가느라 자리를 비운 사이에 사무실이 아수라장이 되지 않는다).

유명한 레스토랑의 조리사들은 이러한 본보기 학습을 잘 활용한다. 조리사 자격증을 갖고 있더라도 대형 레스토랑 주방에서 일을 시작하는 신입 조리사들은 모두 설거지나 청소 같은 일부터 시작한다. 신입 조리사들은 재료 손질 등 가장 기초적인 업무에 배정된 후 경력 있는 조리사들의 지도를 받으며 요리를 배운다. 기초적인 업무를 훌륭하게 소화해낸 다음부터 더 난이도 높고 책임감을 요하는 업무를 부여받는다.

엄격하고 강압적인 분위기의 주방이든 상대적으로 자유로운 분위기의 사무실이든 이러한 본보기 학습을 도입함으로써 신입사원들은 업무 수행에 필요한 자질을 '쉽게' 배울 수 있다. 고든 램지[4]처럼 음식이나 조리 도구를 집어던지는 일은 사무실에서 찾아볼 수 없겠지만 '본보기 학습을 가미한 오리엔테이션'을 통해 신입사원들은 직무를 성공적으로 수행할 수 있는 방법들을 재빠르게 터득할 것이다.

---

4) Gordon Ramsay. 2000년도 올해의 요리사 수상자. 미국의 인기 프로그램 〈헬스 키친Hell's Kitchen〉의 진행자다. 불같은 성격과 거침없는 욕설로 신입 요리사들에게는 '악마'와도 같은 존재다.

4. 다양한 업무를 경험하게 해라

신입사원들이 오리엔테이션을 통해 최대한 많은 비즈니스 경험을 해보게 해라. 새로 맡을 일과 관련된 미팅에 함께 참여하고, 전화 회의에도 데려가고, 업무상의 점심식사 자리에도 동반해라(물론 신입사원들은 현금을 들고 다니지 않으므로 미리 알려주기 바란다).

알래스칸 맥주회사는 오리엔테이션을 통해 Y세대 신입사원을 현업에 빠르게 적응시켜왔다. 모든 신입사원은 회사 곳곳을 상세히 안내받는다. 그러고 나서 신입사원들은 앞으로 근무할 부서와는 상관없이 양조 과정에 대해 마음껏 배울 기회를 갖게 된다. 2주에 걸쳐서 정식으로 양조 훈련을 받아도 되고 양조 기술자를 하루 종일 그림자처럼 따라다니면서 어깨 너머로 배워도 된다. 또한 매일 맥주의 품질을 측정하는 시음 부서에서 일해도 되고(나도 맥주 시음부에서 일하고 싶다!) 더 나아가 국가 공인의 맥주 감정사가 되기 위해 훈련을 받을 수도 있다. 신입사원들이 원한다면 맥주 생산 공정과는 무관한 마케팅이나 품질 관리, 회계나 IT 분야의 기술을 배울 수도 있다. 이렇게 하는 것이 회사의 경영 철학과도 부합한다고 한다.

알래스칸의 커뮤니케이션 매니저인 애슐리 존스턴Ashley Johnston은 이렇게 설명한다. "단순히 자신의 업무만 이해하는 것보다는 각자의 업무가 어떻게 다른 부서와 회사에 영향을 주는지 이해하는 것이 회사 전체의 효율적인 운영에 도움이 된다." 내가 알래스칸의 사례에서 가장 높이 사는 부분은 각 직원들에게 손수 맥주를 만들 기회를 준다는 점이다. 간혹 직원이 개발한 맥주가 품질이 우수해서 실제로 판매되는 경우도 있다고 한다. 진정 이 회사야말로 직원의 잠재력(과

미각)을 신뢰하는 기업이라 할 수 있다.

　Y세대의 삶은 항상 빠르게 움직여왔고 상호작용의 연속이었다. 오리엔테이션도 이런 특징들을 갖추고 있어야 한다. 오리엔테이션을 마친 후 당신 회사의 기업 문화가 왜 특별한지, 그런 문화에 어떻게 적응할 것인지, 그리고 회사 내에서 차이를 만들어내기 위해 어느 방향으로 나아가야 하는지에 대해 신입사원들이 막힘없이 대답한다면 오리엔테이션은 '대성공'이라고 말할 수 있다.

　Y세대의 학습 방법에 걸맞은 오리엔테이션을 계획하고 성공적으로 마쳤다면(그룹별로 찍은 신입사원들의 사진을 플리커[5]에 업로드 및 태그 해놓았다면) 이제는 회사에서 요구하는 성과를 달성할 수 있도록 Y세대들을 업무에 집중하게 만들어야 한다.

|

Y사이즈를 위한 질문

|

1. 오리엔테이션을 진행하면서 적어도 3번 이상 상호작용이 오고 갑니까?

2. '30일 핸드북' 혹은 이와 유사한 매뉴얼을 얼마나 빠르게 제작할 수 있습니까?

3. 오리엔테이션을 통해 신입사원들에게 전달하고자 하는 것은 무엇입니까?

|

....

5) Flickr. 태그 기반의 인터넷 앨범 서비스를 제공한다. 전 세계 사람들과 사진 공유가 가능하다.

<h1>9장
몰입하는 Y세대
직원 만들기</h1>

나는 충분한 마음의 준비가 되었다고 생각했다. 하지만 착각이었다. 핫 토픽[1] 본사에 들어서는 순간 나는 숨이 멎어버리는 것만 같았다. 왼쪽에는 고인이 된 음악가들을 기리는 '사당'이 있었고 주위에는 낡은 사진과 촛불들이 있었다. '사당' 주변에는 다양한 테마로 꾸며진 작은 회의실들이 있었다. 그중 수술실 테마로 꾸며진 방이 가장 먼저 눈에 들어왔다. 링거액 걸이로 인테리어가 된 수술실은 '문제점을 고

------

1) Hot Topic. 음악 및 대중문화와 관련된 의류와 액세서리를 전문적으로 제작·판매하는 미국의 소매 체인 업체.

치려는' 직원들이 모이는 장소였다. 조금 어려 보이는 안내 직원 2명이 나를 활기차게 맞이했다. 나는 그들의 멋진 머리 색깔, 피어싱, 그리고 문신에서 눈을 뗄 수 없었다. 핫 토픽이었기에 가능해 보였다. 연간 7억 달러 이상의 매출을 올리는 다른 공개 회사였다면 차마 상상조차 할 수 없을 정도로 파격적이었다. 하지만 이곳에서는 그런 것이 평범함 그 자체였다.

안내 직원 뒤편으로는 로큰롤 관련 전시품이 가득한 거대한 장식장이 보였다. 어딜 가든지 음악이 쩌렁쩌렁 울려 퍼졌고(심지어 주차장에서도!) 텔레비전에서는 뮤직비디오가 항시 상영되고 있었다. 건물 안의 에너지가 마치 손에 만져질 것만 같았다. 마법에 걸린 것 같은 매혹적인 경험이었다는 표현으로는 부족할 정도였다. Y세대를 주요 고객층으로 음악과 관련된 상품을 제조·판매하는 업체 중 단연 최고였다.

나의 흥미진진한 모험은 시작에 불과했다. 핫 토픽의 이사인 제롬은 (회사 내에서 '이사님'이란 호칭은 7대 금지 단어 중 하나다) 내게 환영 인사를 건네면서 짧은 소매의 셔츠를 청바지 밖으로 꺼내 입은 내 패션을 칭찬했다. 나중에 알고 보니 셔츠를 바지 안에 집어넣고 다니는 것은 회사 안에서 하지 말아야 할 행동 중 하나였다. 그리고 넥타이를 매는 것도 금지 사항 중 하나였다. 제롬은 내게 "핫 토픽을 경험할 준비가 되셨습니까?"라고 물었다. 회사 투어를 많이 다녀봤지만 이런 질문을 받은 적은 한 번도 없었다. 그가 이런 질문을 한 이유를 금방 알 수 있었다. 제롬이 거대한 장식장 뒤의 작은 문을 열자 나는 마치 마법사에 의해 어마어마한 방으로 순간 이동한 느낌이었다.

오즈의 세계에 들어선 것만 같았다("토토, 여기는 캔자스가 아닌 것 같아"[2]).

수많은 책상과 직원들이 내 시야 한가득 들어왔다(이 거대한 '창고'와도 같은 사무실에서 470명의 직원들이 함께 일하고 있다는 사실을 나중에 알게 되었다). 제롬은 칸막이나 비서 혹은 그 어떤 것으로도 직원들 사이를 갈라놓고 싶지 않다고 말했다. 심지어 직원들의 명함에는 직책이 명시되어 있지 않았다(CEO마저도!).

내가 미로를 헤매듯이 제롬을 따라 책상 사이를 이리저리 돌아다니는 중에도 직원들은 계속 떠들고 있었다. 그들은 사무실 중간에 놓여 있는 소파에 앉아서, 아니면 책상을 사이에 두고 일대일로 마주 앉아서, 아니면 사무실을 돌아다니면서 휴대전화로 대화를 했다. 그러면서 사무실 건너편의 누군가에게 팔을 흔들며 같이 이야기하자고 불러댔다. 어디서든 음악이 흘러 나왔고 텔레비전과 모니터는 번쩍거렸다.

다양한 색깔들도 놓칠 수 없는 볼거리였다. 직원들은 대중적인 검은색 옷을 포함해서(LA와 뉴욕에서는 검은색 옷이 항상 인기이기 때문에) 상상할 수 있는 모든 색깔의 옷을 입고 있었다. 그들의 의상은 (피어싱과 문신은 말할 것도 없고) 보수적인 부모들이 보면 기겁할 정도로 하나같이 개성이 넘쳤다. 미로 같은 사무실의 정중앙에는 밴드가 음악을 연주할 수 있는 원형극장 형태의 공간이 있었다. 또한 화이트보드로 온 벽면을 가득 메운 방도 있었다.

2) 〈오즈의 마법사〉의 명대사 중 하나다. 캔자스 농장에서 살던 주인공 도로시가 강아지 토토와 함께 회오리를 타고 오즈의 세계에 도착한 후 내뱉은 대사다.

곧이어 나는 핫 토픽의 CEO인 벳시 맥러플린Betsy McLaughlin을 소개받았다. 나는 그녀가 CEO라는 사실에 깜짝 놀랐다. 그녀의 책상을 두어 번 지나쳤으나 일반 직원과 똑같은 환경에서 일하고 있었기 때문에 그녀가 CEO일 것이라고는 상상조차 못했다. 심지어 그녀는 비행기표를 스스로 예매하고 있었다!

에너지가 넘쳐나는 사무실에서 벳시와 대화를 나누면서 나는 핫 토픽의 '특별함'에 점점 더 매료되었다. 특히 Y세대 직원을 사로잡는 핫 토픽의 매력은 정말 놀라울 뿐이었다. 벳시가 처음 CEO로 부임했을 당시에는 'Y세대 친화적인' 회사를 만들 생각은 없었다고 한다(항상 통화 중인 직원들, 금요일 격주 휴무, 사무실 중앙에서 음악을 연주하는 밴드 등을 처음부터 의도하지는 않았을 것이다!). 그녀는 단지 직원들이 스스로를 자유롭게 표현할 수 있는 환경을 만들어주고 싶었고 '모든 것의 중심은 음악이어야 한다'는 핫 토픽만의 색깔을 따르고자 했다.

무엇보다도 인상 깊었던 것은 회사의 성공적인 미래를 위해 열정적으로 일하는 직원들의 모습이었다. 대다수의 회사가 꺼리는 Y세대의 특징들(회사에서 휴대전화로 대화한다거나 컴퓨터로 음악을 듣는다거나 복장이 불량하다거나)이 이곳에서는 오히려 엄청난 업무 몰입의 원동력이었다. 벳시로부터 전해 들었거니와 내가 직접 목격한 바에 의하면 핫 토픽의 Y세대 직원들은 결코 업무 대신에 컴퓨터게임을 하거나 페이스북에서 친구들과 채팅을 하지 않는다(마음만 먹으면 게임이나 채팅 둘 다 가능하다). 그들은 진정으로 업무에 몰입하고 회사가 그들에게 기대하는 바를 명확히 인지하고 있으며 그 기대에 부응하기 위해 최선을 다한다.

핫 토픽의 사례에서 이끌어낼 수 있는 '업무에 몰입하는 Y세대 직원 만들기'의 본질은 CEO가 직원들의 특성, 회사의 가치관과 궁극적인 목표를 충분히 이해하고 적시적소에서 최고의 성과를 달성할 수 있도록 직원을 이끌어야 한다는 점이다(설령 펄 잼[3]음악이 사무실에 크게 울려 퍼지고 있더라도).

하지만 핫 토픽의 사례를 들려주면 대다수의 CEO들은 빙그레 웃곤 한다. 이 웃음의 의미를 이해하지 못하는 것은 아니다. 핫 토픽의 방식을 아무 회사나 따라할 수는 없기 때문이다. 핫 토픽처럼 주차장에까지 최신 음향 시설을 갖추고, 벽에는 가수들의 사인이 가득하고, 고인이 된 음악가들을 기리는 '사당'이 있는 회사는 드물다. (안타깝게도 이제는 마이클 잭슨도 이 사당에 함께 모셔질 것이다. 고인의 명복을 빕니다.) 하지만 Y세대에 대한 수많은 편견에도 불구하고 CEO가 적절한 리더십만 발휘한다면 업무에 몰입하는 열정적인 Y세대 직원을 만들 수 있다는 유용한 교훈을 핫 토픽 사례에서 얻을 수 있다. 또 한 가지 주목할 점은 핫 토픽에서는 청소년부터 60대까지 모든 연령대의 직원들이 잘 어울린다는 사실이다.

업무에 몰입하는 Y세대 직원은 항상 최선을 다해 회사가 가장 필요로 하는 성과를 달성하기 위해 노력한다. 또한 업무 몰입도가 높은 Y세대 직원은 스스로를 통제하며 업무를 수행할 가능성이 매우 높다. 여기서 스스로를 통제한다는 의미는 올바른 업무 수행을 위해 최소한의 규정만이 아니라 그 이상의 것들을 준수한다는 뜻이다. 이것이

---

3) Pearl Jam. 미국의 록 그룹.

야말로 모든 기업들이 꿈꾸는 '최고'의 그리고 '최대'의 성과를 달성할 수 있는 원동력이다. 이 꿈은 결코 불가능하지 않다. 핫 토픽보다 덜 전위적이면서도 더 첨단화된 회사들이 이 꿈을 이루는 것을 많이 봐 왔기 때문이다.

Y세대 직원의 업무 몰입도는 그들의 업무 태도를 보면 쉽게 판단된 다. 원래는 15분인 휴식시간을 30분 동안 즐긴다거나(보통은 15분이 지난 후에 급하게 화장실을 가야 한다는 핑계를 댄다) 업무는 뒷전이고 지난밤 온라인에서 만난 데이트 상대에 대해 동료직원과 정신없이 이 야기한다면 그 Y세대 직원은 업무에 몰두하지 않음이 명백하다. 반면 업무에 열정적인 Y세대 직원은 회사의 목표를 항상 주시하며 어떻게 하면 회사를 좀 더 발전시킬 수 있을지 고민한다. 직원의 가치는 업무 몰입도에 비례한다. 예를 들어 회사는 8시간 근무를 기준으로 급여를 지급했는데 직원이 실제 업무에 들인 시간은 6시간밖에 되지 않는다 면 직원은 2시간치의 급여를 불로소득으로 얻은 반면 회사는 불필요 하고 값비싼 비용을 지불한 것이다. 회사는 금전적인 손실을 입을 뿐 만 아니라 기회비용도 잃게 된다.

하지만 Y세대 직원을 업무에 몰입시키는 데는 몇 가지 어려움이 있 다. 첫째, Y세대는 집중 시간이 짧다. 둘째, Y세대는 당일 업무 결과와 성과를 바로 확인하고자 한다. 셋째, Y세대는 상사들과 지속적으로 연락하려 한다(X세대의 표현을 빌리면 Y세대는 "관리할 것이 너무 많아 서 짜증난다"). 하지만 Y사이즈를 잘 활용해서 이들이 좀 더 시간·비 용 효율적으로 일할 수 있게 돕는다면 이러한 문제점을 큰 자산으로 변화시킬 수 있다. 더 나아가 Y사이즈를 통해 다른 세대 직원들의 업무 몰입도도 높일 수 있다(Y세대 직원이 인터넷에 올린 사소한 질문들에 대답하느라 업무 시간을 빼앗기지 않아도 되기 때문이다).

'와이Y' 세대를 '와우WOW' 세대로 바꾸기

Y세대가 어떤 과제에 흥미를 느끼면 놀라울 정도의 집중력을 발휘한다는 데 많은 관리자들이 공감한다. 하지만 Y세대가 업무에 흥미를 느끼지 못하는 경우에는 정반대의 업무 태도, 즉 회사에 출근만 할 뿐 정작 정신은 집에 두고 온 듯 보인다고 한다.

이렇게 업무 성과에 있어서 기복이 심한 Y세대 때문에 안정적이며 꾸준한 성과를 원하는 기존 세대들은 혼란스러워한다. 한 베이비부머 관리자의 말을 인용하면 이렇다. "내가 처음 일을 시작했을 때 신입사원은 시키는 일을 모두 군말 없이 해야 했다. 직원에게 일을 시킨 이유를 상사가 설명해야 한다거나 일을 제대로 마친 직원에게 칭찬이나 상을 줄 필요가 없었다. 쓰레기통을 비우라고 하면 그냥 비웠다. 괜찮은 봉급을 주는 직장에 다닌다는 사실만으로도 행운이라고 여겼다. 하지만 요즘 Y세대들은 마치 자신을 채용한 것이 회사로서는 큰 행운이라고 여기기를 바라는 것 같다."

이 말에 전적으로 동의하는 것은 아니지만(물론 이런 이야기를 너무나도 많은 사람들로부터 들어서 나도 모르게 세뇌당할 정도가 되었다) 베이비부머와 장년층은 아무리 회사일이 고되고 박봉이더라도 모든 업무를 충실하게 수행하는 것이 본인의 자부심과 직결되는 문제라고 생각했다는 점에는 동의한다. 하지만 Y세대는 바닥 청소나 서류 정리 등 업무 능력을 거의 필요로 하지 않는 이른바 '하찮은' 일에 자부심이나 책임감을 갖지 않는다. 업무의 종류에 따라서 세대마다 업무 수행 후에 느끼는 자부심의 정도는 다를지 몰라도 결국 핵심은 Y세대 직원과 올바른 연결고리를 형성하면서 업무를 배정해야만 그들의 업무 몰입도를 높일 수 있다는 것이다.

Y세대와의 인터뷰를 통해 파악한 '업무 몰입을 위한 기초 쌓기 3단계'를 아래에 소개한다. 그리고 이를 응용하는 방법들은 이 장 후반부에 소개한다. 기초와 응용 단계를 모두 섭렵한다면 '아프다'는 이유로 (꾀병임이 뻔하지만) 조퇴한 후 호숫가로 놀러 간 친구로부터 문자메시지를 받고도 꿈쩍하지 않고 업무에 몰입하는 Y세대 직원을 만들 수 있을 것이다.

'업무 몰입을 위한 기초 쌓기 3단계'는 아래와 같다.

- 1단계: 과업task을 도전 과제challenge로 인식시켜라.
- 2단계: 의견을 물어라.
- 3단계: 단조로움을 극복하게 해라.

1. 과업을 도전 과제로 인식시켜라

성공적인 비즈니스의 기반은 기초적인 과업을 정확하고 일관성 있게 수행하는 것이다. 고객의 상담 전화를 받거나 주문을 진행하거나 소송 자료를 준비하는 등의 일상적인 업무는 회사 운영에 필수적이다. 이렇게 반복적이면서도 회사 운영에 필수적인 과업들은 종종 급여가 낮거나 경력이 짧은 Y세대 직원들의 몫이 되곤 한다. 연필을 깎는 등의 눈물나게 지루한 일(예, 6,738장이나 되는 명함을 스캔하는 일)처럼 겉으로는 굉장히 보잘것없어 보이지만 회사 운영에 필수적인 과업들을 수행할 때도 열정을 품게 하려면 우선 과업을 도전 과제로 바꿔야 한다.

과업을 도전 과제로 바꾸려면 단조롭고 지루하게 느껴지는 커다란 과업을 잘게 쪼개서 단기간에 결과나 성과를 이룰 수 있는 도전 과제로 나눠야 한다. 방법은 간단하다. 업무를 제시하기 나름이다.

"500개의 고객 폴더를 가나다순으로 정리하세요(과업을 시작하기도 전에 벌써 지친 Y세대 사원은 MP3 플레이어의 재생 버튼을 클릭하고 있을 것이다)"라고 표현하기보다는 같은 업무라도 하루 단위 혹은 일주일 단위의 도전 과제로 인식할 수 있게 표현하는 것이 핵심이다. 즉 "이 고객 폴더를 얼마나 빠르게 실수 없이 가나다순으로 정리할 수 있을 것 같아요?"라고 묻는다든지 "고객 폴더를 가나다순으로 빨리 정리해야 하는데 하루에 몇 개나 할 수 있을까요?"라고 물어라.

이렇게 표현을 약간만 바꿔도 Y세대 직원들은 과업의 단조로운 과정에 주목하지 않고 장차 도달하게 될 결과와 자신들이 수행할 역할에 집중하게 된다. 이렇듯 '단조로움'보다는 '성취감'에 주목하도록 과제를 제시하면 Y세대 직원은 스스로 시간을 재가면서(MP3 플레이어로 노래를 몇 곡이나 들었는지를 기준으로 삼아서) 도전 과제를 '즉시' 해낼 것이다.

2. 의견을 물어라

다음번에도 똑같은 과제가 주어진다고 가정했을 때 좀 더 빠르고 효과적으로 수행할 방법에 대해 Y세대 직원의 의견을 직접 물어봄으로써 1단계의 효과를 한층 높일 수 있다. 즉 "고객 파일을 가나다순으로 정리한 뒤, 다음 주에는 이것을 효율적으로 관리할 방법에 대해 아이디어를 나눴으면 합니다"라고 말해라.

이렇게 Y세대의 의견을 단순히 묻는 것만으로도 Y세대의 경계심을 사라지게 할 수 있고 자신의 의견을 밝힐 수 있는 권한을 부여하는 한편, (놀러 가고 싶은 장소들을 상상하는 것 외에는) 사고를 거의 요하지 않는 업무를 수행하면서도 질문에 대한 대답을 생각해보게 격려할 수 있다. 무조건 '열심히' 일하라고 독촉하기보다는 좀 더 '현명하게' 일할 수 있도록 독려할 뿐만 아니라 자칫 따분할 수 있는 과업들을 '미니 프로젝트'로 인식하게 돕는다. 아마도 의견을 직접 물어봄으로써 얻을 수 있는 가장 큰 이점은 Y세대가 항상 받고자 하는 2가지(즉 '중요한 존재라는 인식'과 '상호간의 소통')를 채워준다는 점이다.

Y세대 직원에게 바닥 청소를 시켜야 한다고 가정해보자. 청소를 좋아하는 사람은 없지만 누군가는 규칙적으로 청소를 해야 한다. "존, 바닥 청소 좀 해줘요"라고 요구 사항만 '툭' 뱉은 뒤 청소하러 가는 Y세대 직원의 뒷모습을 바라보기보다는 (그는 아마 청소보다는 빗자루로 목발놀이를 하거나 하키 연습을 할 것이다) 이렇게 말하는 편이 현명하다. "존, 좋은 아침! 시간이 되면 바닥 청소를 해줬으면 정말 고맙겠어요. 물론 당신이 청소하려고 우리 회사에 입사한 것은 아니지만 청소를 하면서 바닥을 깨끗이 할 방법도 생각해줘요. 당신의 아이디어가 분명 회사에 큰 도움이 될 거예요." 그들이 떠올리는 아이디어 중에는 얼토당토않은 것들도 있겠지만(예, '고객들이 매장 안에서는 신발

을 신지 못하게 하자' 등) 깜짝 놀랄 만큼 기발한 아이디어들도 있을 수 있다(예, 고객에게 나누어주는 냅킨의 상당수가 사용하지도 않은 채 바닥에 버려지므로 나눠주는 냅킨의 양을 반으로 줄이면 바닥이 깨끗해질 것이다). 사실 Y세대 직원들이 기발한 아이디어를 떠올린다는 사실이 별로 놀랄 일은 아니다. 벌써 수십 번도 넘게 바닥 청소를 해온 Y세대 직원들은 당신이 생각해보라고 하기 훨씬 전부터 멀쩡한 냅킨을 고이 접어서 버리는 사람을 찾아내서 무슨 수를 써야겠다고 몇 번이고 생각했을 테니까.

3. 단조로움을 극복하게 해라

내가 가장 선호하는 '단조로움 극복 방법'은 커다란 프로젝트나 목표를 구체적이고 연속적이며 단기간에 성과를 측정할 수 있는 (가능하다면 하루 단위의) 작은 프로젝트로 나누어서 배정하는 것이다. 예를 들어 "고객서비스라는 주제와 연관된 100가지 데이터를 엑셀로 정리해서 금요일까지 제출하세요"라고 말하기보다는 "고객서비스라는 주제와 연관된 25가지 데이터를 엑셀로 정리해서 매일 5시까지 앞으로 나흘 동안 가져왔으면 좋겠어"라고 말하는 것이 단조로움을 줄여준다.

2개의 표현으로 얻는 총 데이터의 양은 같다. 그저 일주일 단위가 아니라 하루 단위로 업무를 나눴을 뿐이다. 하지만 그 효과는 생각보다 크다. 일을 계속 뒤로 미루다가 금요일이 다 되어서야 업무에 뛰어드는 일은 일어나지 않기 때문이다(즉 데이터의 질이 좋아지고 Y세대들의 짧은 집중력과도 맞아떨어진다).

이 3가지 단계를 통해서 '500개의 우표를 붙이는 지루한 과업'을 '흥미진진한 우표 붙이기 대회'처럼 느껴지게 했다면 Y세대 직원들은 상사나 동료와 '절친'이 되지 않더라도 깊은 유대감을 느낄 수 있을 것이다.

효율적인 커뮤니케이션이 충성심을 높인다

CEO들이 Y세대 직원들에게 품는 가장 큰 불만은(물론 CEO들이 내게 너무나도 많은 불만을 토로하는 것은 사실이지만 불만 표출은 회사의 성장을 위해 거쳐야 하는 하나의 과정이다) 신경을 너무 많이 써야 하고 귀찮다는 것이다. 그들은 지속적으로 관심을 받고 싶어 하고(예, "지금 제게 말씀하시는 것 맞죠?") 항상 남의 의견을 먼저 듣고서야 행동에 나선다(예, "그 제안을 따라도 되는지 잘 모르겠는데 일단 아빠한테 전화해서 물어볼게요"). 나도 Y세대 중 한 명이기 때문에 고용주들의 이런 불만을 십분 이해한다. 나 또한 과하다 싶을 정도로 많은 커뮤니케이션과 피드백을 요구하고, 같은 부서 사람들과 항시 연락을 취할 수 있기를 바라며, 결정을 내릴 때마다 내가 믿고 의지하는 사람들에게 조언을 구한다.

그래서 Y세대를 상대하는 것이 다른 세대를 상대하는 것보다 조금은 귀찮다는 점을 인정한다(다른 세대는 회사의 눈치를 보며 쉬쉬했던 것들을 Y세대는 당당하게 입 밖으로 꺼낼 뿐이다). 하지만 시각을 조금 바꿔보면 Y세대들은 잘못된 일을 하면서 시간을 낭비하고 싶어 하지 않는 것으로 생각할 수 있다. 또한 상대적으로 사회생활 경험이 적은

Y세대들에게 혼자만의 능력으로 해결할 수 없는 일이 주어졌을 때 그들이 신뢰하는 사람들의 조언은 언제나 큰 힘과 자신감을 준다.

그렇다. 지금까지는 Y세대들에게 활발한 커뮤니케이션과 지속적인 관심이 필요한 이유를 내 경우에 비추어서 정당화했다면 이제부터는 Y세대 직원과 성공적으로 커뮤니케이션할 방법들을 소개하겠다.

짧고 간단한 정보들을 자주 제공해라

많은 CEO들과 이야기를 나누면서 나는 Y세대 직원들에 대한 그들의 평가(신경이 많이 쓰이고 귀찮다)가 꼭 글자 그대로의 의미가 아니라는 것을 알게 되었다. Y세대 직원들은 금테로 장식된 명함을 요구하지 않는다(작은 사진이 있는 명함이면 충분하다). 단지 기존 직원들보다 좀 더 빈번한 커뮤니케이션을 요구할 뿐이다. 베이비부머 상사들은 업무를 잘 수행하고 있는 직원에게 말을 걸면 방해가 될 것이라 생각하고 오히려 업무를 제대로 수행하지 못하는 직원에게 더 관심을 쏟는다. 그래서 그들에게 Y세대 직원과의 커뮤니케이션은 부담스럽게 느껴질 수밖에 없다.

하지만 이러한 부담감은 Y세대가 원하는 커뮤니케이션의 특성을 이해하는 순간 모두 사라진다. 그들은 짧고 간단한 정보들을 조금 더, 아니 훨씬 더 자주 접하기를 원할 뿐, 상세하고 방대한 양의 정보를 한꺼번에 얻고자 하는 것이 결코 아니기 때문이다. 그러므로 각주까지 달린 10장 분량의 보고서를 읽어보라고 나눠준다거나 참고자료가 잔뜩 붙어 있는 파워포인트 발표를 매주 들으라고 하는 것은 잘못된 커뮤니케이션 방식이다. 보나마나 Y세대 직원들은 보고서를 읽을 생각만

해도 (혹은 발표 시간에 꾸벅꾸벅 졸 생각만 해도) 기운이 빠질 것이다.

Y세대가 기대하는 커뮤니케이션은 생각보다 훨씬 단순하다. 이메일이나 문자메시지를 통해서 혹은 직접 사무실로 찾아와서 딱 5초 동안 주요 사항에 대한 정보를 잘 전달받았는지, 빠뜨리거나 이해 못하는 내용은 없는지 한 번씩 확인만 하면 된다. 예를 들어 복도나 사무실에서 이렇게 말해주면 된다. "샘, 요즘 잘 지내죠? 저번에 제인을 도와줬다고 들었는데 수고했어요." 얼싸안고 노래를 부른다거나 토니 라빈스[4]처럼 '불 위를 걷는'[5] 쇼를 보여줄 필요도 없다. 평소 같으면 일주일에 몇 시간씩 Y세대 직원을 상대해야 하는 귀찮음을 단 5초의 투자로 예방할 수 있다.

〈포춘〉 지가 선정한 500대 기업의 CEO 중 한 명으로 내가 만나본 사람들 중 가장 카리스마가 넘쳤던 한 CEO는 내 주장이 틀렸음을 증명하려다가 우연히 내 주장을 강화시켜주는 경험을 한 적이 있다. 나와 전화로 상담하던 중에 그는 이렇게 말했다. "제이슨 씨, 정말 솔직하게 말할게요. Y세대에게 5초만 투자해도 정말 많은 것이 바뀔 수 있다는 당신의 말을 나는 처음에 믿지 않았어요. 말도 안 된다고 생각했죠. 그래서 당신이 틀렸음을 증명하려고 했어요(이런 일이 종종 있으므로 나는 별로 충격을 받진 않았다). 지난주 내내 나는 평소와는 다른 길

---

4) Anthony Tony Robbins. 자신이 상담해온 수많은 사람들과의 교류를 통해 얻은 지식을 공유하는 미국의 유명한 동기부여 연설가. 주요 저서로는 《무한능력 Unlimited Power》과 《네 안에 잠든 거인을 깨워라 Awaken the Giant Within》가 있다.
5) 라빈스의 세미나 중 하나인 'UPW Unleash the Power Within'에서는 불타는 석탄 위를 맨발로 걷는 경험을 해볼 수 있다. 자신의 능력을 믿으면 자신이 생각했던 것 이상의 기량을 발휘할 수 있다는 함축적인 의미가 담긴 이벤트다.

을 통해 사무실로 향했습니다. 열심히 타이핑하고 있는 Y세대 직원을 지나칠 때마다 그들에게 '좋은 아침!' 혹은 '반가워요'라고 인사했습니다. 속으로는 그들이 별 반응이 없을 것이라 생각했죠. 그런데 그들이 너무나도 좋아하는 겁니다! 마치 여덟 살짜리 애들에게 사탕을 나눠줬을 때처럼 정말 기뻐하는 모습을 보고 믿을 수가 없었어요. 내가 만약 그 Y세대 직원이었다면 사장이 아무런 통보도 없이 내 책상으로 찾아오는 것이 죽기보다 싫었을 겁니다. 하지만 막상 Y세대 직원들이 '반갑다'는 말 한마디에 마치 승진 통보라도 받은 듯이 기뻐하는 것을 보니 이제는 당신의 말을 신뢰하게 되었습니다."

커뮤니케이션의 규칙

Y세대 직원과 커뮤니케이션하는 것이 결코 어려운 일이 아님을 깨달았다면 이제는 커뮤니케이션에 필요한 규칙들을 명확히 설정할 때다. 다 큰 어른들끼리 커뮤니케이션을 하는데 무슨 규칙이 필요하냐며 유치하게 생각할 수도 있다. 하지만 Y세대 직원들에게 자유를 주되 규칙을 통해 한계를 정해줘야만 효과적인 커뮤니케이션을 할 수 있다. (부모님이 자녀에게 통금 시간을 정해주는 것과 마찬가지다. 단지 집이 아니라 회사라는 점이 다를 뿐.) 게다가 커뮤니케이션 규칙을 만들어둬야 보고서 겉표지의 글씨체를 어떤 것으로 해야 할지 몰라서 밤늦게 CEO에게 전화하는 불상사를 방지할 수 있다.

규칙 1 문제가 생겼을 때 누구에게 연락해야 하는지 명시해라.
Y세대 직원이 음성 메시지함에 남겨진 중국어 메시지를 듣고 당황한

나머지 CEO에게 전화를 거는 불상사는 피해야 한다. CEO에게 전화하기 전에 부서 내의 베테랑 직원에게 물어본다든지 '30일 핸드북'을 읽어본다든지 이메일 제목 부분에다 내용을 알아보기 쉽게 요약해서 직속상사에게 보냄으로써 우선적으로 처리하게 해야 한다. Y세대 직원들과 다음과 같은 업무 처리 지침을 공유해라. "일상적인 업무에서 발생하는 문제는 매일 얼굴을 맞대고 일하는 직속상사와 함께 해결한다."

규칙 2 연락 가능한 시간과 방법을 명시해라.

이것 또한 매우 중요하다. 왜냐하면 박카스를 마셔서 갑자기 '필 받은' Y세대 직원이 느닷없이 상사에게 문자메시지(또는 이메일)를 보내거나 전화를 걸거나 사무실(아니면 집)로 찾아올지도 모르기 때문이다.

연락 가능한 시간과 수단을 Y세대 직원에게 인지시키는 방법을 예를 들어 설명하면 "전화는 오후 8시까지, 문자메시지는 오후 10시까지만! 10시 드라마가 시작된 이후에는 내 핸드폰이 울리지 않았으면 좋겠네요"라고 말하면 된다.

하지만 긴급 상황일 경우(어떤 경우가 긴급 상황인지도 명시해주길 바란다)에는 언제든 연락 가능하다는 것도 알려줘라. 가장 도움이 절실할 때 연락이 되는 직장상사가 있다는 사실만으로도 당신에 대한 충성심이 한층 강화될 수 있으며, 한편으로 직장상사는 Y세대로부터 (수신자 부담 전화 같은) 예상치 못한 재미난 전화들을 자주 받게 될 것이다.

규칙 3 최상의 결과를 얻을 수 있는 커뮤니케이션 수단을 찾아라.

Y세대는 기존세대와 다른 방식으로 소통한다. 그러므로 서로에게 편

한 의사소통 수단이 무엇인지 이해하고 공유해야 한다. 대화를 통해서 서로가 편안하게 이용할 수 있는 커뮤니케이션 방식을 타협하거나 Y세대 직원에게 특정 의사소통 수단을 사용해달라고 혹은 사용하지 말아달라고 부탁해라. 예를 들어 친필을 선호하는 상사와 워드 프로세서를 선호하는 Y세대 직원 간에는 워드로 작성한 서류를 친필과 가장 유사한 폰트로 프린트하는 타협책을 찾을 수 있다. 혹은 이메일을 사용해달라고 부탁한다면 Y세대들은 이메일로 소통할 것이다. 만일 문자메시지가 익숙하지 않다면 반드시 미리 알려주어라. 그러지 않으면 Y세대가 보낸 중요한 문자메시지를 열두 살짜리 딸아이가 읽게 되는 엉뚱한 상황이 발생할지도 모른다. 의사소통 방식을 명확히 정했다면 이제는 Y세대들이 그 기준을 지키지 않았을 경우 책임을 추궁할 수 있다.

직접적이며 긴밀한 커뮤니케이션을 유지한다

다음에 소개할 참신한 Y사이즈 아이디어를 Y세대 직원과의 커뮤니케이션에 적용해서 Y세대의 업무 몰입도를 한층 향상시켜라.

114 안내원이 되어라

회사에 새로운 소식이 생기면 CEO, 팀장, 부서장 등이 직접 나서서 제일 먼저 그 소식을 직원들에게 알려라. 예를 들어 특정 팀이 고객 평가에서 높은 점수를 받은 경우 제목에다 "우리 팀이 고객 평가에서

9.7을 받았습니다!!! 간식은 제가 쏩니다!"라고 간략하게 적어서 단체 이메일을 보내라. 단체 이메일을 보낼 수 있는 사내 네트워크 시스템이 갖춰져 있지 않다면 휴대전화에 직원들의 번호를 전부 저장해놓은 뒤 단체 문자를 보내라. 전체 직원에게 알려야 하는 또 다른 소식의 사례. "우리 팀이 가장 높은 매출을 올렸습니다. 경기불황? 우리에게 불황은 없습니다(경제 상황이 어려울수록 이런 단체 문자가 직원들의 사기를 북돋울 수 있다)."

하지만 회사의 소식과 관련 없는 스팸 메시지를 보내지 않도록 주의해야 한다. Y세대들은 스팸 메일보다 스팸 문자를 더 싫어한다. 일일이 선택해서 지워야 하기 때문이다. 오로지 회사의 소식만 보내도록 하라.

매장 직원을 포함해서 약 1,000명의 임직원이 있고 이중 84퍼센트가 Y세대인 프레더릭스 오브 할리우드[6]의 대표이자 CEO인 린다 로리Linda LoRe는 Y세대의 업무 몰입도를 높이기 위해 끊임없이 노력한다. 요일이나 시간대와는 상관없이 프레더릭스 매장에는 대부분 한두 명의 Y세대 직원만이 근무하므로 그들의 업무 몰입도를 높이는 것이 특히 중요하다.

많은 Y세대 직원과 일하면서 린다는 Y세대가 그녀로부터 회사 소식을 직접 듣고 싶어 한다는 것을 깨달았다. 즉 본사에서는 무슨 일이 일어나고 있고 회사가 어떤 방향으로 가고 있는지에 대한 최신 정보를 그녀에게서 듣고 싶어 한다. 그래서 그녀는 다음과 같은 해결책을

6) Frederick's of Hollywood. 미국의 유명 여성 란제리 업체.

마련했다. 즉 회사에서 최근 이슈가 되고 있는 내용들을 음성메시지로 직접 녹음한 뒤 회사의 전화 네트워크 시스템을 통해 각 매장에 전달한다. 뿐만 아니라 Y세대 직원이 훌륭한 성과를 올리면 그들도 이 시스템을 통해 린다에게 메시지를 남길 수 있다. Y세대 직원들이 남긴 메시지를 듣고 나서 린다는 다시 전체 직원들에게 그 소식을 알린다!

린다는 "음성메시지를 통해 Y세대 직원들과 개인적으로 친밀한 관계를 유지할 수 있을 뿐만 아니라 궁극적으로 그들의 사기와 열정을 북돋우고 업무 몰입도를 향상시킬 수 있다"고 밝혔다. 또한 그녀는 이렇게 덧붙였다. "발렌타인데이나 크리스마스처럼 가장 스트레스가 심한 시즌을 무사히 넘긴 뒤에 훌륭한 성과를 달성한 직원이나 매장에 사장인 내가 직접 가서 점심을 사면 Y세대들은 정말 큰 차이를 만들어낸다."

일주일에 한 번 일대일 미팅

내가 지금까지 접해본, Y세대 직원의 업무 몰입도를 높이는 최고의 방법은 광고 회사인 프레스턴 켈리 앤드 플립사이드 마케팅Preston Kelly and Flipside Marketing의 CEO인 멜로디 렌트쉬Melody Lentsch가 사용하고 있는 것이었다. 그녀는 Y세대 직원의 업무 몰입도를 높이기 위해서는 직속상사와 직접 얼굴을 맞대고 대화하는 시간을 많이 가져야 한다고 믿는다. 그래서 그녀가 떠올린 방법은 나이와 직책을 떠나 자신에게 보고하는 모든 직원과 일주일에 한 번씩 30분 동안 '일대일 주간 미팅'을 갖는 것이다. 그녀는 30분의 미팅 시간을 3등분한다. 첫 10분은 직원이 하고 싶은 이야기를 털어놓게 하고, 그다음 10분 동안은 자신이 전달해야 할 사항들을 이야기한다. 그리고 마지막 10분은 직원의 미래에 대해서 같이 이야기해보는 시간이다. 그녀는 매주 이런 미팅을 가지면서 Y세대 직원들이 지속적인 상호작용을 굉장히 선호한다는 사실을 알게 되었다. Y세대는 자신의 생각을 공유하고 싶어 하고, 자신들이 잘 적응하고 있는지 주기적으로 확인받고 싶어 하며, 현재의 노력으로 앞으로 어떻게 발전해 나갈지를 알고 싶어 하기 때문이다.

긴밀하고 친근한 방식을 활용해라

앞서 언급한 '일대일 주간 미팅'이 너무 부담스럽다면 '인더룹In the loop[7] 업데이트'를 추천한다.

Y세대는 새로운 소식을 지속적으로 전달받기를 원하므로(그래서 휴대전화를 쉴 새 없이 들여다본다) Y세대 사원 중 한 명을 '인더룹', 즉 커뮤니케이션 핵심 담당자로 임명한다. 다시 말해 회사의 모든 최신 정보를 가장 빨리 알고 전파하는 Y세대 직원을 인더룹 코디네이터로 임명하면 된다. (회사를 잘 둘러보면 항상 사무실 안을 돌아다니면서 다른 직원들이 무엇을 하는지 기웃거리는 직원이 있을 것이다. 그 사람이 인더룹 코디네이터의 적임자일 가능성이 높다.) 그러고 나서 그 직원에게 일주일 혹은 2주일 간격으로 다른 직원들에게 이메일을 보내고, 블로그에 새로운 글을 포스팅하고, 내부 전산망에 공지 사항을 올리는 등의 역할을 맡긴다.

---

7) 중요한 일을 다루는 핵심 일원.

코디네이터로부터 이메일을 받은 직원들은 일주일 동안 (혹은 업데이트가 진행되는 동안) 자신과 관련된 일을 2~3줄로 요약해서 회신한다. 그 주에 수행했던 프로젝트에 관한 내용일 수도 있고, 직면해 있던 문제를 해결한 사례일 수도 있고, 새로운 문제점에 대한 아이디어일 수도 있다. 또한 이메일을 통해서 도움을 요청할 수도 있다(예를 들어 "할인 항공권에 관한 정보를 찾을 수 있는 웹사이트를 알고 계신 분 있나요?" 혹은 "지금 제가 겪고 있는 문제를 이전에 경험해보신 분이 있나요?" 등).

이렇게 작성한 간략한 이메일 회신은 특정한 시간, 예를 들면 매주 금요일 아침 10시까지 인더룸 코디네이터에게 보내도록 한다. 그러면 코디네이터가 이메일 자료들을 한데 묶어서 본인의 능력껏 부서 사진, 고객의 피드백, 회사 소식, 지난주의 성과 보고서 등과 함께 편집한 뒤 Y세대 직원들에게 보낸다. 이 자료는 직원들이 직접 경험한 사연이 담겨 있기도 하거니와 약간의 '비공식적'인 느낌 때문에 더 신뢰가 가고 내용도 매주 바뀌므로 Y세대 직원들의 관심을 끌 것이다. 이렇게 이메일로 커뮤니케이션을 하면 회사로서는 경제적으로도 이득이다. 한 번은 Y세대의 업무 몰입도를 높이기 위한 커뮤니케이션 매체에 대해 강연을 한 적이 있는데 그 강연을 들은 한 고객이 내게 다가와서 자신의 회사가 매 분기마다 Y세대들에게 우편을 통해 잡지를 나눠주고 있는 것을 어떻게 생각하는지 물었다. 나는 당황스러워서 되물었다. "잡지라면… Y세대의 어머니들이 보라고 보내드리는 건가요?"

그 회사는 종이 잡지를 버리고 온라인 잡지로 바꾼 후 매 호당 2만 달러의 제작비를 절약할 수 있었다! 뿐만 아니라 그동안 잡지를 구독하지 않았던 새로운 구독층도 발굴해낼 수 있었다(물론 Y세대의 부모들 중에는 무료 잡지가 끊긴 것을 아쉬워하는 사람이 많았을 것이다).

일주일 간격으로 이메일을 보내서 직원들에게 새로운 소식을 전하는 것이 힘들다면 또 다른 방법이 있다. 내가 방문했던 한 회사는 주요 뉴스를 종이 한 장에 인쇄해서 통행량이 많은 장소, 즉 화장실 거울에 일주일 간격으로 붙여놓는다! 볼일을 보고 손을 닦으면서 최신 통계 자료들과 신입사원에 대한 간단한 소개 내지는 신제품 출시일과 같은 공지를 자연스럽게 접하게 된다. 유익하면서도 위생적이기까지 하다!

업무 성과를 월 1회 평가하고 피드백해라

성과 보고서는 Y세대 직원의 업무 몰입도를 유지하는 가장 중요한 수단이다(물론 Y세대 직원의 휴대전화를 압수하는 방법도 있다). 성과 보고서는 그들의 사내 경력에 큰 영향을 끼치기 때문이다. Y세대 직원의 업무 몰입도를 높이기 위해서는 적어도 월 1회 정도 성과에 대한 평가를 하는 것이 좋다. 안 그러면 회사가 Y세대들에게 무엇인가를 감추려 한다는 오해를 살 수도 있다.

앞서 언급했던 멜로디 렌트쉬는 내게 이렇게 말했다. "지난 6개월간 업무를 제대로 수행하지 못했는데도 '평가 기간'이 아니라는 이유로 Y세대 직원의 잘못을 지적하지 않는다면 그들은 회사를 원망할 거예요. 그들의 성장을 도우려면 생산적인 피드백을 주기적으로 줘야 합니다. 그들의 업무 능력을 향상시키는 일이기 때문에 결과적으로 회사에도 이득입니다."

　Y세대 직원들(특히 신입사원)에게 피드백은 매우 중요함에도 불구하고 많은 회사들이 성과 보고서를 충분히 활용하지 못하고 있다. 이 회사들은 대부분 성과 보고서가 시간 낭비라고 생각한다. 그들의 생각에는 그럴 만한 이유가 있다. 성과 보고를 잘못 수행할 경우 회사에나 직원에게나 시간 낭비로 느껴질 수밖에 없기 때문이다. 하지만 아래 소개할 Y사이즈 방법들을 성과 보고서에 적용한다면 10분 안에 Y세대 직원의 업무 태도에 즉각적인 변화가 있음을 느끼게 될 것이다.

　성과 보고서를 Y사이즈하는 방법은 다음과 같다.

- '인사평가', '인사고과' 등 "너는 지금 평가 대상이야!"라고 느껴질 수 있는 이름을 버리고 '성과 보고서' 내지는 내가 가장 좋아하는 표현인 '탤런트 매니지먼트 리뷰(talent management review, TMR: 인재관리 보고서, 또는 역량관리 보고서)' 등의 이름을 사용해라. 이름을 바꾸는 것만으로도 인식이 바뀐다.
- Y세대를 채용할 때 회사의 평가 기준을 밝히고 검토할 기회를 줘라. 이 평가 기준은 해당 포지션의 모든 직원들에게 동일하게 적용되어야 한다. 그래야만 공정한 평가가 진행될 수 있을 뿐 아니라 같은 포지션의 동료사원은 승진하는데 자신은 승진하지 못하는 이유를 (화내지 않고) 납득할 수 있다.
- 각 포지션의 핵심 평가 항목이 최대 5~7개를 넘지 않아야 한다. 7개를 넘어서면 평가받는 직원도 평가를 하는 상사도 흥미를 잃게 된다.

- 핵심 평가 항목은 회사의 비즈니스와 관련해서 직원들이 기대하는 바를 얼마나 이룩했는지를 파악하는 용도로만 활용해라. 결과 및 성과를 평가하는 것이지 태도나 책임감 등을 측정하는 용도는 아니다.

- 평가 대상자의 프라이버시를 존중해라. 반드시 개인별로 성과 카드를 만들어서 그 결과를 본인만 확인할 수 있게 해라. 통상적으로 많은 회사들이 핵심 평가 항목을 설정한 뒤 '아주 좋음'에서부터 '아주 나쁨'까지 등급을 매긴다. Y세대 직원들에게 성과 보고서를 건네주기 전에 이러한 평가 방식에 대해 충분히 설명해야 마음의 준비를 할 수 있다.

- 평가 일정을 반드시 지켜라. 예를 들어 매달 세 번째 금요일에 성과 보고서를 나눠주기로 되어 있다면 그 계획을 차질 없이 실행해야 한다. 약속된 일정을 한 번이라도 수행하지 못할 경우 직원이나 성과 보고서의 중요성을 제대로 인식하지 못하는 회사라는 이미지가 형성되고 회사에 대한 불신이 싹튼다.

- 구체적이고 실현 가능한 피드백과 권고 사항을 Y세대 직원 개개인에게 직접 전달해라. 포괄적이고 진부한 표현을 피하고 다음번 평가 때까지 집중해야 할 요소들을 적어도 2가지 이상 언급해라. "처음부터 다시 시작해라"와 같은 막연한 말은 피해라.

- Y세대 직원이 다음번 평가 때까지 개선해야 하는 요소를 한두 개 말해주되 그들이 확실하게 이해할 수 있도록 개선해야 할 요소들을 성과 카드에 직접 기록해라. 기록된 내용을 복사한 뒤에 복사본을 간직해뒀다가 다음번 성과 보고 때 참고 자료로 활용해라.

- 성과 보고서의 처음과 끝에는 항상 긍정적인 내용을 담아라. 생각

보다 많은 Y세대들이 '생산적 비판'을 듣고 현명하게 처신하지 못한다. 성과 보고서의 처음과 끝에 긍정적인 내용을 담는다면 좋은 평가를 받지 못한 Y세대 직원의 충격을 완화할 수 있다(그리고 Y세대 직원의 어머니로부터 불만 전화가 걸려오는 것을 미연에 방지할 수 있다).

Y사이즈를 위한 질문

1. 당신 회사에서 현재 진행 중인 반복적이고도 중요한 '과업' 중에 '도전 과제'로 바꿀 수 있는 것들이 있습니까?

2. Y세대 직원과의 유대 강화를 위해 올해 도입한 커뮤니케이션 전략이 있습니까?

3. 당신 회사의 각 포지션에 대한 주요 평가 항목이 있습니까? 만일 있다면 이 평가 기준을 토대로 얼마나 자주 성과를 평가합니까?

10장
역량 개발, 그럭저럭 괜찮은 정도로는 부족하다

앞서 몇 차례 언급했듯이 (그리고 아마 직접 관찰해서 알고 있듯이) Y세대는 채용된 이후에도 부족한 점이 많다. 그 이유는 세대적 특성을 통해 쉽게 설명된다. Y세대는 앞선 세대들보다 상대적으로 늦은 나이에 사회생활을 시작했다. 또한 고등학교나 대학교에서 취업 교육을 거의 (혹은 전혀) 받지 못했다. 반면 학자금 대출 내역에서 알 수 있듯이 Y세대는 그 어느 세대보다도 대학 교육을 많이 그리고 오래 받았다.

대부분의 Y세대가 소비자의 표준적인 구매 사이클을 이론적으로는 상세히 알고 있을지 몰라도 단 한 번도 고객에게 물건을 팔아본 경험은 없다. 다시 말해 Y세대들은 판매 방법에 관한 시험 문제는 잘 풀어도 실제로 물건을 어떻게 팔아야 하는지는 모른다. 이러한 이론과 현실의 괴리는 장차 생길 여러 문제의 원인이 된다. 왜? 스스로 이미 모든 능력을 다 갖췄다고 생각하는 Y세대들은 취직 후 단숨에 승진할 것을 기대하지만 실제로 그들이 배워야 할 것들이 너무나도 많기 때문이다(내가 관찰한 바에 따르면 이런 특징은 고졸, 대졸 혹은 그 이상의 학력을 갖춘 모든 Y세대들에게서 공통적으로 발견된다). 회사를 오랫동안 운영해온 CEO 누구에게 물어도 회사와 직원 본인에게 진정으로 필요한 것은 '이론적인 지식을 실제 회사 업무에 적용시키는 능력'이라고 대답할 것이다. 그래도 한 가지 다행인 점은 Y세대가 잠재력과 열정을 갖고 있다는 사실이다(예, 자신의 능력을 증명하고자 하는 열정, 정보통신 기술과의 친밀함, 기업가 정신 등). Y세대가 그 진가를 발휘할 수 있도록 그들의 잠재력을 일깨워주는 것은 회사의 몫이다.

엔터프라이즈 렌터카[1]는 체계적인 역량 개발 프로그램이 회사의 이익창출에 기여한다는 사실을 증명했다. 엔터프라이즈는 대학을 갓 졸업한 직원을 가장 많이 채용하고 신입사원의 역량을 빠르게 개발하는 회사로 유명하다. 엔터프라이즈에서는 신입사원들의 역량 개발 정도에 따라 승진 여부가 결정된다. 특히 회사의 운영 시스템에 대한 학습력, 자신의 목표와 성과에 대해 얼마나 책임을 지는지, 또는 배치된 지점을 자신의 사업장처럼 여기며 성과를 올리는 능력은 어떤지

----

1) Enterprise Rent-A-Car. 북미 지역에서 가장 규모가 큰 자동차 렌탈 업체.

등에 따라 승진이 결정된다. 엔터프라이즈가 신입사원의 역량 개발에 성공한 이유는 바로 매니지먼트 트레이닝(Management Training, MT) 프로그램 덕분이다. MT 프로그램은 아래와 같다.

모든 신입사원들은 입사 후 처음 일주일 동안은 강의를 들으면서 엔터프라이즈의 비즈니스 모델에 대해 배운다. 일주일 간의 강의가 끝나면 그들은 전국 지점으로 배치되며 그곳에서 거두는 성과에 따라 승진 평가가 이뤄진다. MT 프로그램은 비즈니스의 프런트 엔드(예, 고객 서비스, 영업 및 마케팅 등 고객과 직접 관련된 기능)와 백 엔드(예, 경리, 재무 및 인사 등 지원 기능), 그리고 비즈니스 전략(예, 기획 마케팅) 등을 직접 배울 기회를 제공함으로써 신입사원의 역량을 키운다. 그리고 고객 평가에서부터 회사의 특정 기능에 대한 지식에 이르기까지 다양한 분야에 대한 신입사원들의 능력을 퀴즈 방식으로 엄격하게 평가한다. 신입사원들이 장차 엔터프라이즈 지사의 관리자가 될 것이므로 그들에게 지사 운영에 필요한 모든 점을 가르치는 것이 이 프로그램의 궁극적인 목적이다.

그렇다면 엔터프라이즈는 Y세대 직원의 역량을 얼마나 빠르게 개발할까? Y세대 직원 개개인의 동기부여 정도와 평가 점수에 따라 통상적으로 8~12개월 안에 MT 프로그램이 끝난다. 그리고 빠르면 입사 12~18개월 만에 어시스턴트 매니저로 승진이 가능하다(어시스턴트 매니저는 지점에서 달성한 재무제표 성과에 기초해서 급여의 일부가 결정되는 성과급제를 따른다). 엔터프라이즈의 임원 한 명이 내게 이렇게 말했다. "회사가 자신에게 기대하는 것이 무엇인지, 조직이라는 큰 틀에서 자신이 맡은 역할은 무엇인지, 그리고 자신에게 맡겨진 업무가 왜 중요한지를 이해하는 순간, Y세대 직원들은 역량 개발을 위해 최선을 다합니다. Y세대들이 큰 그림을 볼 수 있게 도와주면 그들은 자신의 경력을 위해서뿐만 아니라 회사를 위해서 기대 이상의 성과를 내려 노력합니다."

Y세대 직원의 역량을 빠르게 개발한다는 명성과 함께 엔터프라이즈는 Y세대들이 가장 입사하고 싶어 하는 회사 중 하나로 손꼽힌다. 엔터프라이즈는 Y세대 직원의 역량을 신속하게 개발함으로써 금전적인 이득을 얻을 뿐만 아니라 Y세대 구직자들이 입사를 위해 줄까지 섰으니 그야말로 '꿩 먹고 알 먹고'다.

엔터프라이즈처럼 회사가 나서서 체계적으로 Y세대 직원의 역량을 개발하든지 혹은 개별 부서나 관리자의 재량에 맡기든지 간에 한 가지 중요한 사실은 지속적으로 역량을 개발하고 전문성을 키워야만 직원으로서의 가치가 (그리고 승진 확률이) 올라간다는 점을 Y세대들에게 빠르게 인식시켜야 한다는 것이다. 그렇게 함으로써 회사와 Y세대 직원들이 같은 목표를 갖게 되고 궁극적으로 모두의 가치가 함께 상승할 것이다.

'그럭저럭 괜찮은' 성과로는 부족하다

Y세대를 위한 역량 개발 프로그램에서 반드시 전달해야 하는 핵심 메시지는 바로 "그럭저럭 괜찮다"만으로는 부족하다는 것이다. '그럭저럭 괜찮은' 정도로는 승진이나 급여 인상 또는 더 큰 책임감을 필요로

하는 업무를 맡을 수 없을 뿐 아니라 사장이나 경영진의 관심과 지지를 받을 수도 없다. '그럭저럭 괜찮은' 성과만으로는 자신이 원하는 목표를 이룰 수 없음을 깨닫고 나서야 비로소 Y세대 직원들은 역량 개발에 힘쓸 것이고 보다 가치 있는 인재가 되기 위해 노력할 것이다. 젊은 Y세대를 위한 강연에서 내가 항상 강조하는 바는 "현재 당신이 맡고 있는 포지션보다 더 큰 역할을 수행할 수 있는 그릇임을 보여야만 승진이 가능하다"는 것이다. 더 큰 역량을 발휘해서 경영진을 설득시켜야만 그에 합당한 중요한 직책을 맡을 수 있다.

역량 개발 목표를 수립해라

미국에서는 OJT on the job training를 받는 신입사원을 흔히 볼 수 있다. 하지만 최근 들어서 직업 교육의 모습이 달라지고 있다. 즉 Y세대들은 (학창 시절에 받은 수많은 상장이 무색해질 정도로) 아주 기본적인 교육을 필요로 한다. 상황이 이렇다 보니 Y세대들이 주요 전문기술 분야에 필요한 기본적인 역량을 갖추고 있다고 보기는 어렵다.

Y세대는 일을 해본 경험은 없고 일에 대한 공부만 했을 뿐이다. 게임 속 가상 도시(심시티[2])를 2시간 안에 건설하는 것은 식은 죽 먹기

------

2) SimCity. 미국의 맥시스Maxis가 1989년 개발한 도시 건설 시뮬레이션 게임이다. 사용자가 시장이 되어 기본 자금을 가지고 황무지에 도시를 건설해 나가는 내용으로 구성된다. 심시티 시리즈는 게임에 교육적인 내용을 처음으로 도입하여 세계적인 인기와 명성을 얻었고 특히 심시티3000은 미국의 몇몇 고등학교에서 학습 교재로도 사용되었다.

다. 하지만 30명 남짓한 청중 앞에서 20분 동안 실제로 연설하기란 여간 어렵지 않다. 뿐만 아니라 연결이 되지 않은 고객에게 음성 메시지를 남기는 것도 Y세대에게는 쉽지 않은 일이다. 하지만 그들은 사내 커뮤니케이션을 획기적으로 개선할 수 있는 아이디어를 내놓을 수도 있다. 이렇듯 실무에 약한 Y세대의 역량을 개발하는 데는 Y사이즈 전략을 활용하는 정도의 노력만으로 충분하다. 비싼 교육 프로그램을 도입하거나 진행 중인 사업을 중단하지 않고도 Y세대의 역량을 개발할 수 있다. 우선 회사 내에서 Y세대의 역량 개발 욕구가 얼마나 되는지를 알아야 한다. 이는 옆 페이지의 질문지를 통해 파악할 수 있다.

많은 CEO, 관리자, 그리고 사업가에게 다음의 3가지 질문들을 해본 결과 Y세대 직원들의 역량 개발이 시급한 분야들을 간추려낼 수 있었다. 이 분야들은 Y세대가 그동안 받아온 공식적이거나 비공식적인 교육과 그들의 특성이 만들어낸 결과물이다.

또한 (스타벅스 기프트카드 등의 뇌물을 쓰지 않고도) Y세대의 관심을 사로잡고 상상력을 자극하면서도 이 분야의 역량을 빠르게 개발할 수 있는 창의적인 방법들을 발견했다. 명심해야 할 점은 Y세대 직원의 역량을 개발한다는 명목으로 첫 입사 인터뷰를 앞둔 자녀에게 잔소리하는 부모처럼 행동하거나 인터넷상의 방어운전법 강의[3]처럼 말해

....

3) online defensive driving course. 운전자가 처하게 되는 환경과 상관없이 인명 피해를 줄이고 시간과 돈을 절약할 수 있는 방어적 운전법을 설명하는 강의, 미국의 공공기관, 비영리단체, 그리고 사립학교 등에서 방어운전법을 배울 수 있다. 이 강의는 온라인 및 오프라인에서 들을 수 있다. 이 강의를 들을 경우 범칙금을 면제해주거나 최대 10퍼센트까지 자동차 보험료를 할인해준다.

1.현재 Y세대 직원들이 주로 담당하는 업무 내용은 무엇입니까?
현재 분야에서 리더가 되기 위해 Y세대 직원이 습득해야 할 기술은?

이 질문에 대한 대답을 단기적인 역량 개발 목표로 활용할 수 있다.

2.5년이나 10년 후에 Y세대 직원들이 담당하게 될 주요 업무는 무엇입니까? 해당 분야의 리더가 되기 위해 습득해야 할 기술은?

이 질문에 대한 대답을 장기적인 역량 개발 목표로 활용할 수 있다.

3.지난 12개월 동안 기존 Y세대 직원들이 얼마나 많은 자리를 차지했습니까?

회사에 새로운 자리가 생겼을 때 기존 직원에 의해 얼마나 채워지느냐에 따라, Y세대 역량 개발을 위한 사내 투자의 성공 여부가 판단된다(단, 기존 직원이 외부 후보자들과 함께 경쟁한 후에도 적임자로 판명된 경우에 한함).

서는 안 된다는 점이다. "자, 1987년형 파란색 밴이 깜빡이등을 켜지 않고 차선을 바꾸는 게 보이죠? 이 영상에서 배울 수 있는 교훈은 무엇일까요?" 음, 대중교통을 이용하자?

역량 개발을 위한 2가지 영역

• 커뮤니케이션 영역
• 문제 해결 영역

내 경험에 따르면 효과적인 역량 개발 프로그램은 항상 목표가 분명하다(Y세대가 회사의 전략적인 인적 자산으로 거듭나기 위한 학습이란 측면에서). 그리고 학습 단계별 목표는 Y세대 개인의 경력 목표와 연계하여 진행되어야 한다. 이런 프로그램 방식을 따르면 Y세대에게 무엇을 가르치더라도 그들의 경력 개발 목표가 회사의 발전 계획과 즉시 일치하게 된다. 또한 역량 개발 프로그램을 통해 회사가 달성하고자 하는 목표를 Y세대 직원들에게 자세히 이해시킬 수 있다. 물론 Y세대의 성장과 그로 인한 최상의 성과를 위해서는 단기적으로 적용할 것과 장기적으로 고려할 것들 간의 균형이 필요함을 잊어서는 안 된다.

커뮤니케이션: 공식적인 의사소통 능력 강화

Y세대는 회사 내에서 공식적인 커뮤니케이션을 필요로 할 때조차도 비공식적인 형태의 (혹은 더 나아가 내용 전달조차 제대로 안 되는) 메시지를 전달하는 것으로 평가받고 있다. Y세대는 항상 최고라는 말을 들으며 자랐고 또 그렇게 생각하고 있다(아무 Y세대나 붙잡고 확인해봐라). 그래서 사내 방송에서 CEO를 이름만으로 부르기도 한다. 그리고 그들은 IT기술에 많이 의존해왔기 때문에 기본적인 의사소통을 할 때도 간편한 방식을 선호한다. 이런 성향 덕분에 Y세대들은 얼굴을 맞대고 커뮤니케이션하는 능력을 습득할 기회가 별로 없다.

서비스업의 비중이 지속적으로 커지는 현대 산업 구조에서는 다음과 같은 분야의 커뮤니케이션 능력이 개발되어야 회사는 Y세대 인재에 대한 투자비용을 빠르게 회수할 수 있다.

- 일대일 대화
- 청중 앞에서 말하기
- 온라인 커뮤니케이션
- 서류로 자신을 표현하기
- 팀 커뮤니케이션

1. 일대일 대화

일대일 대화에서 가장 중요한 것은 적극적인 청취 자세, 명확한 내용 전달, 그리고 시선 처리다. 간단한 말하기 훈련을 통해 이 3가지 요소를 Y세대들에게 가르칠 수 있다. 우선 Y세대 직원들을 2인 1조로 팀을 만들게 한 후 90초 동안 다뤄야 할 4가지 주제(별로 어려워 보이지는 않아도 막상 말하려고 하면 까다롭게 느껴지는 주제)를 제시한다. "가장 좋아하는 영화는 무엇이고 왜 그렇습니까?", "고등학교 때 가장 인상 깊었던 사건은?" 같은 것들이 주제가 될 수 있다. 또는 업무와 관련된 질문들을 던질 수도 있다. "내년에 우리 회사에 크게 영향을 줄 새로운 트렌드 혹은 기술은 무엇이라고 생각합니까?"

각 조의 Y세대 직원들에게 항상 상대방의 눈을 주시하면서 대화할 것을 지시한다(둘이 사이좋게 땅바닥을 쳐다보면서 대화하게 해서는 안 된다). 한 명이 45초 동안 해당 주제에 대해 자신의 생각을 말하면 다른 사람은 메모 없이 (혹은 아이팟 플레이어에 녹음하지 않고도) 상대의 이야기를 기억해야 한다. 각 직원이 번갈아가면서 4가지 주제에 대해 이야기하고 나면 서로 상대방 이야기의 핵심을 요약해서 전달하도록 한다. 물론 이때도 상대방의 눈을 주시해야 한다. 훈련의 강도를 조금 더 높이고 싶다면 요약한 내용을 해당 직원의 관리자 혹은 모든 직원들 앞에서 발표하게 해라.

주제를 바꿔가면서 훈련을 거듭할수록 Y세대들의 주제 전달 능력과 청취 자세가 눈에 띄게 달라질 것이다. 물론 여기 소개한 훈련 방식을 그대로 따를 필요는 없다. 각 회사의 쓰임에 맞게 변형시켜서 적용할 수 있다. 예를 들어 고객과의 의사소통 능력을 향상시키고 싶은 경우 1분간 대화로 훈련을 시작한 뒤에 점차 시간을 5분까지 늘려가면서 진행한다. 경험 많은 CEO들이 늘 말하는 것처럼 "사소한 대화small talk가 큰 판매big sales로 이어지기" 때문이다.

2. 청중 앞에서 말하기

진짜 청중(화상 채팅 제외)을 대상으로 발표할 기회를 마련해주는 것은 Y세대의 연설 능력을 효과적으로 키워주는 방법이다. 예를 들어 Y세대 직원에게 시장 조사를 시키고 그 내용을 발표하게 하거나 비즈니스 미팅에서 다루었던 핵심 주제 몇 가지를 요약해서 발표하게 함으로써 그들의 연설 능력과 자신감을 키워줄 수 있다. 훈련 방식은 간단하다. 우선은 간단한 과제를 내준 뒤에 2~3분 정도의 짧은 연설을 시킨다(장담하건대 많은 Y세대들에게 이 2~3분은 2~3시간처럼 느껴질 것이다). 그리고 나서 점차 과제의 규모를 늘리고 발표 내용과 시간을 비례해서 늘린다.

Y세대에게 연설 훈련을 시킬 때는 반드시 피드백을 해라. 그리고 피드백을 할 때는 '샌드위치 전략', 즉 긍정적인 평가로 시작해서 안 좋았던 점 내지는 개선할 점을 언급하고 다시 긍정적인 요소 내지는

칭찬으로 마무리하기를 바란다. 다른 회사의 CEO나 비즈니스 리더들 앞에서 연설할 기회를 마련해주는 것도 좋다. 이런 자리들은 Y세대의 연설 능력을 키우는 데 도움이 될 뿐 아니라 앞으로 그들의 사회생활에 많은 영향을 미칠 사람들에게 자신의 능력을 알릴 기회도 된다.

대중 앞에서 연설하는 능력을 조금만 키운다면 크게 성장할 것 같은 Y세대가 주변에 있다면 토스트마스터[4]와 같은 그룹에 가입시킬 것을 추천한다. www.ysize.com/resources에 소개된 '말하기 능력을 키우기 위한 6가지 팁'도 연설 능력 향상에 도움이 될 것이다.

3. 온라인 커뮤니케이션

온라인은 Y세대들이 가장 친숙하고 편하게 느끼는 커뮤니케이션 도구다. 그 때문에 Y세대는 긴장의 끈을 놓을 때가 많다(온라인에서도 완전한 문장을 구사하는 베이비부머 등 많은 사람들에게 이런 Y세대는 골칫거리다). 이메일을 보낼 때 Y세대들은 말줄임표를 남발하고 맞춤법이나 문법은 점검하지도 않을 뿐더러 많은 사람들이 누르기를 주저하는 '전체 회신' 버튼을 주저 없이 클릭한다. 다음에 소개하는 6가지 온라인 커뮤니케이션 규칙을 Y세대 직원들이 자주 볼 수 있는 곳(아마도 휴게실 같은 곳)에 게시해라.

①이메일(컴퓨터로 보내든 휴대폰으로 보내든)을 보내기 전에 꼭 자동

----

4) Toastmaster. 대중연설을 두려워하는 사람들을 돕기 위해서 만들어진 비영리모임NPO이다. 서울, 대전 등 한국에서도 여러 군데에서 진행되고 있다.

맞춤법 검사와 문법 검사를 한다. 상사의 이름에도 특별한 주의를 기울여라. 잘못된 이름을 전 부서 직원들에게 보냈을 때 겪게 될 곤란함을 피할 수 있다.

②단체 메일을 보낼 때 절대 이메일 주소가 모두 드러나게 하지 말고 비밀 참조를 활용해라! 이메일 주소를 모두에게 드러내는 것은 매우 무례하고 비인격적이고 전문가답지 못한 행동이다. 잘 알지도 못하는 사람들에게 다른 사람의 이메일 주소를 공개하는 것이기 때문에 수신자가 스팸 메일이나 바이러스 등 기타 인터넷상의 위험에 노출될 가능성이 높다. 본인 외에 누가 이메일을 수신하는지 알 수 없도록 하는 것이야말로 수신자에 대한 최소한의 예의다. 이것을 지키지 않을 경우 마치 친구들이 페이스북을 업데이트할 때마다 자동으로 모든 사무실 연락처에 알림음이 울리도록 설정해놓은 것처럼 이메일이 폭주하게 된다(이미 이런 실수를 저질러본 직원이라면 내 말을 정확히 이해할 것이다).

③'전체 회신' 버튼을 누르는 것은 수신자를 전혀 배려하지 않는 행동이다. 119에 전화를 해도 받지 않는 아주 긴급한 상황을 제외하고는 절대로 이 기능을 사용하지 말 것을 권한다. 자포스에서는 오줌싸개들에게 키를 씌우듯이 '전체 회신' 기능을 가장 많이 사용하는 사원에게 '멍텅구리 모자'를 선물한다(모자를 받아도 싸다).

④이메일의 제목을 지나치다 싶을 정도로 상세하게 적어라. 이메일을 보내는 이유와 이메일을 받아보고 나서 수신자가 취해야 하는 행동 그리고 기한 등을 간단하게 요약해서 제목에 표현해라. 이메일 제목을 상세히 적지 않고 단순히 '회신' 버튼을 클릭해서 보내

면 수신자가 그 이메일의 중요성을 인식할 수가 없기 때문에 빠른
답변을 받아보기 힘들 뿐아니라 수십 통의 스팸 메일에 묻힐 확률
이 높다.

⑤개인적이거나 업무 외적인 이야기를 동료들의 업무용 이메일 주소
로 보내지 마라! 부적절한 농담, 사진, 영상, 또는 하이퍼링크를 첨
부한 이메일을 동료직원들에게 보내고 회사에서 쫓겨난 직원들도
여럿 있다. 한 관리자에 따르면 장래가 유망한 어느 Y세대 직원이
친구들과 놀면서 찍은 자신의 사진 몇 장을 직장동료들에게 이메
일로 보냈다고 한다. 사진 속 그녀는 술집에서 회사 유니폼을 입은
채 춤을 추고 있었고, 결국 이것이 문제가 되었다. 회사의 이메일
주소로 주고받은 내용은 모두 회사의 자산으로 취급되며, 언제든
지 본인에게 불리하게 작용할 수 있다는 사실을 항상 명심하기 바
란다.

⑥문장이 끝날 때마다 느낌표와 이모티콘을 남발하지 말아라!!!

4. 서류로 자신을 표현하기

서류로 커뮤니케이션하는 빈도가 예전보다 많이 줄기는 했지만 (비서
에게 이메일을 프린트해달라고 요구하는 CEO들이 간혹 있는데 왜 그러는
지 도무지 이해되지 않는다) 서류를 재활용하고 폐기처분하는 것 외에
도 Y세대 직원이 서류와 관련하여 알아둬야 할 규칙이 있다.

①서류를 작성할 때는 회사 양식을 따른다. 양식(과 여백)을 중시하는 관
리자 및 CEO와 의사소통할 때 매우 중요하다.

②서류를 제출하기 전에 큰 소리로 한 번 읽어라. 맞춤법 검사나 문법 검사에서 놓친 오류들을 발견할 수 있을 것이다. 또한 동료 및 상사가 당신을 보는 시각이 달라질 것이다.

③좋은 평가를 받았던 비즈니스 서류들은 하나의 파일로 저장해서 보관해라. 이 파일을 참고 자료로 삼는다면 서류 작성 시간을 단축할 수 있을 뿐만 아니라 서류 작성 능력이 향상될 것이다.

5. 팀 커뮤니케이션

'좋은 팀원'은 자신과 다른 사고방식과 신념을 가진 사람과도 잘 협력하며 함께 일하는 정신을 존중한다. 적절한 팀워크 훈련을 통해서 Y세대도 '좋은 팀원'으로 거듭날 수 있다. 팀워크 훈련은 점차적으로 난이도를 조절하는 방식으로 진행된다. 우선 훈련 초반에는 비슷한 성향의 직원들을 한 팀으로 묶은 후 협동 과제를 내준다(같은 성향을 가진 사람들끼리는 지각을 해도 모두 다 같이 하기 때문이다). 그리고 훈련이 진행될수록 점차적으로 책임감의 정도를 높이고 팀원들을 다양화시킨다.

Y세대가 다른 세대에 비해 다양성을 잘 이해하는 편이긴 하지만 그렇다고 해서 다양한 배경의 팀원을 잘 리드할 수 있다는 뜻은 아니다. 나이, 인종, 학력, 출신 배경, 업무 환경, 그리고 생각이 다른 직원들(본인이 팀 리더가 되어야 한다고 생각하는 사원들)이 모인 팀을 잘 이끄는 것이야말로 Y세대가 극복해야 할 가장 큰 과제다. 이 과제를 성공적으로 수행한다면 팀을 기반으로 한 그 어떤 과제도 훌륭히 해낼 수 있을 것이다.

문제 해결: 구글은 필수, 연필은 옵션

Y세대의 역량 개발이 필요한 두 번째 분야는 바로 '문제 해결' 영역이다. 현재의 어려운 경제 상황 속에서는 직원의 문제 해결 능력에 따라 회사가 살아남거나 무너지거나 혹은 크게 성공할 수도 있다. 회사로서는 Y세대가 어떤 문제에 직면했을 때 단순히 상사에게 알리기보다는 스스로 해결하거나 가능성 있는 해결 방안을 함께 제시해주길 바란다(간단하게 비유하면 화장실에 물이 새는 것을 본 Y세대는 물을 잠가 흐르는 물을 멈추게 하는 대신 상사에게 물이 샌다고 말하고는 휙 가버린다). 본인에게 닥친 문제를 스스로 해결하도록 반복 훈련시켜라. 그래야만 비판적 사고방식과 자립심이 강한 Y세대가 될 것이다. 최고의 회사는 지속적인 훈련을 통해 직원들의 당면한 문제 해결 과정을 오히려 혁신이나 학습의 기회로 삼게 한다.

문제 해결 능력이 뛰어난 직원은 문제점을 빠르게 파악한 뒤 다양한 해결책을 떠올리고 최상의 방식을 선택해서 상사를 납득시킨다(상사가 회의적이기로 악명 높은 X세대일 경우 납득시키는 능력이 더욱 중요하다). 또 다른 예를 들면 고장 난 금전등록기를 발견하고 하염없이 불평불만을 늘어놓는 직원보다는 (수리가 될 동안 거스름돈 계산을 위해 계산기를 준비하는 등) 적절한 조치를 취하는 직원이 훨씬 더 뛰어난 문제 해결 능력을 가졌다고 할 수 있다.

다음에 소개할 3가지의 창의적인 Y사이즈 프로세스를 적절히 활용하면 Y세대의 문제 해결 능력은 크게 향상될 것이고 결과적으로 회사가 성장하는 데도 도움이 될 것이다.

1. 기회는 스스로 얻는 것이다

Y세대는 자신의 능력을 마음껏 발휘해서 회사로부터 인정받거나 빨리 승진하기를 원한다. 따라서 능력 발휘의 기회를 그들 스스로 얻어내도록 가르치는 것이 좋다. 기회를 스스로 얻는다는 것은 말 그대로 회사가 현재 직면한 문제를 해결하거나, 회사의 운영 절차를 효율적으로 개선하거나, 신제품 출시를 위한 조사를 하거나, 기타 고질적인 문제를 해소하는 등 회사의 발전에 일조할 기회를 직속상사에게 요청하는 것이다.

한 엔지니어링 회사의 스물네 살 된 행정보조 직원이 이런 경우였다. 그녀는 상사에게 정부 입찰 제안서(request for proposal, RFP)를 작성해보겠다고 했다. 상사는 승산이 없다고 판단하면서도 그녀의 요청을 수락했다. 그녀는 책상에 앉아서 전화를 받고, 커피를 타고, 고객들을 도우면서 짬짬이 RFP를 작성했고 3주 만에 완성했다(이렇게 짧은 시간 안에 완성한 것만으로도 이미 회사에 엄청난 기여를 한 것이다). 약간 놀라며 RFP 검토를 마친 상사는 그녀에게 빨리 우편으로 발송하라고 지시했다. 이렇게 모든 과정을 끝마친 그녀는 칭찬과 함께 다음번 RFP 작성팀에 합류할 수 있는 자리로 배치받았다. 그녀는 첫 승진 통보에 매우 기뻐했다.

6개월 뒤 사장은 긴급 회의를 소집해서 전 직원들에게 창립 이래 가장 큰 계약이 체결되었다는 기쁜 소식을 전했다. 그는 이 계약을 통해 회사의 내년 매출이 2배나 증가할 것이고 회사의 규모도 더욱 커질 것이라고 전했다. 그리고 마지막으로 이 계약을 성사시킨 스물네 살의 행정보조 직원에게 감사의 박수를 보내자고 제안했다!

그녀는 엄청난 박수갈채를 받았다. 뒤이어 상사가 그녀에게 말했다. "당신은 스스로 기회를 얻었을 뿐 아니라 그 기회를 십분 활용했습니다. 이제 당신은 우리 회사의 새로운 프로젝트 매니저입니다." 스스로 기회를 얻음으로써 그녀는 새로운 업무 영역을 개척했고 승진에 성공했으며 회사의 매출은 2배나 증가했다. 그것도 입사 첫해에. 내 회사에도 그녀와 같은 직원이 있으면 좋겠다!

2. '브레인스토밍 벽'을 활용해라

Y세대는 기술적인 어려움이나 회사 혹은 팀이 직면한 전략적인 문제들을 해결하는 데 참여하고 싶어 한다. 또한 창의적인 도전 과제를 자주 접하길 원하며 '틀에서 벗어난 사고'(Y세대가 틀에 박힌 사고를 할 수 있을지는 모르겠지만)를 격려하는 환경에서 일하고 싶어 한다. '브레인스토밍 벽brainstrming wall'을 잘 활용하면 이러한 Y세대의 성향을 회사 발전의 동력으로 삼을 수 있다. 경영진은 브레인스토밍 벽에 현재 회사가 직면한 문제들이나 심사숙고 중인 전략들을 상세하게 적는다. 예를 들어 특정 팀의 시장점유율을 늘리기 위한 방법에 대해 질문할 수도 있고 기계적인 결함에 대한 해결책을 물을 수도 있다.

브레인스토밍 벽을 최대한 활성화시키기 위해서는 회의실이나 복도같이 직원들의 통행량이 많은 곳에 위치한 벽을 (혹은 화이트보드나 플립차트[5]를) 활용하는 것이 좋다. 그리고 직원들에게 브레인스토밍 벽에 제시된 문제에 대해 자유롭게 답변을 적되 자신의 이름도 함께

5) flip chart. 강연 등에서 뒤로 한 장씩 넘겨가며 보여주는 큰 차트.

쓰게 한다. 문제에 대한 답변뿐만 아니라 새롭게 관찰된 자료나 정보, 혹은 문제 해결에 도움이 될 만한 새로운 문제 제기도 괜찮다.

이처럼 활발한 상호작용이 공개적으로 오가는 열린 장에서 아이디어와 잠재적 해결 방안을 공유함으로써 직원 간의 팀워크가 강화될 수 있고, 팀 간의 단절을 없앨 수 있으며, 모든 직원이 회사의 다양한 문제를 해결할 기회를 동등하게 갖게 된다. 내 경험에 비춰볼 때 의외로 입사한 지 얼마 안 된 신입직원들이 누구도 생각해내지 못하는 획기적인 해결책을 떠올리곤 한다(이들은 회사의 한계보다는 가능성을 더 많이 보기 때문이다).

브레인스토밍 벽은 간단하고 고도의 기술을 요하지 않으면서도 회사가 직면한 문제점들을 해결하는 데 여러 직원들의 머리를 모을 수 있는 장치다. 브레인스토밍 벽에서는 다양한 생각들이 오가기 때문에 문제를 다각도로 검토하여 획기적이고 효과적인 해결책을 빠르게 찾을 수 있다.

만일 회사 안에 브레인스토밍 벽으로 활용할 수 있는 커다란 벽(화이트보드 혹은 플립차트)이 없거나 부서들이 분산되어 있다면 암호화된 위키[6]를 활용해서 온라인으로 Y세대의 의견을 수렴해도 동일한 효과를 얻을 수 있다.

브레인스토밍 벽에 적힌 모든 아이디어들이 옳다고 확신할 수는 없지만 다양한 아이디어와 의견이 오가면서 점차 최상의 해결책으로 접

---

6) Wiki. 웹 브라우저에서 간단한 마크업 언어markup language를 이용해서 공동 문서를 작성할 수 있고, 사용자들이 내용을 추가할 수 있는 웹페이지 모음. 네트워크를 통해 산발적으로 의견을 나누는 흥미 있는 방식이다.

근해갈 것이다. 벽에 적힌 아이디어들 속에서 당신이 그동안 찾아 헤매던 정답을 찾아낼 수 있다(덤으로 여러 흥미로운 아이디어들을 발견할 수 있다).

3. 혁신을 일상화해라

혁신이란 남들이 "다 그렇지 뭐"라고 말할 때 "이렇게 하면 어떻게 될까?" 혹은 "이렇게 하면 안 될까?"라고 용기 있게 묻는 것이다. 혁신이 일상화되기 위해서는 직원들의 모험심을 높이 사는 동시에 형식적이거나 비형식적인 모든 종류의 위험을 무릅쓰는 직원들의 용감한 행동을 지지해야 한다. 예나 지금이나 시장 혹은 산업을 지배하는 회사는 모든 직원들에게 적당한 모험을 감행하도록 격려하며 이를 회사 발전의 원동력으로 삼아왔다. 이처럼 직원들의 혁신성을 일깨울 수 있는 방법에는 '참신한 아이디어 콘테스트Bright Idea Contest'와 '분기별 혁신 챌린지Quarterly Innovation Challenge' 등이 있다.

'참신한 아이디어 콘테스트'의 진행 방식은 다음과 같다. 직원들은 3분 동안 경영진에게 새로운 제품이나 서비스 (혹은 기존 제품이나 서비스에 대한 개선안) 등 비즈니스와 관련된 아이디어를 제시한다. 이중 가장 참신한 아이디어를 제시한 직원에게 금전적인 보상이 주어진다. 그리고 그 직원은 보상금을 밑천으로 자신의 아이디어를 사업화할 수 있다. 이렇듯 아이데이션[7]을 강조하는 제도는 아이디어를 떠올리는 과정에 더 많은 직원들을 참여시키고 회사의 미래를 밝힐 참신한 아

....

7) ideation. 아이디어 생산을 위한 활동 혹은 아이디어 생산 자체를 뜻한다.

이디어들을 더욱 많이 만들어낼 뿐만 아니라 아이디어를 사업화하는 시간을 절약해주는 등 일석삼조의 효과를 낸다.

좀 더 지속적인 혁신을 추구한다면 '분기별 혁신 챌린지'를 도입할 만하다. '분기별 혁신 챌린지'는 직원들에게 회사가 매 분기마다 직면하게 되는 문제점의 해결 방안을 과제로 내주면서 시작된다. 그러면 직원들은 다음과 같이 주어진 형식에 따라 1,000자 내외로 해결책을 제시한다.

• 당면한 문제를 이해하고 있음을 보여라.
• 문제 해결에 활용할 수 있는 자원을 명시해라.
• 문제 해결을 위한 전략을 밝혀라.
• 결과 측정 방법을 설명해라.

이렇게 채택된 아이디어의 주인공에게는 소정의 부상(예, 금전적인 보너스, CEO와 점심을 같이할 수 있는 기회, 비즈니스 미팅에 참여할 수 있는 기회)을 주고 아이디어를 실행에 옮길 기회를 제공하는 한편, 그 과정에서 발견되는 좀 더 상세한 해결책을 회사에 보고하게 한다.

위에 제시한 것과 같은 체계적인 혁신 프로세스를 실행하기 어려운 상황이더라도 회사가 쉽게 풀리지 않는 문제에 직면했을 때 우선 Y세대에게 의견을 묻는 것도 좋은 방법이다. 그들의 생각이 꼭 정답인 것도 아니고 경험도 많지 않지만, 개인의 입지를 위한 정치적인 고려 없이 회사의 더 나은 미래를 바라는 선한 의도만을 갖고 있으므로 충분히 고려할 가치가 있는 의미있는 의견을 제시할 것이다. 한 제조기업의 관리자는 공장의 고질적인 골칫거리 때문에 10년이나 고생해왔다. 그러던 어느 날 젊은 엔니지어 2명이 그 문제를 해결해보겠다고 나섰다. 그들은 숙련된 엔지니어 한 명의 지도를 받으면서 오랜 시간 고민한 끝에 결국 문제점을 찾아냈고 해결책을 만들어냈다. 덕분에 회사는 25만 달러 이상의 이득을 보았다! 주저하지 말고 Y세대 직원들에게 물어라. 그리고 그들의 의견에 귀를 기울여라. 당신이 원하는 해결책을 찾게 될 것이다. 누구에게든 의견을 구하고 귀를 기울이는 것은 현명한 행동이다.

독서는 힘이다

Y세대는 책과 담을 쌓고 산다. 내가 봐도, 아니 실제 도서 판매 현황을 봐도 Y세대는 확실히 전문적인 능력 개발에 필요한 책을 거의 읽지 않는다. 글을 쓰는 사람으로서(그리고 책을 사랑하는 사람으로서) 이런 Y세대들의 행동방식을 이해하기가 무척 힘들다. 하지만 안타깝게도 업무와 관련된 책 중에서 가장 최근에 완독한 책이 무엇이냐는 나의 질문에 수많은 Y세대들이 어깨를 으쓱하고는 '닥터 수스'[8]를 대곤 한다.

　물론 Y세대는 읽는다. 그들은 CNN.com이나 espn.com의 기사,

8) Dr. Seuss. 영미에서 영유아 서적으로 이름을 알린 작가이자 만화가. 주요 저서로《모자 속의 고양이Cat in the Hat》,《닥터 수스의 ABCDr, Seuss's ABC》등이 있다(결국 어린 시절 이후로는 독서를 하지 않았다는 의미다).

영화 자막 그리고 패션과 대중문화 관련 잡지를 읽는다. 이러한 콘텐츠가 흥미롭긴 하지만 (인기 드라마의 내용을 궁금해 하지 않을 사람은 거의 없으므로) 업무 능력과 잠재력을 개발하는 데 유용한 정보를 제공해주지는 않는다(아마도 멀티태스킹 능력을 키우는 데는 조금 도움이 될 수도 있을 것이다).

Y세대들은 업무와 관련된 책(특히 두꺼운 책)을 읽으려는 의지가 부족하다. 이런 Y세대가 직장상사들의 눈에는 업무 능력과 전문성을 키우는 노력을 게을리하는 것처럼 보일 것이다. 이러한 Y세대의 태도는 분명히 장기적인 역량 개발에 장애가 된다. 나도 여기에 동의한다(물론 오디오 파일 다운로드나 킨들[9]을 통해서라도 책을 '읽는' 직원들은 제외).

나이와 세대를 가리지 않고 모든 사람은 지속적인 독서를 통해 지식을 쌓아 나가야 한다. 이를 통해 우리는 기존의 사고를 확장하고 현재 치열한 경쟁 상황을 극복할 수 있는 지혜를 얻는다. 지속적인 성장을 추구하는 기업의 경우 구성원들의 독서는 특히 중요하다. Y세대 직원들을 위한 독서 장려 프로그램을 하나 소개하겠다.

'독서는 힘이다' 프로그램을 실행하기 위해서는 우선 CEO나 경영자들이 Y세대 직원들에게 도움이 될 책을 50권 선택해서 목록을 작성한다. 회사의 핵심역량(예를 들어 회사의 핵심가치나 전략적 방침과 관련된)을 주제로 목록을 작성해도 되고, 아니면 좀 더 주관적인 이유나 개인적인 취향에 따라도 된다. 목록이 완성되면 Y세대 직원들에게

---

9) Kindle. 아마존닷컴Amazon.com에서 개발한 소프트웨어이자 하드웨어플랫폼. 이북e-book이나 기타 디지털 미디어를 볼 수 있다.

이 목록에서 책을 한 권씩 선택해서 읽게 한 뒤에 책의 교훈을 요약·정리해서 독후감을 제출하고 책의 핵심 메시지를 회사에 적용할 계획서도 작성·제출하게 한다. 그리고 이 계획서대로 실천에 옮긴 후 한 달간의 성과를 보고하는 사원에게 50달러를 지급한다.

'독서는 힘이다' 프로그램이 Y세대에게 적용하기 어렵거나 회사의 환경에 어울리지 않는다면 좀 더 'Y세대 친화적인' 방식을 사용할 수 있다. 예를 들면 권장도서 목록을 만들기보다는 권장 팟캐스트,[10] 사례 연구, 온라인 영상(예를 들어 TED.com[11]에 링크되어 있는 영상들) 등 멀티미디어 매체를 이용해서 정보를 습득할 수 있는 목록을 제시해라. 회사로서는 이런 최첨단 정보 매체가 다소 불편하게 느껴질 수도 있지만 Y세대들에게는 가장 친근하면서도 효과적인 정보 습득 수단이다.

경력 개발 지도를 제공해라

Y세대의 역량 개발에 필요한 조치들을 취했다면 이젠 맞춤형 경력 개발 지도를 활용하여 그 효과를 지속적으로 유지해라.

유능한 Y세대를 놓치고 싶지 않다면 그들이 입사하고 3개월 이내

10) podcast. 애플의 아이팟Ipod과 방송Broadcasting을 결합해 만든 신조어로 포터블 미디어 플레이어PMP 사용자들에게 오디오 파일 또는 비디오 파일 형태로 뉴스, 드라마 등 각종 콘텐츠를 제공하는 것을 말한다. 관심 프로그램을 내려받아 아무 때나 들을 수 있는 새로운 개념의 맞춤형 개인 미디어.
11) TED는 기술technology, 오락entertainment, 디자인design을 의미한다. 1년에 한 번씩 각 분야의 영향력 있는 전문가들이 스피치 및 프레젠테이션을 통해 지식과 지혜 그리고 영감과 아이디어를 공유한다(팟캐스트 방송을 통해 누구나 접할 수 있다).

에 경력 개발 지도를 제공해야 한다. 경력 개발 지도는 현재 포지션에서 앞으로 궁극적으로 도달하고자 하는 포지션 사이의 '빈 공간'을 메워주는 표지판 역할을 한다. Y세대가 특정 회사에서 장기간 근무할 계획이 없더라도 회사가 경력 목표에 대한 계획을 코앞에 (혹은 눈썹 피어싱 바로 앞에) 제시한다면 적어도 회사에 더 오래 머물지 말지를 한 번 더 고민할 것이다. 전통적으로 이직률이 높기로 소문난 기업들은 경력 개발 지도를 책상 앞에 붙여놓기도 한다. 이것을 제공하는 방식에 정답은 없다. 각 회사에 적합한 방식을 따르면 된다.

맞춤형 경력 개발 지도는 출발점(직원의 현재 위치)에서부터 정상(직원이 목표하는 지점)까지 오를 수 있는 여러 경로를 표시해놓은 표지판과 같다. 그러므로 경력 개발 지도를 만들 때는 각 포지션에 요구되는 업적과 성과, 기술이나 자격증, 언어 능력 등의 자격 요건을 명시해야한다(위 볼링게임에서 승리한 기념으로 얻은 자격증은 해당되지 않는다는 사실도). Y세대들을 채용하는 단계에서 이미 다양한 승진 경로에 대한 자료들을 준비해놓았기 때문에 이 자료들을 잘 활용해서 경력 개발 지도를 제공하면 된다. 경력 개발 지도가 Y세대 직원들에게 미치는 효과는 다음과 같다.

- 각 직원이 목표한 곳에 이르기 위해 차근차근 밟아 올라가야 하는 단계들을 인식하게 된다.
- 목표 도달을 위한 길이 여러 개라는 사실을 깨닫게 되면서 진로를 바꾸거나 우선순위를 변화시키는 데(예를 들어 야구 시즌이 시작될 때 생길 수 있는 변화) 따르는 계획 수정이 가능해진다.

• 본인의 현재 위치와는 상관없이 항상 나아갈 목표를 알고 싶어 하는 Y세대의 욕구를 충족시켜준다.

경력 개발 지도는 얼마나 중요할까? 내가 인터뷰해본 Y세대 대부분은 본인의 현재 위치에서 더 나아가기 위한 방법을 몰랐기 때문에 회사를 그만뒀다고 대답했다. 올바른 방향으로 나아가고 있고 지속적으로 성장하고 있다는 느낌을 받고 싶어 하는 Y세대들에게는 너무나도 당연한 행동이다. 회사가 직원 각자의 목표 달성에 필요한 세부적인 절차들을 명시하지 않을 경우 직원들은 자신이 올바른 길을 가고 있는지 가늠할 수가 없다. 대신 쳇바퀴를 돌고 있다는 느낌을 받을 것이다. 베이지색 타일이 깔린 사무실에 앉아 텅 빈 모니터 화면 안의 마우스 화살표를 빙글빙글 돌리고 있느니 차라리 회사를 그만두는 게 나을 것이다.

내가 인터뷰한 어느 Y세대 중 한 명은 그가 그토록 열정적으로 일하는 이유는 매일매일 열심히 일할수록 은행 지점장이라는 자신의 꿈에 좀 더 가까이 다가갈 수 있기 때문이라고 했다. 그가 이러한 믿음을 갖게 된 이유는 창구 직원에서부터 지점장이 되기까지의 길을 현재의 지점장이 서류상으로 일일이 설명해주었기 때문이다. 그는 아무런 참고 자료를 보지 않고도 지점장이 되기 위해 앞으로 밟아야 하는 단계들을 하나도 빠짐없이 내게 열거했다. 나는 이 스물다섯 살짜리 청년의 말에서 엄청난 자부심과 열정을 느낄 수 있었다. 상사가 옆에서 감시하지 않는데도 말이다! 그는 자신의 현재 위치에서 목표로 한 포지션에 이르기까지 걸릴 예상 시간도 말해주었다. 앞으로 자신이 나아갈 진로에 대해 알고 이해하는 것이 열정의 원동력이라고 덧붙여 말했다. 바로 이러한 열정이 당신 회사를 이끌 것이다!

Y사이즈를 위한 질문

1. 현재 회사가 시행하고 있는 역량 개발 프로그램은 어떤 모습입니까? 내부 승진 비율을 근거로 판단했을 때 얼마만큼 효과적이라고 생각합니까?

2. 나이와 경력에 상관없이 직원들의 창의성, 혁신성, 모험심을 어떤 방법으로 키우고 있습니까?

3. 경력 개발 지도 혹은 이와 유사한 것을 갖고 있습니까?

11장 높은 수준의 직업의식을 갖추게 해라

"라스베이거스에서 생긴 일은 아무도 모른다[1]"라는 말처럼 라스베이거스는 온갖 사건 사고가 넘쳐나는 곳이지만 비밀이 쉽게 누설되지 않는 곳으로 유명하다. 하지만 불행하게도 라스베이거스의 비밀은 더 이상 지켜지지 않는다. 카메라가 내장된 휴대폰, 유튜브 그리고 비밀

---

1) What happens in Vegas stays in Vegas. 본래 라스베이거스 시의회가 광고용으로 만든 "Las Vegas, What happens here, stays here"라는 문구가 유명해지면서 변형된 표현이다. 라스베이거스라는 지역의 특성상 도박이나 매춘이 합법화되어 있고 까다로운 혼인법도 적용되지 않기에 "이 일은 두 사람(또는 그들, 또는 우리끼리)의 문제니까 다른 사람이 알 필요는 없다"는 뜻으로 쓰인다.

누설의 일등공신인 트위터 덕분에 아무리 라스베이거스라 할지라도 한 번 저지른 실수는 인터넷에서 영원히 살아 숨쉰다. 라스베이거스의 어느 부동산 회사에서 근무하던 내 친구는 동료들과 함께 대규모 무역박람회에 초대받았다. 그는 이번 박람회야말로 자신의 능력을 한껏 보여주고 현재와 미래의 고객 마음을 사로잡을 수 있는 기회라고 생각했다. 그는 동료들보다 확실히 나은 모습을 보이겠다고 다짐했다. 결국 그는 정말 잊지 못할 일을 저지르고 말았다.

박람회 첫날 모든 것은 그가 다짐했던 대로 진행되는 듯 보였다. 박람회 부스에서 일하고 교육 세미나에도 참석하는 그의 모습은 진짜 전문가 같았다. 첫날 행사가 끝난 뒤 뒤풀이 파티에 참석할 때까지는.

파티에 참석한 그는 자신보다 나이가 많은 동료직원들과의 술자리에서 뒤처지지 않기 위해 계속 건배하며 술을 마셨다. 해피 아워[2] 때부터 권했던 술을 사양하지 않고 모두 받아 마신 그는 결국 만취 상태에 이르렀고 사장과 고객들 앞에서 그날 먹은 것을 모두 토하고 말았다! 남은 박람회 기간 동안 그는 (끔찍한 숙취로 고생하면서) 온종일 사과만 하고 다녔다. 내 친구는 박람회에 참석한 모든 사람들의 기억 속에 생생하게 남게 되었지만 그가 애초에 다짐했던 것과는 전혀 다른 결과였다. 게다가 그가 가장 아끼던 가죽 신발도 망가지고 말았다.

위의 이야기가 라스베이거스에만 국한된 것은 아니다. 젊고 똑똑한

---

2) Happy Hour. 특별 할인 시간대. 술집에서 정상가보다 싼 값에 술을 파는 이른 저녁 시간대.

고학력의 Y세대가 정말 믿기 힘든 '아마추어'적인 실수를 저지르는 경우를 주변에서도 종종 볼 수 있다. 그 이유는 간단하다. 경험이 부족하기 때문이다. 물론 Y세대는 똑똑하고 배울 만큼 배웠다. 하지만 많이 배웠다고 해서 모두가 전문가처럼 행동하는 것은 아니다. 철저한 직업의식은 전적으로 경험을 통해서만 습득된다. 몸소 부딪혀가면서 (즉 '라스베이거스 방식'으로) 직업의식을 익혀도 되지만 기본적인 내용들을 미리 배워둔다면 훨씬 더 빠르게 직업의식을 갖추게 될 것이며 회사를 대표할 수 있는 사람으로 거듭날 수 있다.

최근 들어 Y세대의 직업의식을 높이는 일이 점차 중요해지고 있다. 소비자들은 선택의 폭이 넓어진 만큼 회사로부터 기대하는 바도 커졌기 때문이다. 특히 고객, 의뢰인, 혹은 환자 등을 직접 대면하는 자리에 Y세대를 고용하는 회사라면 그들이 곧 그 회사를 대표하는 것이나 마찬가지다. 이런 회사에서 Y세대는 간호사, 엔지니어, 변호사, 회계사 등 신입 전문직 종사자로 일할 뿐 아니라 고객 상담원, 웨이터 등으로 활동하고 있다. 고객이 기억하는 것은 바로 그들이다. 그러니 Y세대 직원들의 직업의식을 키우는 일이 그 어느 때보다 더 중요할 수밖에 없다.

내가 만나본 관리자들은 하나같이 Y세대 직원들의 직업의식이 부족하다고 말한다. 불행하게도 이와 관련해서 Y세대 직원이 일선에서 받을 수 있는 교육이라고는 〈셀러브리티 어프렌티스〉[3] 시리즈를 보는

3) Celebrity Apprentice. 세계적인 부동산 재벌 도널드 트럼프에게 고액 연봉으로 채용될 기회를 얻기 위해 열정과 패기가 가득한 도전자들끼리의 경쟁을 다루는 리얼리티 프로그램.

것뿐이다(물론 조앤 리버스[4]를 통해서 배울 점이 많긴 하다). Y세대가 직업의식을 키워야 하는 이유는 그들의 잠재력을 개발해야 하는 이유와 동일하다. 직업의식과 잠재력을 두루 갖춘 Y세대 직원은 전문가처럼 생각하고 행동할 것이다(게다가 내 친구처럼 토하는 실수를 범하지 않을 것이다).

차마 믿기 힘들 정도로 아마추어같이 행동하는 Y세대들을 보면서 기존세대들은 인내심의 한계를 느낀다(예를 들어 업무 중에는 MP3 플레이어를 듣지 말라고 질책하는 사장님 앞에서 자신이 듣고 있던 아이팟의 볼륨을 오히려 높이는 행동). 그들은 잘못을 뉘우치기는커녕 자신의 잘못을 모를 때가 많다. 예를 들어 전화를 '전문가답게' 받으라는 상사의 분명한 지시를 받은 Y세대가 전화를 "누구세요?"라며 받는다.

"전문가처럼 받으랬잖아요. M텔레비전 〈크립스〉[5]에 등장하는 초갑부 유명인사들도 모두 전문가인데 그렇게 전화를 받거든요. 그들은 매니저 2명을 대동하고 가방에 푸들도 넣어 다닙니다. 심지어 페이스북의 CEO는 한때 2가지 명함을 들고 다녔어요. 하나는 'CEO'라고 적혀 있었고 다른 하나에는 '내가 CEO라구… 멍청아(I'm CEO… BITCH)'라고 적혀 있었어요." 그들은 잘못한 것이 없다며 이렇게 항변할 것이다. (절대 내가 지어낸 이야기가 아니다. 페이스북의 CEO는 실제로 한때 "내가 CEO라구… 멍청아"라고 적힌 명함을 들고 다녔다고 한다. 이렇게 책의 내용으로 다루는 것만으로도 놀라운데 명함을 실제로 받아본 사람은 더 놀랐을 것이다.)

....

4) Joan Rivers. 코미디언으로 〈셀러브리티 어프렌티스〉의 진행자.
5) Cribs. 유명 인사의 초호화 주택, 맨션 등을 소개하는 리얼리티 프로그램.

218

직업의식을 구체적으로 가르쳐라

'전문가다운 행동' 내지는 '좋은 고객 서비스'와 같은 말들은 구체적이지 않기 때문에 세대에 따라서 매우 다르게 해석될 수 있다. 예를 들어 베이비부머들은 가게 점원이 반드시 손님 앞에서 거스름돈을 세어 확인해주는 것이 서비스의 기본이라고 생각한다. 하지만 Y세대에게 '거스름돈을 세어서 주는 행위'는 시간 낭비일 뿐이다. 언젠가 한 번은 주문을 하기 위해 커피숍에 줄을 서 있었다. 내 앞에서 주문을 끝낸 베이비부머 한 명이 거스름돈을 세어서 확인해주지 않는 Y세대 점원에게 그 이유를 물었다. 그의 질문에 Y세대 점원은 "예? 돈 셀 줄 모르세요?"라고 진지하게 되물었다. 나는 무척 놀랐다. 물론 그 점원은 악의를 갖고 버릇없이 군 것이 아니다. 단지 손님을 위해 거스름돈을 세어주는 일이 점원인 자신이 해야 할 일이라고 생각하지 않았을 뿐이다. 고객 앞에서 항상 직업의식을 갖춘 Y세대 직원을 만들려면 회사가 나서서 반복적으로 훈련을 시켜야 한다.

하지만 직업의식을 훈련시키는 것이 어려운 이유는 "언제 그만둘지도 모르는 Y세대 직원을 굳이 교육시킬 필요가 없다"고 생각하는 회사의 태도 때문이다. 하지만 앞으로 소개할 몇 가지의 Y사이즈 전략을 잘 활용한다면 '30분 만에' 전문가다운 Y세대 직원을 만들 수 있다. 그러기 위해서는 직업의식을 키워야 하는 분야(이해하기 쉽게 아래에 몇 가지를 소개했다)와 적합한 훈련 방법을 찾는 것이 관건이다. 훈련을 성공적으로 마친 후부터는 회사가 기대하는 '직업의식 기준'에 못 미친 Y세대에게 책임을 물을 수 있다.

직업의식을 위한 4가지 요소

1. 알맞은 복장을 갖춰라

직장동료, 사장 그리고 고객들 앞에서 전문가처럼 보이려면 우선 알맞은 복장을 갖춰야 한다. 사진으로 된 복장 매뉴얼을 제공해라. 혹은 여러 복장 사진을 나눠준 뒤 그중 허용되는 복장(예, 약간 헐렁한 드레스)과 허용되지 않는 복장(예, 너무 헐렁해서 하트 무늬 속옷이 훤히 보이는 드레스)을 직접 분류해보고, 복장을 제한하는 이유(예, 당연히 우리 회사는 로펌이니까!)에 대해 생각해볼 기회를 줘라. 이와 함께 장신구, 치마 길이, 머리색, 피어싱, 신발 등 전문가다운 복장을 갖추기 위해 꼭 지켜야 하는 규칙을 5가지 정도 설정한 뒤에 Y세대 직원들에게 최대한 상세히 설명해라. Y세대 직원들을 상대로 강연을 할 때마다 나는 복장에 관해 다음과 같이 조언한다. 옷은 그 사람의 사고방식을 반영한다. 비즈니스 세계에서 진지하게 받아들여지고 싶다면 우선 전문가다운 복장을 갖춰야 한다.

또한 복장 가이드라인은 무슨 일이 있어도 꼭 지켜야 한다는 것을 강조해라. 지키지 않아도 되는 가이드라인을 내세우는 회사는 직원들로부터 신뢰를 잃기 마련이다. 머리 스타일과 복장에 제한을 두자는 나의 주장을 직원의 개성을 짓밟는 의미로 받아들이지 않았으면 한다. 나는 개인적으로 파란 머리와 배기팬츠를 좋아한다. 분홍 머리와 눈썹 피어싱도 멋있다고 생각한다. 하지만 고객들이 불쾌할 수 있기 때문에 (즉 Y세대의 복장이 거슬려서 다른 회사로 발길을 돌릴 수 있기 때문에) 회사의 가이드라인을 따라야 한다고 주장하는 것이다. 회사를 찾아주는 고객이 있어야만 회사가 존재하고 Y세대도 일할 수 있지 않은가? 금요일 저녁 6시 이후로는 머리를 마음껏 세우되 필요한 경우 월요일 아침 6시부터는 가르마를 탄 단정한 머리로 출근할 것을 Y세대 직원들에게 충고하는 바다. 참고로 나도 그렇게 하고 있다.

2. 인맥은 성공과 직결된다

뜻 깊은 출근 첫날 경험을 만들어주기 위해 Y세대에게 명함을 선물한 것을 기억할 것이다. 하지만 명함은 본인이 간직할 때보다 타인의 손에 전달되었을 때 비로소 가치가 있는 법이다. Y세대의 폭넓은 인맥 형성을 위해 같은 직종이나 같은 업계에 종사하는 사람들을 얼마나 많이 만나 명함을 교환했는지 혹은 링크드인과 소셜 미디어를 이용하여 얼마나 많은 연락처를 확보했는지 등에 대한 콘테스트를 정기적으로 여는 것도 좋은 방법이다. 아니면 그저 한 번씩 얼마나 많은 인맥을 관리하고 있는지 물어보는 것만으로도 스스로 모니터링할 수 있는 계기를 제공해준다. 사무실 전체 직원이 볼 수 있는 커다란 화이트보드에다 사원들의 인맥관리 현황을 붙여놓는 것도 방법이다. 이렇게 당신이 직·간접적으로 인맥을 관리함으로써 Y세대 본인뿐 아니라 회사 발전에도 도움이 될 수 있는 사람을 언제 어디서든 만날 수 있다는 사실을 Y세대들에게 인식시킬 수 있다.

3. 온라인상의 이미지를 관리해라

나를 포함한 많은 사람들이 새로운 비즈니스 계약을 시작할 때면 인터넷으로 상대방에 대해 검색한다(사무실에 도착하기도 전에 휴대전화 인터넷 서비스로 검색할 때도 많다). 그리고 검색 한 번으로 너무나도 손쉽게 접하게 되는 다양한 자료들을 보고 적지 않게 놀라곤 한다. 내가 만났던 상대방도 자신과 관련된 검색 결과를 보면 깜짝 놀랄 것이다! 아시다시피 Y세대는 인터넷 의존적이다. 그렇기 때문에 Y세대는 자신의 이름을 매주 구글링해봐야만 직성이 풀린다. 검색하는 데 단 1초밖에 안 걸리지만 얻는 효과는 엄청나다(직접 구글에서 검색해보면 알 수 있겠지만 1초도 안 걸린다). 또한 자신의 이름이 구글에서 언급될 때마다 이메일로 알려주는 '구글 뉴스 알리미' 서비스에 가입할 것을 Y세대들에게 추천한다(이 서비스는 공짜이며 사용하기도 쉽다). 인물검색 결과 중 직업의식에 영향을 줄 만한 게시물이 발견되는 경우(굳이 내가 예시를 들지 않아도 정확히 이해하고 있을 것이라 믿는다) 당신은 즉각 대처해야 한다. Y세대 직원이 그 게시물의 작성자일 경우 해당 게시물을 직접 지우게 해야 하며 삭제 권한이 없을 때는 본인의 이름이 포함된 다른 여러 개의 게시물을 포스팅함으로써 검색 결과에서 후순위로 밀려나게 해야 한다.

4. 도덕적 판단 기준을 제시해라

Y세대는 도덕적으로 문제가 있는 대형 사건들을 목격하면서 성장했다. 엔론이 붕괴되는 것을 지켜봤으며(나는 심지어 학부 시절에 엔론 사에 취업 탐방을 갔던 경험도 있다!) 매도프가 투자자들과 자선단체로부터 수십억 달러의 자금을 갈취하는 것도 그리고 수많은 사람들이 갖가지 방법을 동원해서 사기를 치는 모습도 지켜보았다(아마도 내

이름으로 개설된 비밀계좌에도 2,000만 달러의 정치자금이 들어 있을 수 있다!).

Y세대들이 도덕적인 판단을 내리는 데 도움이 될 수 있는 기본적인 가이드라인을 제공하여 무엇이 옳고 그른지, 옳다고 느껴지는 일 중에도 해서는 안 되는 일이 무엇인지 분간할 수 있게 해라. 다음과 같은 다양한 시각을 고려해보라고 조언하는 것도 도덕적 가이드라인을 제시하는 것만큼이나 간단하면서 효과적이다.

- 이 결정을 내릴 때 부모님께서 뭐라고 말씀하실 것 같은가?
- 이 결정과 무관한 제3자는 무엇이라고 말할 것 같은가?
- 이 결정을 통해 피해 보는 사람들은 누구인가?
- 그들은 자신이 피해를 볼 수 있다는 사실을 인지하고 있는가?

이와 같은 간단한 노력이 최상의 도덕적 판단으로 이어질 수도 있다. 또한 앞으로 5일 뒤에 혹은 더 나아가 5년 뒤에도 지금 내린 결정이 과연 옳았다고 평가받을 수 있을지를 고민하게 하는 등 항상 장기적인 안목을 갖고 판단에 임할 것을 Y세대들에게 강조하길 바란다.

직업의식, 훈련이 필요하다

직업의식에 대한 훈련 효과를 높이려면 역할극을 활용하는 것이 좋다. 가장 간단한 방법은 한 명의 Y세대 직원에게 고객 역할을 그리고 다른 한 명에게는 판매원 역할을 시키는 것이다. 이들은 역할극을 통해 제품을 판매하고 위기에 대처하며 고객의 불평불만을 전문가적인 자세와 태도로 해결하는 법을 배울 수 있다. 한 차례의 역할극이 끝나면 역할을 바꿔서 또 한 번 실시한다. Y세대는 무엇이든지 직접 하면서 배우는 것에 익숙하기 때문에 (그리고 화가 잔뜩 난 상태로 점원을 맹비난하는 고객을 흉내 내는 것은 언제나 재미있기 때문에) 그들의 직업의식을 키우는 데 역할극만큼 효과적인 수단은 없다.

나는 역할극을 통해 큰 효과를 본 어느 쇼핑몰의 사례를 그곳 관리자로부터 들었다. 그가 근무하는 쇼핑몰은 서비스 정신이 투철하기로 유명했는데, 현금출납을 담당하는 한 Y세대 직원의 서비스 정신이 유난히 떨어졌다. 관리자는 그녀에게 "자네가 이곳의 직원이라고 생각하지 말고, 맨 처음 우리 가게에 고객으로 찾아왔을 때를 떠올려보라"고 충고했다. 하지만 그녀는 어깨를 약간 으쓱하더니 대답했다. "고객으로 왔던 적은 없어요. 입사하면서 처음 와봤는데요."

그 대답에 매니저는 말문이 막혔다. 그는 그녀가 회사의 제품을 구매해본 경험이 한 번쯤은 있기 때문에 이 쇼핑몰에 취직했을 것이라고 당연하게 생각했기 때문이다. 하지만 생각보다 많은 Y세대들이 단 한 차례의 쇼핑 경험도 없이 직원 할인 혜택을 받을 수 있다는 이유만으로 이 쇼핑몰에 취직을 했다. 결국 그녀가 서비스 정신을 제대로 발휘하지 못한 이유는 간단했다. 한 번도 고객의 입장이 되어본 적이 없기 때문이다! 관리자는 그녀에게 회사 상품권을 건네주면서 원하는 시간에 쇼핑몰에 들러서 고객 입장으로 가게를 경험해보라고 지시했다. 이후 그녀는 서비스 정신이 투철한 사원으로 거듭났다고 한다.

이외에도 회사의 관리자나 전문 트레이너가 몇 주에 한 번씩 고객으로 가장해서 Y세대를 평가하는 방법도 있다. 매니저는 다른 고객들과 마찬가지로 물건을 들고 계산대에 줄을 선다. 매니저의 차례가 오면 평소에 고객들이 자주 물어볼 법한 질문들을 직원에게 하고 각 질문에 대한 답변을 평가한다. 그러고 나서 특이한 부탁을 한다든지 회사의 가치관이나 역사에 대해 묻는 등 '예상치 못한' 행동들을 한다("새로 인테리어를 한 것 같네요. 이 가게가 언제 처음 생겼죠?" 등).

이런 평가 방식을 통해서 Y세대 직원은 인사성, 제품 이해도, 설명력, 태도 등의 항목들에 대해 '즉석' 피드백을 받는다. 또한 매니저들은 각 Y세대 직원에 대해 좀 더 정확한 정보를 얻는다. 이 방법을 실제로 활용하고 있는 회사들을 찾아갈 때마다 나는 매번 놀라곤 한다. 몇 주에 한 번씩 반복되는 연습 덕분에 그곳의 Y세대들은 모두 한결같이 직업정신이 투철하다. 그 파급 효과로 다른 세대 직원들도 덩달아 밝고 전문가다운 모습을 보인다.

'직업의식'을 표준운영절차[6]에 포함시켜라

'직업의식' 항목을 표준운영절차에 포함시키는 것도 좋은 접근법이다. 예를 들어 미국 내에서 가장 빠르게 성장하고 있는 미용실 프랜차이즈에 소속된 모든 미용사는 작업을 시작하기 전에 고객과 항상 악

---

6) standard operating procedure, SOP 효율적인 업무 처리를 위해 만든 표준화된 업무 절차와 세부 규칙을 말한다. 동질성이 있는 많은 업무를 효율적으로 처리하기 위해서는 과거의 경험이나 지식에 입각해서 만든 이러한 표준운영절차를 활용하는 것이 능률적이다.

수를 한다. 그것이 이 미용실의 SOP이기 때문이다. 노드스트롬도 이와 유사한 방식을 사용한다. 계산이 다 끝나면(신용카드 한도가 초과됐을까 봐 조마조마하다가 안도의 한숨을 내쉬는 순간이다) 점원이 직접 물건을 장바구니에 담아서 카운터 밖으로 걸어 나온 다음 장바구니를 고객에게 손수 건네주며 노드스트롬을 찾아주셔서 고맙다는 메시지를 전한다.

노드스트롬의 점원은 물건이 담긴 장바구니를 카운터 끝으로 휙 미끄러뜨리거나 다음 고객을 위해 빨리 자리를 비워달라고 재촉하지 않는다. 회사의 SOP이기 때문이다. 노드스트롬에서만 느낄 수 있는 단 하나뿐인 쇼핑 경험을 선사하는 데 드는 시간은 단 2초다. 자칫 사소해 보일 수도 있지만 이와 같은 직원과 고객 간의 교류는 직원들의 직업의식과 충성심을 공개적으로 드러내는 행동이기 때문에 실제로는 매우 중요하다.

적진을 염탐해라

경쟁은 치열하다. 얼마나 치열할까? 말로 강조하는 것보다 직접 겪어보게 함으로써 피부로 느끼게 하는 것이 좋다. Y세대 직원들이 경쟁의 치열함을 스스로 느껴볼 수 있도록 높은 품질의 고객 서비스와 운영 능력을 갖춘 경쟁업체에 그들을 보내라. 우선 경쟁업체에서 유심히 관찰해야 할 4~5가지 항목을 정하고, Y세대 직원에게 이 항목을 충분히 숙지한 상태에서 경쟁업체를 관찰한 다음 이를 토대로 회사가 개선해야 할 점과 개선 방법에 대해 생각해보게 한다.

예를 들어 외식업체에서 일하는 Y세대 직원은 경쟁 레스토랑에서 점심식사를 해봄으로써 경쟁을 직접 체험해볼 수 있다. 또한 소매업체에서 일하는 Y세대는 경쟁 쇼핑몰에서 쇼핑을 해보고 보험 회사에서 일하는 Y세대는 경쟁 보험 회사에 전화를 걸어서 상담 서비스를 받아보게 해라. 이외에도 경쟁 회사를 배려하는 동시에 Y세대에게 경쟁의 치열함을 경험해보게 하는 방법(그리고 그 경쟁에서 이기는 법을 배우는 방법)은 많다.

적진을 염탐할 때 Y세대들이 꼭 지켜야 하는 규칙 한 가지. "한 가지라도 꼭 구매해라. 이는 경쟁업체에 대한 예의다." 그리고 경쟁업체의 직원도 물건을 구매하지 않는 고객보다 구매한 고객에게 훨씬 호의적이다. 우선 작은 물건이라도 하나 구매한 후에 경쟁 회사의 직원과 대화를 시도해서 효과적인 배움의 장으로 활용하도록 해라(염탐꾼이란 사실을 끝까지 숨긴다면 경쟁 회사 직원은 엄청난 정보를 술술 털어놓을 것이다!).

다양한 회의와 행사에 함께 참석해라

회사의 주요 미팅이나 사외 비즈니스 행사에 Y세대의 참석을 허용하는 것만큼 그들에 대한 믿음을 드러내는 행동은 없다. 물론 Y세대 직원은 여러 제약을 받겠지만(예, "여기 꼼짝없이 앉아서 메모만 해!") 미팅에 참석했다는 사실만으로도 자신감을 얻는다(더 나아가 테이블 건너편에 앉아 있는 상대방의 말을 이해하지 못하더라도 재미있게 듣는 척하는 방법도 단기간에 배울 수 있다). 당신이 Y세대 직원과 함께 참석할 만한 이상적인 행사들을 몇 가지 예로 들면 분기별 경영 전략 회의, 주요 산업 박람회, 자선 모금 행사, 시상식과 같이 세간의 이목을 끄는 지역 리더십 행사, 로터리나 상공회의소에서 운영하는 소규모 미팅 등이 있다. 이러한 행사들은 다양한 환경을 경험해볼 수 있는 기회인 동시에 회사와 직원 간의 감정적인 유대감도 한층 강화시켜준다.

Y세대의 참여도를 높이기 위해서는 행사가 어떤 방식으로 진행되는지, 참가자들이 어떻게 자신을 소개하는지, 참가자들 사이에서 주된 대화 주제는 무엇인지 등 행사에서 주의 깊게 지켜봐야 할 몇 가지 요소들을 사전에 알려줘야 한다. 올바른 복장에 대한 조언도 덧붙이길 바란다. 또한 가능하다면 미팅 의제나 순서도 등의 복사본(혹은 홈페이지 주소)을 미리 제공하고 행사에 참여했을 때 해도 되는 일과 하지 말아야 할 일에 대해 상세하게 설명해라(예, "신입사원은 바에 출입해서는 안 된다" 등).

이러한 행사에 신입사원, 특히 입사 5년 미만의 직원이 당신과 함께 참석한다는 것은 곧 그 직원이 회사에서 굉장히 촉망받는 인재임을 많은 사람들 앞에서 드러내는 것이다. 부디 많은 회의에 Y세대를 동반해서 그곳 사람들에게 Y세대 직원을 마음껏 자랑하길 바란다(혹은 CEO의 말을 중간에 잘라먹는 Y세대 직원을 모른 체하거나…).

전문가다운 언어

행사를 다녀온 후에는 Y세대 직원에게 그가 기대했던 것과 무엇이 비슷했고 무엇이 달랐는지를 물어라. 그리고 훗날 이런 회의나 행사에 다시 참석하게 될 경우에 대비해서 앞으로 그가 좀 더 개선해야 할 점을 한두 개 정도 지적해줘라.

회의나 행사에서 들은 연설이나 대화 내용 등은 Y세대가 말하기 스킬을 터득하는 데 귀중한 표본이 된다(예를 들어 "있자나"라든지 "음…" 등의 단어를 쓰지 않고 온전한 문장으로 말하는 것).

나는 어느 공기업이 이 같은 전략을 잘 활용하고 있음을 알게 되었다. 이곳의 관리자나 팀장들은 실력 있는 Y세대 직원을 한 명씩 뽑아서 분기마다 열리는 회사 임원 회의에 참석시킨다. 상사와 함께 회사 임원 회의에 참석하는 것은 Y세대에게 정말 의미 있는 일이자 마음에 쏙 드는 완벽한 평가 보고서를 받아보는 것보다 몇 배나 더 가치 있는 경험이다. 그래서 Y세대들은 회사 미팅에 참석할 기회를 얻기 위해 최선을 다한다. 만일 당신 회사가 분기별 회의나 연례 회의를 하지 않는 경우 해당 산업과 관련된 활동(예, 의류 산업에 종사하는 회사의 경우 의류시장 탐방)이나 시판 행사(제조업에 종사하는 회사의 경우) 등에 함께 참석해도 동일한 효과(즉 장래가 유망한 Y세대 직원들의 업무역량과 자신감을 키우고 그들을 회사에 예속시키는 효과)를 볼 수 있다(게다가 행사에서 나눠주는 무료 샘플들은 Y세대 직원의 친구들 사이에서 인기 만점이다!).

회의나 행사에 참석했던 사원에게 간략하게 발표하거나 보고서를 제출하게 함으로써 그 경험을 회사 전체와 나눌 수 있다(하지만 자랑하듯이 너무 자주 들먹이지 않도록 주의시켜라). 직업의식을 키우는 데 경험만큼 좋은 선생은 없다. 경험을 쌓을 기회를 많이 제공할수록 (직업의식을 발휘해야 하는 상황을 더 많이 접하게 할수록) Y세대는 한층 더 전문가다워질 것이다.

협회의 교육 프로그램을 활용해라

직종이나 산업별로 존재하는 많은 비영리기관이나 협회, 교류 단체 등을 활용하여 다양한 직업 교육을 받을 경우 Y세대의 경력 개발뿐 아니라 회사의 이익에도 큰 도움이 된다. 하지만 이런 조직의 활용도는 극히 낮다. 그 원인을 Y세대에게 돌릴 수만은 없다. 대부분이 낯선 주제의 강연을 듣고 자신보다 스무 살 이상 많은 사람들과 함께 '점심 뷔페'를 먹는 자리이기 때문에 Y세대 스스로가 아무리 많은 교육 홍보 자료를 받아봤다고 해도 참석을 결정하기가 쉽지 않다(생각하는 것만으로도 어색하다!). 게다가 Y세대들은 관련 업계에서 발급하는 자격증의 중요성, 즉 자격증을 많이 얻을수록 승진에 도움이 된다는 사실을 이해하지 못한다.

관련 단체에 가입하여 활동함으로써 Y세대는 직업의식을 개발할 수 있을 뿐 아니라 해당 경력 분야의 최신 경향을 효과적으로 파악할 수 있다. 또한 산업 전체의 맥락 속에서 Y세대 개인의 직업적 역할을 이해할 수 있다. 협회 또는 단체의 규모가 지역적이든 전국적이든 간에 중요한 것은 같은 업계 사람들과 교류하며 함께 성장한다는 점이다.

협회를 잘 활용하면 신입사원 훈련 프로그램을 개발하고 도입하는 것만큼의 효과를 볼 수 있다. Y세대 직원이 협회에 직접 참여하는 것이 좋지만 여의치 않을 경우 최소한 이 단체들로부터 정기적으로 소식지나 이메일을 받아보게 해라. 정기적으로 소식을 듣다 보면 최신 정보를 접할 수 있을 뿐만 아니라 날씨 좋은 지역에서 개최되는 세미나 소식을 보고는 참여하고 싶은 마음이 들지도 모른다(특히 회사가 경비를 대준다면 더더욱!). www.ysize.com/resources를 방문하면 이러한 단체들의 목록을 열람할 수 있다.

협회에 참여하는 것을 여전히 불편하게 생각하는 Y세대들에게 제공할 수 있는 또 다른 대안은 페이스북이나 링크드인과 같은 사이트를 통해 같은 산업이나 직종에 종사하는 사람들을 위한 인터넷 토론그룹에 가입해서 업무와 관련된 정보를 서로 주고받는 것이다. 이런 토론그룹들은 공통의 관심사(예, 특정 주제, 직종, 산업 관련)를 가진 사람들(혹은 전문가들)끼리의 모임이기 때문에 개방적이다. 하지만 토론그룹의 이름만 보고 섣불리 가입하면 안 된다. 유명무실한 모임도 많기 때문이다. 가장 좋은 방법은 토론에 직접 참여해보고 그 모임의 목적(예, '수리학'인지 '힙합'인지)을 직접 확인하는 것이다.

Y세대 직원들이 산업 내의 연합 조직에 활발히 참여하도록 유도하는 하나의 방편으로 이런 단체들이 수여하는 상의 후보자로 그들을 추천하는 것도 바람직하다. 이런 상을 받는 것은 Y세대뿐 아니라 그 직원을 고용한 회사에게도 의미있는 일이다. 상을 받은 Y세대는 부모님과 친구들을 시상식에 초대하고 트위터를 통해 상장을 받은 사실을 동네방네 자랑하느라 여념이 없을 것이다(심지어 무대에 올라가서 상장을 받는 순간에도!). 설령 상을 받지 못하더라도 후보에 올랐다는 사실만으로도 Y세대는 뿌듯해할 것이다. 당신이 그의 노력과 잠재력을 높이 평가하고 있음을 느꼈기 때문이다. 후보자로 추천했던 Y세대 직원이 상을 받게 된다면 언론매체나 회사 홈페이지 그리고 사내 소식지나 업계 소식통을 통해 그 사실을 널리 알려라.

리더십, 역할 모델을 갖게 해라

리더십은 가르치기 매우 어려운 자질이지만 Y세대가 전문가로 거듭나기 위해서는 꼭 갖추어야 하는 자질이다. 리더십에 대한 정의는 다양할 수 있지만 누구나 진정한 리더라고 생각하는 인물을 한 명씩은 마음속에 두고 있다. Y세대도 마찬가지다. 그러므로 진정한 리더라고 생각하는 인물이 누구이며 그를 선택한 이유가 무엇인지 묻는 것은 Y세대의 리더십 훈련에 유용한 방법이다. (단 실존하는 인물이어야 한다. 만화 캐릭터나 《해리 포터》의 등장인물은 안 된다.) 우선 Y세대 직원들에게 역할 모델이 될 만한 리더를 선택하게 한다. 그다음 각자가 선택한 인물의 '어떤 점'이 의미 있다고 생각했는지 설명하게 한다. 또한 그들이 과거에 리더 역할을 맡았던 경험을 3가지 정도 떠올려보게 한 뒤에 어떤 점이 괜찮았고 어떤 점이 부족했으며 지금 그 역할을 다시 맡는다면 무엇을 어떻게 다르게 할 것인지를 적어보는 시간을 가져라(예, 전에 근무했던 비영리단체에서 누군가가 나를 리더에서 밀어내려고 쿠데타를 일으킨 사건 등).

이처럼 간단한 리더십 훈련을 끝마쳤다면 이제는 Y세대 직원을 '1일 관리자'로 공식 임명해서 리더십을 한층 발전시켜라.

1일 관리자 프로그램

1일 관리자 프로그램은 Y세대가 생각하는 리더십의 정의와 실제 리더들의 행동이 어떻게 다른지를 파악할 수 있게 해준다(예, 경영자들은 업무 시간에 진짜로 인터넷 포커를 칠까? 이는 다 헛소문에 불과하다).
Y세대들은 모두 학창 시절에 리더십과 관련된 강의를 적어도 5개 이
상 들었을 것이다. 하지만 5명 이상으로 구성된 그룹을 리드해본 경험
은 없다. 게다가 리더 자격을 맡기에는 Y세대가 너무 어리다고 생각하
는 사람들도 많다.

　일정 근무 기간을 채웠거나 주목할 만한 성과를 이룬 Y세대 직원을
1일 관리자로 임명함으로써 Y세대들의 부족한 리더십을 키울 수 있
다. 1일 관리자 프로그램의 효과는 다음과 같다.

- 경영에 대한 이해를 돕는다.
- 진짜 관리자가 되기 위해 개발해야 할 역량을 깨닫는다.
- 생각의 틀을 공유함으로써 관리자와 Y세대 직원의 커뮤니케이션이
  향상된다.

최고의 1일 관리자 프로그램을 만든다

가장 이상적인 1일 관리자 프로그램은 1일 관리자로 임명된 Y세대에
게 프로그램의 목적을 미리 알려주는 것으로 시작한다. 1일 관리자에
임명된 직원이 프로그램 당일에 사무실에 도착하면 추가 과제들이 적
혀 있는 목록을 준다(실제 관리자가 평소에 쓰던 목록을 그대로 줘도 되
고 의도적으로 바쁜 하루를 연출하기 위해 별도의 목록을 만들어도 된다).
1일 관리자가 된 직원은 고객의 불만 사항을 해결하거나, 직원들의 요
구 사항을 들어주거나, 다른 부서 및 판매 업체 등에 연락하는 등 일
상적인 업무뿐만 아니라 이 목록에 적힌 것들도 함께 수행해야 한다.

간혹 중요한 업무를 처리해야 하는 경우가 생길 수 있으므로 실제 관리자가 1일 관리자의 뒤를 따라다니면서 코치해줘야 한다(예, 화가 난 고객에게 "방금 제가 말씀드리지 않았습니까?"라고 대꾸해서 화를 더 돋우는 불상사를 막기 위해).

프로그램을 진행하면서 실제 관리자가 1일 관리자에게 생산적 피드백을 해줘야 하는 시기가 있다. 점심시간과 퇴근 전이 가장 이상적이다. ①점심시간에 실제 관리자는 1일 관리자의 뒤를 반나절 동안 따라다니면서 느낀 점을 얘기해주고 남은 반나절 동안 개선해야 할 점(예, 숨넘어가게 말하지 말 것)을 구체적으로 말해준다. ②퇴근 전 업무보고 시간에 실제 관리자는 (화장실에도 못 가고 하루 종일 일했는데 목록에 나열된 것을 반밖에 못 끝냈다는 사실에 충격을 받고 있을) 1일 관리자에게 그가 이 경험을 통해 어떤 교훈을 얻었는지, 기대했던 것과 어떤 점이 같았고 어떤 점이 달랐는지를 물어보고(아마 대다수의 Y세대들은 관리직이 보기보다 어렵고 할 일이 많음을 깨달았다고 대답할 것이다) 하루 동안 그를 관찰하면서 느낀 점을 말해줘라. 여기서 중요한 점은 실제 관리자가 1일 관리자에게 '생산적'이고 '실행 가능한' 피드백을 줘야 한다는 사실이다. 프로그램이 끝난 바로 그 주부터 실행에 옮길 수 있는 피드백이 가장 이상적이다.

Y세대 대부분은 자신이 앞으로 관리자가 되고 싶은지 아닌지도 잘 모른 채 1일 관리자 프로그램에 참여한다. 하지만 프로그램이 끝나면 관리자에게 전에 없던 존경심을 갖게 된다. Y세대는 1일 관리자 프로그램을 통해 경영에 대해 보다 정확하게 이해하게 되고 이로 인해 회사와 직원 간의 커뮤니케이션이 향상되는 효과를 볼 수 있다. 뿐만 아

니라 좀 더 장기적으로 회사와 함께하겠다는 애사심을 북돋는 기회
가 되기도 하다.

1일 관리자에서 진짜 관리자가 되다

데니스라는 젊은 Y세대 직원의 이야기다. 입사 5년차에 접어들던 그
녀는 1일 관리자로 임명되었다. 그녀가 관리자 역할을 맡던 바로 그날
회사에 커다란 위기가 닥쳤고 이를 위해 특별팀이 구성되었다. 실제
관리자가 그 자리에 없었던 터라 그가 올 때까지 2시간 동안 그녀는
실질적인 책임자 역할을 했다. 감정이 고조된 언론과 직원들을 침착
하게 상대하면서 그녀는 본인도 예전에는 전혀 몰랐던 관리자의 모습
을 자신에게서 발견했다. 그리고 1년 뒤 그녀는 회사의 적극적인 지지
를 받으며 관리자로 승진했다. 1일 관리자 경험이 그녀의 경력에 큰 영
향을 끼친 것이다.

　법적으로나 혹은 다른 이유 때문에(예, 베테랑 관리자 외의 직원이 뱀
우리에 출입하는 것은 금지 사항이라는 이유로) 1일 관리자 프로그램을
활용하지 못하는 회사들은 상황극을 대신 활용할 수 있다. 습관적으
로 지각하는 사원을 코치하는 방법, 경쟁 회사가 가격을 낮출 때 대
응하는 방법, 최고 판매 기록을 올린 직원을 축하해주는 방법, 그리고
사원과의 커뮤니케이션을 향상시키는 방법 등 상황 설정이 최대한 사
실적이고 상세할수록 그 효과는 배가된다(비하인드 스토리를 곁들이면
더 좋다).

　상황극의 방법은 간단하다. Y세대 직원 한 명 또는 여러 명에게 어
떤 상황을 상세하게 설명해주고 Y세대 직원들은 그 상황 속에서 문제

해결법을 찾아내는 것이다. 해결책은 여러 가지일 수 있기 때문에 상황극의 목표는 가장 좋은 해결책을 찾아내는 것보다는 의사결정 과정에서 얼마나 관리자처럼 생각하고 행동했는지를 살펴보며 그들을 지도하는 것이다.

리더십 개발 프로그램

회사의 미래를 이끌어나갈 차세대 인력의 다양한 역량을 더 심도 있게 개발하고 싶다는 의욕과 비전을 갖고 있다면 '리더십 개발 프로그램(leadership development program, LDP)'을 만드는 것이 최상의 선택이다. 나는 그동안 여러 회사를 다니며 각 회사의 리더십 개발 프로그램에 참여해왔고 이와 관련된 다양한 강의를 했다. 이런 나의 개인적인 경험과 프로그램에 참석했던 수많은 Y세대 친구들의 판단에 따르면 리더십 개발 프로그램은 장래가 유망한 Y세대들을 재빨리 성장시키는 데 유용할 뿐 아니라 실력 있는 Y세대를 채용하는 데도 도움이 된다. 또한 당신은 Y세대 직원들의 잠재력을 꿰뚫어볼 수 있는 통찰력을 갖게 된다.

리더십 개발 프로그램(간혹 로테이션 프로그램rotational development program이라고도 부른다)에는 학교를 갓 졸업한 신입사원이나 잠재력을 인정받은 기존 직원 모두가 신청할 수 있다. 각 후보자는 인터뷰와 시험 등 엄격한 심사를 받는다. 통과한 직원만이 프로그램에 참가할 자격을 얻는다. 프로그램 심사 요건이 까다로울수록 참가 자격을 얻는 사람은 회사 안팎으로 큰 명성을 얻게 된다. 통상적으로 리더십 개발 프로그램이 시작되고 나면 회사는 평가와 퀴즈 등 개별 및 그룹 심사를 한 번 더 진행한다. 그리고 단기간에 업무 및 팀워크 훈련을 집중적으로 실시한다.

이 훈련이 끝나면 각 참가자들은 일정 기간(통상적으로 8개월) 지정된 팀에서 업무를 시작한다. 이들은 주목할 만한 성과를 내야 한다는 중압감에 시달린다. 이들은 프로그램에 참여하지 않은 다른 직원들보다 더 비중 있는 업무를 부여받기 때문에 성과에 대한 부담도 크다. 이들에 대한 회사의 기대감과 관리자 및 프로그램 리더들의 관찰이 이런 부담을 가중시킨다. 그들의 프로그램 보고서가 CEO에게 전달되는 경우도 종종 있다.

프로그램 참가자들은 문제 해결, 임원 보고, 역할극 등 추가적인 집중 훈련을 받기 위해 1년에도 몇 번씩 모임을 갖는다. 또한 지정된 팀에서 8개월간 근무한 뒤에는 지리적으로 멀리 떨어져 있는 다른 팀으로 근무지를 새로 배정받기도 한다. 새로운 환경에서 새 업무를 하면서 느끼는 중압감이 참가자들의 적응력과 성장을 더욱 자극하기 때문이다(2년 내에 부서를 3번이나 옮기는 경우도 있다!)

신입사원 훈련 프로그램

리더십 개발 프로그램은 신입사원 훈련 프로그램과 유사한 점이 많다. 참가자들은 주기적으로 서로 연락을 하고 모임을 갖는다. 8개월이 지나면 참가자는 또 다른 부서로 옮겨간다. 그리고 리더십 개발 프로그램이 끝나면(통상적으로 2년간 3개 부서에 배정된 뒤) 졸업식이 거행된다(회사의 리더들과 Y세대 부모님들이 한자리에 모여서). 졸업과 동시에 프로그램을 성공적으로 마친 사람들은 자신이 원하는 포지션을 선택할 권한을 갖게 된다. 그리고 그는 경영자로서의 경력 목표를 향해 달리기 시작한다.

미국 동북부에 위치한 한 회사의 리더십 개발 프로그램 졸업식에서 연설을 한 적이 있다. 굉장히 세련되고 에너지가 넘치는 행사였다. 졸업식에 참석한 Y세대 직원들에게 멋진 미래가 펼쳐지리라는 사실이 한눈에 보였다(그들 스스로도 그렇게 생각하고 있음을 당당하게 밝혔다). 이 행사의 하이라이트는 회장의 연설이었다. 7만 명이 넘는 직원을 거느린 회장이 직접 나와서 회사의 미래에 대한 포부를 밝혔다. 그러고 나서 프로그램 참가자들과 즉석에서 질문과 대답을 나누는 시간을 가졌다. 정말 멋진 경험이었다.

리더십 개발 프로그램을 도입하고 싶지만 재정적인 여유가 없거나 시스템이 갖춰져 있지 않다면 지역의 교육기관이나 대학교와 협력해서 미래의 전문가 양성 프로그램을 만들어보는 것도 좋은 대안이다. 일정 근무 기간을 채웠거나 훌륭한 성과를 올린 직원들에게 사외에서 진행되는 훈련 프로그램에 참여할 기회를 마련해주는 것도 방법이다. Y세대 직원의 리더십 개발을 위해 어떤 방법을 채택하든지 간에 이들의 직업의식을 키워주는 것이 그들 본인뿐 아니라 회사에도 매우 중요하다는 사실에는 변함이 없다(Y세대 직원의 복장 때문에 골머리를 앓거나 그들의 뒤를 쫓아다니면서 감시할 필요가 없으므로).

|

Y사이즈를 위한 질문

|

1. Y세대의 직업의식을 키우기 위한 훈련 프로그램이 있습니까?

2. 당신은 Y세대가 산업이나 직종별 협회, 세미나, 컨퍼런스 등에 활발히 참여
   하도록 독려합니까?

3. 리더십 개발 프로그램이 회사에도 도움이 될 수 있다고 생각합니까?

|

12장
동기부여, 상패와 기념 시계는 이제 그만~

200년은 족히 된 성당 안에서 화려한 천장을 바라보던 기억이 아직도 생생하다. 난생처음 보는 광경이었다. 천장 안에 고스란히 담긴 역사를 미처 느껴보기도 전에 커다란 음악 소리와 화려한 디스코 조명이 내 주의를 끌었다. 준비된 무대 위에서 가수가 노래를 불렀고 뒤이어서 또 한 명의 가수가 무대에 올랐다. 순식간에 활력과 열기가 오래된 건물 안을 가득 채웠다. 직원들을 격려하기 위해 준비한 이 행사는 그 목적을 충분히 이룬 듯했다. 곧이어 캐나다 내에서 월간 470만 명의 급여를 아웃소싱 처리해주는 HR 솔루션 회사인 세리디언 캐나다

Ceridian Canada의 부사장 스티브 플레밍Steve Fleming이 시상을 위해 무대 위에 등장했다.

그가 2시간 동안 진행한 '우수 사원 시상식'을 보면서 나는 놀라움을 넘어서 일종의 경외심마저 느꼈다. 강연과 컨설팅 때문에 수많은 시상식에 참석했지만 이런 경험은 처음이었다. "수상자가 이름도 새겨지지 않은 상패를 들고 어색한 포즈로 기념 사진을 찍는 동안 나머지 사람들은 뜨거운 조명 아래서 땀을 뻘뻘 흘리며 지켜보는" 그런 진부한 시상식이 아니었다. 수상자들은 스티브의 재치 있는 소개를 받으며 무대 위에 등장했다. 수상자가 가족과 함께 있는 모습, 다양한 취미 생활을 즐기는 모습, 그리고 재미있게 일하는 모습이 담긴 사진들이 무대 위의 스크린을 통해 비춰지고 있었다. 시상식은 수상자들 '개개인'에게 초점이 맞춰져 있었다.

무엇보다도 수상자 가족이 전하는 축하 메시지를 녹음해서 스피커로 들려줄 때가 가장 감동적이었다! 하나같이 재미있으면서도 가슴에 와 닿는 말들이었다. 그중 한 수상자 아들의 말은 아직도 기억에 남는다. "아빠, 정말 축하드려요. 아빠가 정말 자랑스러워요. 그런데 아빠가 상을 받다니 해가 서쪽에서 뜨겠네요!" 나는 이 말을 듣고 웃다가 의자에서 떨어질 뻔했다(시상식에 참석한 모든 사람들이 그랬다). 하지만 수상자의 자동차가 스크린에 비춰지자 웃음은 잠잠해졌다. '고물'이라는 단어조차 칭찬으로 들릴 정도로 오래되고 형편없는 차였다. 수상자가 이 회사와 오랜 시간 동고동락했음이 한눈에 느껴지는 순간이었다. 모든 관중들이 박수와 환호를 보냈다. 정말 감동 그 자체였다. 감동적인 시상식이 끝나자 댄스파티가 시작되었다!

감동을 주는 시상식

이 시상식은 아주 돋보였다. 특히 시상식에 참여한 모든 관중들, 즉 Y세대를 포함한 모든 세대의 사람들에게 감동을 주는 데 성공했다. 세리디언 캐나다는 수상자의 개인적인 삶에 초점을 맞춘 소개 인사, 업무와 취미 생활을 즐기는 모습이 담긴 사진들, (관중들의 탄성을 자아내는) 구체적인 실적 자료, 그리고 부모님과 배우자 및 자녀들의 재치 있고 진실한 축하 인사 등을 활용해서 많은 사람들에게 감동을 선사했다. 시상식 장소도 굉장히 독특했다. 지어진 지 200년이 넘은 성당에서 즐기는 음악과 이벤트는 모두에게 인기였다.

(마이크를 잡기 전부터 이미 무슨 말이 나올지 예상되는 전형적인 축하 인사가 난무하던) 수많은 시상식장에서 지루함을 견뎌내야 했던 경험들과는 비교조차 할 수 없었다. 수상자의 판매 실적을 보며 함께 기뻐하는 동료직원들의 모습을 목격하는 순간 가슴이 탁 트이는 것만 같았다. 더욱 놀라운 것은 이 시상식을 직원 혼자서 준비했다는 것이다. 이 시상식을 성공으로 이끈 사람은 바로 에일린이라는 28세의 Y세대였다. 그녀도 상(그리고 엄마로부터의 축하 메시지)을 받아 마땅하다는 생각이 들었다!

개인에 집중하는 동기부여

세리디언 캐나다의 방법이 모든 회사에 효과적인 것은 아니다. 회사의 문화나 예산 혹은 홍보 전략 등과 부합하지 않을 수도 있다. 하지만 각 회사의 형편에 맞게 Y세대를 격려하고 동기를 부여하는 방법은 무수히 많다. 회사의 전통과 규모, 산업의 종류, 심지어는 정부의 각종 규제 등에 따라 회사마다 도입하는 것들이 다를 수는 있지만 Y세대에게 동기를 부여하는 방법에는 지극히 '개인적'인 요소가 포함되어 있어야 한다. 41차례의 전화를 모두 무례하게 거절당한 콜센터 상담원이 묵묵히 42번째 전화거는 것을 보면서, 우리는 그의 행동에서 개인적인 절박함 내지는 진정성을 느낄 수 있다. 마찬가지로 Y세대에게 동기를 부여할 때도 개인적인 요소를 가미한다면 그들은 더 나은 성과를 달성하기 위해 노력할 것이다.

동기부여는 '이성'과 '감성' 그리고 '삶의 우선순위', 이 3가지의 조합이다. '이성'은 집을 사기 위해서 월급을 모으는 것처럼 본질적인 가치를 가진 결과물을 얻고자 하는 사고방식을 의미한다. '감성'은 (실패 위험에도 불구하고) 목표를 추구하는 행위, 그 과정에서 겪게 되는 굴곡과 부침들 그리고 목표를 달성했을 때의 느낌 등에서 비롯되는 마음이다. 이처럼 이성적이고 감성적인 면들은 우리의 내재된 신념과 가치뿐 아니라 삶의 우선순위와 밀접하게 연결되어 있다. 삶의 우선순위는 삶의 경험이 쌓일수록(즉 나이가 들수록), 주위에 의존하는 사람들이 많아질수록(예, 자녀나 노모) 혹은 기타 이유(예, 해고된다든지, 9·11 사건 이후 시간을 가치 있게 활용해야겠다고 느꼈다든지) 등으로 인해 바뀔 수 있다.

본질적으로 동기부여의 기본 논리는 매슬로[1]의 가설처럼 '위계적'이다. 하지만 위계 구조의 꼭대기에 위치한 욕구, 즉 자기실현 욕구는 세대마다 다르다. 물론 보상이나 표창을 받고 싶어 하는 것은 모든 세대의 공통적인 특징이지만 (그리고 고통이나 배고픔 등은 피하고 싶어 한다) '어떤' 보상이나 표창이냐에 따라 각 세대마다 (특히 Y세대) 효과가 다르게 나타난다.

진짜 원하는 것을 제공해라

동기부여가 인간의 기본적인 욕구라면 경영자나 관리자 그리고 비즈니스 리더들은 도대체 왜 Y세대들에게 동기를 부여하기 위해 끊임없이 노력할까? 그들은 상품권 혹은 '이달의 직원' 제도가 더 이상 예전만큼 효과가 없다고 말한다. 동기부여에 대한 해결책을 찾으려고 노력하는 비즈니스 리더들을 관찰하면서 나는 "사람들은 본능적으로 자신이 중요하게 여기는 요소들을 사용해서 상대방에게 동기를 부여하려고 한다"는 사실을 깨달았다.

사람들은 (특히 성공한 베이비부머들은) 자신이 원하는 것을 남들도 똑같이 원할 것이라고 생각한다. 그리고 그들이 받았던 (주말 새벽에도 벌떡 일어나서 출근하게 만들었던) 인센티브가 Y세대에게도 똑같은 효

1) 에이브러햄 매슬로Abraham Maslow. 미국의 심리학자이자 철학자. 인본주의 심리학의 창설을 주도했으며 기본적인 생리적 욕구에서부터 사랑, 존중 그리고 궁극적으로 자기실현에 이르기까지 충족되어야 할 욕구에 위계가 있다는 '욕구 5단계설'을 주장했다.

과를 낼 것으로 기대한다. 게다가 이러한 인센티브를 제공하는 것은 굉장히 손쉽기까지 하다(예, 대량 주문제작이 가능하기 때문이다). 문제는 Y세대가 최선을 다하고 또 최고의 성과를 낼 수 있도록 동기를 부여하기 위해서는 기존세대들에게 제공했던 '당근'과 약간 다른(때에 따라서는 매우 다른) 것을 줘야 한다는 사실이다. 기존의 동기부여 방식이 Y세대에게는 효과가 없다는 사실 때문에 많은 경영자와 비즈니스 리더들이 짜증을 낸다. 짜증나는 것은 이들만이 아니다. 열심히 일한 대가로 받은 상품이 VCR이라니! Y세대 눈에는 경영자나 관리자가 마치 다른 세계 사람처럼 느껴질 것이다.

싸고 쉬운 동기부여 방법

아이러니하게도 경영자나 관리자들이 Y세대의 동기부여를 위해 고심해서 구매한 상품보다("요즘 시대에 VCR을 돈 주고 사는 사람도 있나요?") Y세대들이 진정으로 원하는 것을 제공하는 편이 훨씬 값싸고 동기부여에 효과적이다. Y세대가 원하는 것은 바로 그들의 생활 패턴, 업무 외적으로 중요하게 생각하는 가치(예, 시간은 곧 돈이라는 생각) 그리고 나이(10대 후반에서부터 30대 초반 사이) 등과 관련이 깊다.

X세대 혹은 그 전 세대들과 비교했을 때 Y세대는 가족을 부양해야 한다는(혹은 백수 친구를 도와야 한다는) 부담감이나 책임감으로부터 상대적으로 자유롭다. 게다가 Y세대들은 "젊었을 때 즐기자!"라는 사고방식을 갖고 있다. 물론 이러한 Y세대들도 언젠가는 기존세대들이 선호하는 인센티브를 좋아하게 될 날이 올 것이다. 기존세대들과 차별되는 Y세대만의 가치관이라는 것은 일시적이기 때문이다. 하지만 Y

세대가 '어른'이 되기 전까지는 (즉 부모님이 Y세대 자녀를 집에서 쫓아 내든지, 룸메이트가 방 값을 안 내고 다른 도시로 잠적해버리기 전까지는) 그들의 가치관과 우선순위는 바뀌지 않을 것이다.

따라서 Y사이즈 전략을 활용해서 Y세대들의 가치관과 우선순위를 파악해야 한다. Y세대가 진정으로 원하는 것은 무엇이며 그것을 어떤 방식으로 받고 싶어 하는지를 파악하면 상대적으로 적은 노력과 시간으로(시간과 노력 그 어느 것도 낭비하지 않을 것이기 때문에), 그리고 다른 회사들이 현재 사용하고 있는 방법보다 훨씬 값싸고 손쉽게 그들에게 동기를 부여할 수 있다.

Y세대 직원이 일찍 출근해서 업무에 최선을 다하고 간혹 늦게까지 회사에 남아서 일하는 모습을 보고 싶다면 어떻게 해야 할까? 간단하다. Y세대가 진정으로 원하는 것이 무엇인지 그들에게 직접 물어봐라.

Y세대가 진정으로 원하는 것

그들이 원하는 것을 직접 물어보는 것이 마치 판도라의 상자를 여는 것처럼 두렵게 느껴질지도 모른다. 하지만 그럴 필요 없다. 물론 Y세대들은 스스로의 가치를 좀 비현실적으로 과장해서 생각하는 경향이 있지만(예를 들어 입사한 지 한 달도 안 되어서 승진할 수 있다고 착각한다든지) 아무런 근거 없이 그렇게 생각하는 것은 아니다(거의 매일 제시간에 출근했으니까!).

베이비부머들은 외부에 과시적으로 보여줄 수 있는 요소들을 통해서 다른 이들을 동기부여하려는 경향이 강하다. 박수나 상패, 무엇보다도 '현금'과 같은 물질적인 요소들이 베이비부머들 스스로가 가장 선호하는 인센티브이기 때문이다. 내가 연구한 결과에 의하면 이러한 과시적인 요소가 간혹 Y세대들에게도 효과적일 때가 있지만(예를 들어 친구들로부터 박수를 받을 때) 베이비부머들이 기대하는 만큼의 효과를 가져다주지는 않는다. 베이비부머는 50달러의 보너스를 받기 위해서라면 야근도 불사하겠지만 Y세대는 금요일에 30분 일찍 퇴근할 수만 있다면 점심도 거르면서 일할 것이다. 심지어 월요일에 1, 2분 일찍 출근하는 것도 대수롭지 않게 여길 것이다!

성공적인 동기부여로 차별화된 경쟁우위를 확보한다

Y세대에게 30분 일찍 퇴근하는 것은 금전적인 보너스보다 훨씬 효과적이다. 자칫 엉뚱한 아이디어처럼 보이겠지만 돈 한 푼 안 들이고도 사기를 높일 수 있는 좋은 방법이다(어차피 대다수의 Y세대는 금요일 4시 이후부터는 일을 안 한다). 게다가 동기부여를 위한 기존의 다양한 정책들이 기대 이하의 효과를 보고 있다면 더더욱 새로운 방식을 도입해야 한다. 기본적으로 각 세대는 서로 다른 관심사를 갖고 있다. 따라서 (직원들이 최고의 성과를 달성할 수 있도록 도우려면) 각 세대의 관심사에 맞춰서 동기부여 방식을 개발하는 것이 마땅하다.

 '이달의 직원' 제도를 섣불리 버렸다가 오히려 상황이 악화될까 봐

걱정하는 회사도 있을 수 있다. 하지만 Y세대의 관심사를 파악하는 데 조금만 더 노력한다면 분명 지금보다 훨씬 효과적인 동기부여 수단을 찾을 수 있을 것이다. 또한 "이달의 직원으로 뽑혀도 문제, 안 뽑혀도 문제"라는 식의 농담 섞인 말을 더 이상 듣지 않아도 된다. 더군다나 Y세대들이 원하는 인센티브를 제공한다면 그들은 오히려 평가를 받고 싶어서 안달할 것이다(그 엑셀파일로 된 평가시트가 어디 있더라?).

결국 성공적으로 동기부여된 Y세대들의 자발적이고 헌신적인 노력으로 인해 회사는 근본적으로 차별화된 경쟁 우위를 갖게 될 것이다. 만세! 이러한 경쟁 우위는 Y세대가 업무 수행에 필요한 최소한의 노력 그 이상을 기울일 때 만들어진다. 예를 들어 사용한 접시를 휴게실 싱크대에 쌓아놓는 것이 '최소한의 노력'이라면 설거지 후 차곡차곡 쌓아놓는 것은 '자발적이고 헌신적인 노력'에 해당한다. (휴게실 싱크대를 들여다본 경험이 있는 사람이라면 지금 내가 하는 이야기에 공감할 것이다. 물론 내가 이런 말을 한다고 해서 지저분한 접시를 닦지 않고 싱크대에 방치한 사람이 나였다는 의미는 아니다. 접시 밑에 내 이름이 적혀 있던 것은 우연이다. 그런데… 그 접시… 돌려받을 방법은 없을까?)

물어라, 그러면 저절로 동기부여된다

Y세대에게 몇 분의 시간을 투자해서 그들의 관심사를 물어보는 것은 큰 의미를 갖는다. 회사가 Y세대의 요구에 귀를 기울이고 있음을 의미하는 동시에 그들을 한 개인으로서 존중하고 있음을 나타내기 때문이다. 한 명의 개인으로서 존중받고 있다는 느낌을 받는 것만으로도

Y세대는 동기부여가 된다. 또한 놀랍게도 Y세대들은 생각보다 단순한 것(마우스를 광마우스로 바꿔주세요!)에 쉽게 동기부여가 된다. 설령 Y세대들이 원하는 것을 그대로 해주지 못하더라도 도움을 줄 수 있는 여러 창의적인 방법들이 많이 있다(예, 페라리를 사줄 수는 없지만 대신 〈페라리 매거진〉을 구독할 수 있게 해주는 것). 어떤 회사에서는 Y세대의 동기부여를 위해 업무 목표를 달성하면 상사가 직접 그의 차를 닦아준다고 한다. 이 세차 캠페인은 동기부여에 효과적일 뿐 아니라 직장상사가 부하직원과의 약속을 존중한다는 사실을 증명하는 기회이기도 하다(물론 상사의 세차 솜씨가 형편없다는 사실이 금방 알려질 테지만).

Y세대의 관심사를 직접 물어보고 알아내려 하지 않으면 득보다 실이 훨씬 크다. 세대의 특성을 전혀 고려하지 않은 천편일률적인 동기부여 방식은 오히려 업무에 대한 Y세대의 흥미를 떨어뜨리기 때문이다. 천편일률적인 동기부여 정책은 무성의해 보일 뿐만 아니라 회사의 리더는 직원들과 동떨어진 세계에 산다는 고정관념을 더욱 강화시킨다.

Y세대를 칭찬하고 상을 줄 때도 이런 조언을 염두에 두기 바란다. 예를 들어 5년이나 같이 일한 Y세대 직원이 채식주의자라는 사실도 모른 채 10만 원 상당의 햄 선물세트를 선물로 주는 것은 말도 안 된다. 하지만 이러한 '생뚱맞은' 상품을 선물하는 회사들이 생각보다 많다. 이 경우 당사자들이 느끼는 당혹감, 즉 5년 동안 열심히 일해온 회사가 자신에게 무심하다는 것을 느끼게 된 사원의 당혹감과 5년 동안 고용했던 직원에 대해 모르는 것이 너무나 많음을 깨달은 CEO 혹은 직장 상사의 당혹감(회사 바비큐 파티 때 그 직원이 왜 고기를 안 먹었는

지 뒤늦게 이해하게 되었을 것이다) 중 어느 쪽이 더 큰지 우열을 가리기
어렵다.

인센티브 목록을 만들어라

다시 한 번 강조하지만 좋은 의도에도 불구하고 수여자와 수상자 모
두에게 당혹감만 안겨주는 선물을 하지 않으려면 Y세대에게 직접 물
어라. 그래야만 회사의 운영 방식에 부합하면서도 손쉽게 실천할 수
있는 동기부여 요소들을 찾아낼 수 있다. 하지만 직원들에게 무턱대
고 질문을 던지기보다는 제공 가능한 상품이나 인센티브 목록을 제
시하고 그들이 직접 순위를 매기게 하는 방식을 추천한다.

사람마다 순위가 제각각일 것이므로 이를 하나의 기준으로 정리해
야 한다. 하지만 어떤 기준으로 목록을 정리할지는 정하기 나름이다.
예를 들어 특정 사업본부 전체에 동기를 부여하고 싶거나 현장 매니저
같이 특정 포지션에 있는 직원들에게 동기를 부여하고 싶다면 해당 그
룹에 적합하도록 목록을 정리해라. 어떤 경우 지역적인 특색이 목록의
기준이 될 때도 있다. (예를 들어 사냥을 위한 '위장복'과 '오리 소리를 내는
도구'는 오클라호마시티의 직원들에게는 뜨거운 호응을 얻을 수 있어도 샌
프란시스코의 직원들에게는 그런 반응을 기대하기 힘들다. 믿기 힘들겠지만
이 선물세트를 받아보고 매우 기뻐하는 직원들이 오클라호마시티에는 실제
로 있다!) 이처럼 직원들이 직접 순위를 매긴 인센티브를 기반으로 유
연하면서도 수요에 맞게 작성된 목록은 직원 개개인뿐 아니라 특정 그

룹의 직원들에게 효과적으로 동기를 부여하는 데 도움이 된다.

매력적인 동기부여 사례

- 휴식 시간 주기. 금요일에 조금 일찍 퇴근시키거나 점심시간을 30분 연장해주거나 직원들이 가장 선호하는 1일 휴가를 제공하는 등 금전적인 지출을 줄이면서도 목표를 이룬 직원을 포상하는 유용한 방법이다. 유급으로 할 것인지 무급으로 할 것인지는 회사의 상황에 따라 탄력적으로 정할 수 있다.
- 새로운 프로젝트나 역할 혹은 문제 등에 선택적으로 참여할 기회를 제공. 과연 이 방법이 효과적일까라는 걱정은 안 해도 된다. Y세대는 스스로의 능력을 밖으로 표출하고 싶어 하는 경향이 강하다. 그러므로 그들에게 선택권을 주는 것은 회사와 직원 모두에게 윈윈 win-win 전략이다.
- 임원과 점심식사를 하거나 커피를 마실 자리 제공. 임원은 밥값이나 음료수값을 내야 하고 미리 직원의 이름을 외워야 한다.
- 신기술을 처음 접하게 하기. 새로운 전화, GPS, 소프트웨어 등을 먼저 체험할 수 있게 한다.
- 일일 스파 이용권(때수건 별도). 아, 거품 목욕은 Y세대의 생활 패턴과 딱 어울린다!
- 약 50달러 정도의 예산으로 5시 이후 부서 내에서 자체적으로 파티를 열어주기.
- 스포츠, 공연 혹은 지역 행사에 참여할 수 있는 티켓 주기. 좌석이

지정된 티켓보다는 수령자 스스로가 좌석을 선택할 수 있는 티켓이 좋고 1인용 티켓보다는 친구나 가족이 함께할 수 있는 티켓이 더욱 빛나는 선물이 될 것이다. 패션쇼나 오토바이 경주처럼 전통적이지 않은 이벤트를 찾아내라.

- 전통적인 선물 상품권. Y세대는 인기 있는 가게나 레스토랑의 상품권을 선호한다. 이러한 상품권을 줄 수 없다면 여러 용도로 사용할 수 있는 상품권을 제공해라(선불카드 등). 상품권을 줄 때 간단한 메모를 동봉해라. 이 메모에는 상품권을 주는 이유와 축하 인사가 들어 있어야 한다.

- 사무실을 꾸밀 수 있는 경비 50달러. 꼴 보기 싫던 낡은 카펫을 없앨 수 있는 절호의 기회!

- 보너스 주기. 돈을 줄 때는 항상 직접 적은 메모를 함께 건네라. 보너스의 의미와 감동이 더욱 커진다. 반드시 직원이 어떤 성과 때문에 보너스를 받게 되었는지 다시 한 번 강조해라.

- 일주일 동안 독립된 주차 공간 내어주기. 별것 아닌 것 같아도 막상 시행해보면 Y세대들이 무척 좋아할 것이다. 아니, 평생 못 잊는다.

- Y세대가 고른 비영리단체에 기부하기. 일석삼조의 효과를 볼 것이다. Y세대 직원에게 동기를 부여하고, 비영리단체에 도움을 주고, 세금감면 혜택도 받고.

- Y세대가 꿈에 그리던 차를 일주일 동안 빌려주기. 혹은 리무진을 하룻밤 동안 대여해주기.

캘리포니아 주에 있는 인사업무 아웃소싱 회사인 임플리시티Emplicity

는 '이달의 직원'에게 좋은 주차 공간 이상의 선물을 제공한다. 즉 이달의 직원에게 벤츠나 도요타 프리우스 등의 고급 차량을 한 달 동안 공짜로 몰 수 있는 혜택을 준다! 이 얼마나 멋진 선물인가! 임플리시티의 스물네 살짜리 사원인 제니퍼 미한Jennifer Meehan은 이렇게 말한다. "사장님만 몰고 다닐 법한 차를 몬다는 사실에 처음에는 겁이 났었죠. 하지만 이제는 내 낡은 차 대신 프리우스로 카풀레인에서 사람을 태운다고 생각하니 정말 신나요! 이 회사는 엄마 아빠가 20대 때 다녔던 회사와는 완전히 차원이 달라요!"

이래도 내 말을 못 믿겠다면 www.ysize.com/resources에 들어가서 임플리시티가 직원들에게 제공하는 차량 목록을 확인해보기 바란다.

평가는 냉정하게

직원과 부서에 동기부여할 방법들이 마련되었다면 이제는 그 방법들을 회사와 직원 모두가 동의할 수 있는 명백한 측정 기준과 연계시켜야 한다. 직원들은 회사가 측정하고자 하는 분야에서 높은 성과를 내기 위해 노력한다. 일반적으로 고객 서비스, 품질 관리, 매출액, 그리고 배송 효율 등을 꼽을 수 있다. 그동안의 관찰에 의하면 개인의 성과뿐만 아니라 팀의 성과와도 연계해서 소정의 부상이나 인센티브를 제공하는 것이 효과적이라는 사실을 알 수 있었다. 이를 통해 회사는 Y세대에게 개인으로 빛나는 것도 중요하지만 팀과 함께 일하면 더 큰 성과를 달성할 수 있다는 메시지를 전달하기도 한다(이런 메시지를 전달해서 그 사실을 종종 상기시켜줘야 한다). 어떤 인센티브든 항상 평균 이상의 성과를 달성했을 때를 기준으로 삼아야 한다. 그래야만 Y세대(그리고 기존세대) 직원들에게 '그럭저럭 괜찮은' 성과만으로는 목표를 이룰 수 없음을 지속적으로 상기시킬 수 있다.

인센티브를 제공하는 타임라인

어떤 성과를 어떻게 측정할 것인지를 정했다면 이제는 Y세대의 기준에 부합하는 '타임라인'을 정할 차례다. 그동안의 관찰에 의하면 단기적인 인센티브는 특정한 역할을 완료하는 것에 대한 보상이어야 한다. 예를 들면 새로운 계좌를 개설하는 등의 소소한 업무를 짧은 기간 동안(한 주 혹은 한 달) 성공적으로 수행한 직원에게 제공되어야 한다. 단기 인센티브는 가까운 미래에 완료할 수 있는 특정 행동이나 성과 혹은 위험을 감수하는 용기를 북돋기 위한 것이다. 반면 장기적인 인센티브는 지속적인 성과 창출과 회사의 가치를 높이는 데 기여한 활동과 연계되어야 한다.

그렇다면 '단기'란 정확히 얼마만큼의 기간을 말할까? 사람마다 다르겠지만 나는 개인적으로 한 달이 적절하다고 생각한다. 한 달이 조금 짧다 싶더라도 분기를 넘어서는 안 된다. 한 달이야말로 Y세대가 집중력을 유지할 수 있으면서도 성과를 눈으로 확인할 수 있을 만큼 너무 길지도 짧지도 않은 기간이기 때문이다. 단기적인 목표들을 하나하나 달성하다 보면 결국 장기적인 목표를 향해 나아가게 될 것이다.

장기, 즉 6개월 이상의 기간에 해당하는 목표를 설정할 때 주의할 점이 있다. Y세대가 편안하고, 익숙하고, 합리적이라고 생각하는 '장기'라는 기간은 당신이 생각하는 것보다 훨씬 짧다. 연간 목표를 설정할 때는 이를 항상 염두에 두어야 한다. 연간 목표를 분기 혹은 월 단위의 '단기' 목표로 나누지 않으면 Y세대는 즉각 행동으로 옮기지 못한다. 왜? 다급함이 느껴지지 않기 때문이다. Y세대에게 1년은 너무 길다. 그래서 연간 목표를 곧 남의 일처럼 느끼기 쉽다. 언제 올지도 모를 머나먼 미래의 목표를 위해 Y세대가 당장 어떤 노력을 기울일 리 없다.

장기 목표를 세우게 하고 목표 달성에 대한 인센티브를 제공해야 Y세대 직원을 회사에 좀 더 오래 머무르게 할 수 있지만 그렇다고 해서 이를 통해 최고의 역량을 이끌어낼 수 있는 것은 아니다. 비유적으로 표현하면 이렇다. Y세대들은 이제 막 마라톤 출발점에 서 있다. 마지막 1킬로미터를 강조하기보다는 일단 첫 1킬로미터를 무사히 뛸 수 있게 해야 한다. 마지막 1킬로미터 앞에 다다르면 커다란 보상이 곧 따를 것임을 누군가 설명해주지 않아도 스스로 알 것이기 때문이다(예, 마라톤 완주를 기념하는 파티!).

Y세대가 업무에 최선을 다할 준비가 되었다면 이제는 그들에게 최고의 선물, 즉 Y세대가 중요하게 생각하는 사람들 앞에서 그들을 인정해주는 일이 남았다. 다시 마라톤에 비유하면 마라톤 코스를 따라서 선수들을 지켜보며 응원하는 관중들을 떠올려봐라(혹은 텍사스 오스틴에서 마라톤 선수들을 위해 옆에서 음악을 연주하는 밴드처럼—거

짓말이 아니다). Y세대가 중요하게 여기는 사람들 앞에서 그들을 인정해주는 것은 금전적인 이익을 제공하지 않고도 어려움을 이겨내는 힘을 기르게 해준다.

돈 들이지 않고 최고로 동기부여 하는 방법

Y세대는 남에게 인정받는 것을 좋아한다. (내 여동생만 해도 한쪽 벽을 비워서 온통 상장을 걸어놓았을 정도다. 뭐, 부럽다는 것은 아니다….) 솔직히 Y세대는 본인의 장점을 부각시켜주는 관심이라면 뭐든 좋아한다. 하지만 Y세대의 능력을 인정해줄 때 한 가지 주의할 점은 많은 사람들 앞에서 인정해주는 것만이 능사가 아니라는 것이다. Y세대들에게는 얼마나 많은 사람으로부터 인정받느냐가 아니라 누구로부터 인정을 받고 그 사실을 누가 아느냐가 중요하다. '적합한 사람'들 앞에서 '적합한 방법'으로 Y세대를 인정해주는 것이야말로 효과적이면서도 돈 안 드는 동기부여 방법이다.

Y세대 직원을 인정해줄 때는 그 내용이 구체적이고 진실되어야 한다. 여기서 내가 '칭찬'이라는 단어 대신에 '인정'이라는 말을 쓰고 있음을 주목해주기 바란다. 언론에는 Y세대가 칭찬에 굶주려 있는 것처럼 비춰지고 있다. 물론 Y세대는 칭찬을 좋아한다(칭찬을 싫어할 사람은 없지 않은가). 하지만 직장에서 동기부여를 목적으로 칭찬할 때는 너무 과하지 않도록 조심해야 한다. 칭찬이 잦으면 칭찬하는 사람의 진심을 의심하게 되므로 오히려 역효과가 날 수도 있다. 칭찬 대신에

Y세대 직원이 마땅히 인정받을 만한 행동을 했을 때 바로 인정해주는 것이 효과적이다. 참고로 4일 연속으로 회사에 제때 출근한 것은 인정받을 만한 행동이 못된다. 누구든 정시에 출근해야 하고, 정시 출근은 모든 직원의 기본 의무이기 때문이다.

다음의 3가지 방법을 참고하면 돈을 거의 들이지 않고 Y세대를 인정하면서도 최고의 효과를 낼 수 있다.

1. 업무 중인 모습을 사진에 담아 주변 사람들에게 보여줘라

이 방법은 제법 규모가 큰 학교의 교장이 Y세대뿐 아니라 모든 교직원에게 동기를 부여하기 위해 도입한 것으로 Y세대를 인정해주는 최고의 방법으로 평가받는다. 교장은 열심히 일하는 모든 교직원을 인정해주고 싶은 마음이 굴뚝같았지만 보너스, 상품권, 급여 인상, 혹은 이익 배당 등 그 어떤 것도 제공해줄 형편이 안됐다. 고민하던 그는 (Y세대 기준에서 봤을 때) 기발한 아이디어를 떠올렸다.

그는 디지털카메라로 시설 관리인에서부터 교사에 이르기까지 모든 교직원의 모습을 찍기 시작했다. 그는 식당 직원들이 음식을 준비하는 모습, 교사들이 학생들을 가르치는 모습, 그리고 시설 보수팀이 학교 시설을 수리하는 모습 등 모든 활동을 생생하게 카메라에 담았다. 그리고 그는 겨울방학이 시작되기 전에 각 교직원의 모습을 담은 사진 중 가장 마음에 드는 것을 한 장씩 골라 감사 카드에 첨부했다.

감사 카드는 학생들을 돕는 훌륭한 교직원으로 키워준 것에 감사하는 뜻으로 교직원의 부모들에게 보내기 위한 것이었다. 그는 교직원들에게 알리지 않고 감사 카드에 사진을 동봉하여 보냈다. 부모가 안

계실 경우에는 배우자나 자녀, 조부모나 은사 등 교직원이 고맙게 여기는 지인들에게 보냈다. 겨울방학이 끝나고 학교로 돌아온 교직원들은 서로 껴안으면서 교장이 보낸 카드 때문에 가족들과 나눈 이야기들을 서로에게 들려주느라 정신이 없었다. 그중 신입 여교사가 유난히 감성에 젖어 있었다. 교장은 자신이 쓴 카드에 문제가 있었는지 물었다. 그는 학교에서 보여준 그녀의 모습을 그대로 전했을 뿐이라고 설명했다. 그녀는 눈물을 글썽이며 대답했다. "아니오. 사진 때문이에요. 어머니는 제가 일하는 모습을 한 번도 못 보셨거든요."

겨울방학과 같은 정기휴가가 없는 회사의 경우 여름휴가나 연휴 직전에 Y세대 개개인의 회사 생활이 담긴 카드나 편지를 그들의 집으로 보내면 유사한 효과를 볼 수 있다. 분명 가족들끼리 모여 앉은 식탁에서 즐거운 화젯거리가 될 것이다(그리고 할머니께서 매우 자랑스러워할 것이다).

2. 온라인 활용과 간단한 선물

직원의 가족이나 친구들에게 소식을 알리는 일이 껄끄럽다면 (혹은 법적으로 금지되어 있다면) 효율적으로 Y세대를 인정할 수 있는 다른 방법도 많이 있다. 회사의 웹사이트(좋은 소식을 올리면 직원들은 쉽게 자신들의 블로그에 링크시킬 수 있다), 인트라넷, 뉴스레터, e-뉴스레터, 잡지 등에 그들을 인정하는 글을 올리는 것이다. CEO, 경영자, 직속상관과의 인터뷰 내용을 월별 팟캐스트에 올리는 방법도 추천한다(팟캐스트가 없다면 이제부터라도 마련하길).

회사의 설립 취지와 가치관을 가장 잘 대표하는 직원에게 상징적인 선물을 주는 것도 좋은 전통이 될 수 있다. 친환경적인 물품을 한가득 담은 선물 바구니 등 회사가 중요하게 생각하는 핵심 가치와 관련된 선물 등이 좋은 예다. 선물은 예측하기 힘들수록 더욱 기억에 남는다(예를 들어 1982년도 볼링대회 1등에게 선물했던 리본을 다시 선물한다든지). 이렇게 재미있는 선물을 받아보고 친구들에게 자랑하지 않을 사람이 어디 있겠는가?! 트위터 타임라인과 페이스북을 사진으로 도배할 것이다.

3. 뛰어난 업적을 인정하고 널리 알려라

직원이 특히 Y세대 직원이 이례적일 정도로 우수한 성과를 낸 경우 그 사실을 공개해서 많은 사람들과 기쁨을 함께 나눠라. 언론을 활용하는 것도 좋은 방법이다. 만일 회사 내 누군가가 특허를 따는 데 큰 기여를 했다면 지역 언론사에 그 특허의 중요성과 특허를 통해 얻게 될 경제적 이익 그리고 회사의 성장 가능성 등을 적극적으로 알려라. 만일 어떤 직원이 자랑스러운 시민상 등을 받는다면 지역 신문이나 업계 간행물 혹은 비즈니스 저널 등에 보도 자료를 보내라. 이런 반가운 기사(설령 인쇄는 안 되고 인터넷 신문에만 게재되더라도)를 통해서 Y세대 직원들은 그동안 왕래가 없었던 사람들로부터 기분 좋은 연락을 받게 될 것이며 가족이나 친구들 그리고 동창들로부터 많은 축하를 받게 된다.

Y세대 직원이 업무 외적으로 뛰어난 행동을 한 경우에도 언론에 반드시 알려라(예를 들어 심폐소생술로 위급한 환자를 구했다거나 불우한 사람들을 위해 자신의 아파트를 개방했다거나). 직원의 성과와 공로를 강

조하는 한편 많은 사람들이 소식을 손쉽게 접할 수 있도록 언론 기사를 링크시켜놓은 '언론에 보도된 직원들'이라는 게시판을 회사 웹사이트에 만드는 것도 좋은 아이디어다.

직원의 다양하고 긍정적인 활동이 신문, 잡지, 업계 소식지, 혹은 온라인에 보도될 때마다 그 내용을 당신이 직접 쓴 축하 메시지와 함께 직원, 직원의 배우자, 부모님, 그리고 기타 가족들에게 알려라. 더 나아가 해당 직원의 모교에도 기사 등의 사본을 보내서 동문회보에도 이 기쁜 소식이 실릴 수 있게 (그리고 진로상담실에도 붙여놓을 수 있게) 해라 물론 당사자는 자신의 모든 연락망(페이스북 친구들과 온라인 그룹들)을 동원해서 그 사실을 알리려고 노력할 것이 분명하다. 이러한 활동은 직원의 기분을 좋게 해줄 뿐 아니라 일하기 좋은 회사라는 이미지를 많은 사람들에게 심어준다(게다가 Y세대가 신문을 읽도록 유도할 수 있다!). 또한 성공한 Y세대의 모습이 언론에 자주 노출될수록 더 많은 Y세대가 당신 회사에 지원할 것이다.

사례: 어느 선배 경찰의 반가운 방문

급여 인상이나 승진 없이도 Y세대 경찰관을 쉽게 동기부여한 사례가 있다. 순찰 중이던 한 경찰관이 후배인 Y세대 경찰관의 부모가 사는 집을 지나치게 되었다. 그는 후배 경찰관의 부모에게 아들이 정말 열심히 일한다는 이야기를 전하면서 인사나 할 목적으로 그 집을 방문했다.

뜻밖에도 그 집에는 후배 경찰관이 함께 있었다. 선배 경찰관은 부모님과 간단히 인사를 나눈 후 후배 경찰과 한자리에 있던 아버지 앞에서 경찰관으로서 훌륭하게 임무를 수행하고 있는 아들을 칭찬했다. 가족 모두가 미동도 없이 아들의 칭찬에 귀를 기울였다. 그날 이후로 그 Y세대는 소속 부서에서 가장 뛰어난 경찰관이 되었다고 한다. 이 모든 것이 5분이라는 짧은 시간 동안 적절한 사람들 앞에서 적절한 말로 그를 인정해준 덕분에 이루어진 일이었다.

당신이 동기부여를 위해 투자하는 만큼의 효과를 거두지 못하고 있다면 좀 더 효과적인 수단을 찾아야 한다. 그러는 것이 Y세대들에게도 이득이며 회사의 자원을 낭비 없이 활용하는 길이다(차가 없는 Y세대에게 무료 세차권을 주는 것은 우습지 않은가? 대신에 스쿠터 세차권은 어떨까?).

|

Y사이즈를 위한 질문

|

1. 동기부여를 통해 Y세대 직원이 달성했으면 하는 성과는 무엇인가?

2. Y세대를 동기부여하는 방법은 무엇인가?

3. Y세대에게 생각하는 가장 효과적인 동기부여 방법을 물어본 적이 있는가?

|

13장
Y세대의 열정을 붙잡아라!

나는 강연을 할 때 무엇인가 맞지 않는다는 느낌 때문에 회사를 바로 그만두는 Y세대의 비범함에 대해 이야기하곤 한다. Y세대는 회사를 그만둘 때 미리 알리기도 하지만(주로 월급날이 얼마 안 남았을 때) 그러지 않는 경우도 종종 있다(회사의 유니폼 값을 아직 갚아야 하는 경우). 이런 이야기를 하면 꼭 끼어드는 임원이나 관리자가 있다. "제이슨. Y세대가 그렇게 갑자기 말도 없이 회사를 그만둘 것이라고 생각하지는 않는데요." 하지만 그들도 한 번은 당한다. 금융 회사의 임원인 스테판이 그랬다. 성공한 기업가들을 대상으로 한 강연에서 내 이야기를 들은 스테판이 내게 이메일을 보내왔다.

나는 역사와 전통이 있는 대형 투자 회사에서 일하고 있습니다. 모든 직원은 항상 정장에 넥타이를 매고 다니며 전망이 좋은 건물 곳곳에는 비싼 미술 작품이 걸려 있습니다. 아마도 영화 〈월스트리트Wall Street〉에 나오는 사무실과 비슷할 겁니다.

나는 미팅 때문에 지난 화요일과 수요일에 사무실을 비웠습니다. 그 이틀 동안 Y세대 비서에게 몇 차례 전화를 했지만 연락이 안 됐습니다. 잠깐이라도 연락이 안 되는 것도 문제인데, 이틀 연속 연락두절이라니…. 정말 말도 안 되는 일이었습니다. 아무리 휴대전화 헤드셋을 항상 귀에 꽂고 다닌다 해도 말이죠.

목요일 아침 회사에 출근하자 또 다른 Y세대 직원이 내 사무실에 들어와서는 조심스럽게 문을 닫고 속삭이듯 얘기했습니다. "잠시 말씀 좀 드려도 될까요?" 그녀가 말하기를, 화요일 아침만 해도 비서는 평소와 같이 업무를 보고 있었답니다. 그런데 갑자기 오전 10시쯤이 되자 코트와 핸드백을 챙기더니 사무실 밖으로 나가더랍니다. 사람들은 그녀가 평소 마시던 커피를 사러 나가는 것이라고 생각했습니다. 하지만 그녀는 그 이후로 사무실에 돌아오지 않았다고 합니다. 대신 그녀는 인사팀에 회사를 그만두겠다고 통보하는 이메일 한 통을 오후 늦게 보냈습니다.

난 너무도 충격을 받은 나머지 그녀에게 전화를 했고 불만 섞인 음성 메시지를 2통이나 남겼습니다. 그녀는 곧이어 내게 전화를 했고 난 그녀에게 자초지종을 설명해달라고 했죠. 아무런 통보나 설명 없이 회사를 그만두는 게 말이 안 된다고 생각했습니다.

"그냥, 별로 내키지 않아서요." 그녀가 대답했습니다.

이게 도대체 무슨 말인지…. 별로 내키지 않는다고 업무 중에 갑자기 회사를 그만두다니…. 그녀의 설명은 이게 전부였습니다. 그녀는 앞 으로 3개월간 멕시코로 여행을 간다고 말하고는 전화를 끊었습니다.

중요한 직원이 아무 통보도 없이(개인적으로 알리지도 않고) 회사를 그 만두는 '봉변'을 당해본 사람이라면 스테판이 얼마나 당황스러웠을지 이해할 것이다. 믿고 의지하던 직원이 어느 순간 없어져버렸으니 말이 다. (혹은 멕시코로 돌연 여행을 떠나버렸으니 말이다. 결국 그게 그거지 만.) 이 책에서 소개하는 Y사이즈 프로세스는 Y세대의 잠재력을 개 발하고 그들의 업무 몰입도를 높이며 동기를 부여하기 위한 목적으로 설계되었다. 하지만 Y사이즈 프로세스의 목적과 효능이 아무리 뛰어 나다고 한들 Y세대가 회사를 그만둬버리면 아무 쓸모도 없게 된다. Y 세대를 붙잡아두는 것이 우선이다.

재직 기간을 늘려라

모든 신입사원은 항상 하는 일에 비해 많은 돈을 받는다. 일하는 방법을 배우는 기간에도 급여가 나가기 때문이다. 하지만 회사는 언젠가 이들이 그동안 지불한 급여 이상의 가치를 만들어낼 것이란 기대를 한다. 이것은 회사가 최단기간 내에 Y세대 직원들의 가치를 높여야 하며 가능한 오랫동안 그들을 회사에 머물게 해야 한다는 의미다. Y세대의 이직을 막고 평균 근무 기간을 늘리고 싶다면 그들의 사고를 "어디든 취직했으니 됐다"에서 "이 회사가 아니면 안 된다"로 전환시켜야 한다. 그래야만 근무 중에 회사 맞은편 커피숍에 앉아 라떼를 마시며 농땡이를 피운다거나 돌연 해변으로 떠나버리는 불상사를 막을 수 있다.

실제로 직원들에 대한 투자 수익률을 높이기 위해서는 높은 성과를 내는 직원을 오래 데리고 있어야 한다. 이는 직접적으로는 이직으로 인한 비용 절감에도 큰 도움이 된다. 이직으로 인한 비용은 업계 평균 실질 급여의 1.5배에 이르지만 수요가 많고 고급 기술을 가진 인력의 경우 최대 3~4배에 이르기도 한다. 간접적으로 허비되는 비용도 상당하다. 다른 직원들이 업무 방해를 덜 받기 때문에(갑자기 회사를 관둔 Y세대의 업무를 떠안을 일이 없기 때문에) 지속적이고 효과적으로 회사를 운영할 수 있을 뿐만 아니라 질 좋은 고객 서비스를 제공할 수 있다. 하지만 Y세대의 재직 기간을 늘리고 업무 효율을 높이려면 현재 직원들이 어떻게 관리되고 유지되는지를 분석해봐야 한다.

1. 평균 재직 기간을 파악해라

많은 기업들이 임직원의 유지 효과를 측정할 때 사용하는 일반적인 지표는 바로 그들의 재직 기간이다. 즉 얼마나 오랫동안 연속적으로 근무했냐는 것이다. 재직 기간은 측정하기가 쉬울 뿐 아니라 몇 달, 몇 년, 심지어 몇 십 년씩 한 회사에만 근무하는 장년층이나 베이비부머가 생각하는 충성심과도 통한다. 하지만 Y세대가 생각하는 충성심은 다르다. Y세대에게는 한 회사에서 얼마나 오래 일했느냐보다 근무 기간 동안 얼마나 열심히 일했느냐가 충성심의 척도다. 그 때문에 그들은 3개월밖에 근무하지 않은 회사의 사장에게 정말 '진지한' 태도로 추천서를 부탁하기도 한다. 3개월밖에 근무하지 않았다 하더라도 "3개월 내내 최선을 다했기 때문"에 가능한 일이다.

오늘날 많은 회사들이 '모든' 직원보다는 '유능한' 직원만을 유지하는 데 주력하고 있다. 유능한 직원을 보유하고 있는 것 자체가 경쟁력이기 때문이다. 이는 특히 인력난을 겪고 있는 첨단기술 기업, 조만간 대규모의 퇴직이 임박한 회사 그리고 전통적으로 이직률이 높은 (매 근무 때마다 새로운 직원을 채용해야 하는) 서비스업체들에는 더욱 중요한 현안이다.

Y세대(중요한 자리에서 높은 성과를 내는 직원뿐 아니라 주방 청소를 하는 직원 모두)를 회사에 오랫동안 붙잡아두고 싶다면 우선 재직 기간 자료를 있는 그대로 바라봐야 한다. 여기서 '있는 그대로'라는 표현에 주목하기를 바란다. 관찰자의 편견이 개입되면 데이터는 얼마든지 왜곡될 수 있기 때문이다(혹은 데이터를 정리하는 직원의 의도가 반영될 수도 있다).

우선 첫 번째로 할 일은 모든 직원의 평균 재직 기간을 계산해보는
것이다. 고령층이 주를 이루는 위계 질서가 뚜렷한 대기업의 경우(예,
공기업이나 유서 깊은 회사들) 전체 사원의 평균 재직 기간이 굉장히 우
측(장기 근무쪽)으로 치우친 분포를 보일 것이다. 흥미롭긴 하지만 이
로부터 유용한 정보를 도출해내기는 힘들다.

이보다 더 중요한 것은 (그리고 이 책의 목표와 더 부합하는 것은) Y세대
직원들의 평균 재직 기간을 파악하는 것이다. 신생기업이 아니라면 Y세
대의 평균 재직 기간이 전 직원의 평균보다 낮을 것이다. 하지만 Y세대
의 재직 기간을 늘리는 데 필요한 정보는 모두 이 자료에서 나온다.

2. 데이터 분석을 위한 고려사항

재직기간과 관련된 데이터를 완벽하게 활용하기 위해서는 다음과 같
은 것들을 고려해야만 한다.

- 가능하다면 특별한 이유 때문에 해고된 직원은 자료에서 누락시켜
  라. 유능한 직원을 어떻게 붙잡을 것인가에 주력해야 하는 상황에
  서 화장지를 훔치다가 해고된 직원의 자료는 가치가 없다(이는 고용
  문제이지 재직 관련 문제와는 무관하다).
- Y세대의 이직이 특정 직위나 직무에서 발생하고 있는가? 이것이 새
  로 나타난 현상인가? 사업 모델이나 업계의 특징 때문인가?
- 이직하는 직원 수에서 발견되는 다른 패턴은 없나? 특정한 팀(지점
  혹은 지역)에서 이직률이 높은가? 매년 특정한 시기에(계절적 수요에
  의한 고용 제외) Y세대가 그만두는 경향이 있나? 오리엔테이션이나

특정한 교육을 받은 직원은 더 오래 근무하는가?

• 직원이 퇴직하는 이유를 설명할 수 있는 다른 자료들을 갖고 있나? Y세대 중에도 여성이 남성보다 더 오래 근무하는 편인가? 피치 못할 사정에 의해 회사를 그만두는 경우(예를 들어 배우자가 다른 지역의 지사로 발령을 받아서 함께 가야 하는 경우)와 본인의 의지로 (3명의 우수 고객을 데리고) 건너편에 있는 경쟁 회사로 옮기는 경우를 구분할 수 있나?

3. 패턴 분석 및 활용법

당신은 위 질문들에 대한 답변을 분석해서 '패턴'을 찾아내야 한다. 이런 패턴을 분석하다 보면 회사가 Y세대를 유지하기 위해 집중해야 할 분야가 보인다. 특정한 포지션이나 특정한 기간에 이직률이 높을 경우 그리고 특정한 팀이 비정상적으로 높은 이직률을 보이는 경우 특히 주목해야 한다.

'실력 있는' Y세대만을 표본으로 삼아 위 질문을 해보면 더욱 구체적인 정보를 얻을 수 있다. 성과가 낮은 직원을 유지하는 것보다는(그들은 회사를 그만둘 생각을 하지도 않는다) 최고 중에도 최고를 유지하는 것이 목표다. 회사는 Y세대가 달리 갈 곳이 없어서가 아니라 자신의 재능과 미래를 위해 가장 적합한 곳으로 생각하고 회사에 남게 해야 한다.

회사와 이런 교감을 나누는 Y세대는 경제 상황이 어려울 경우 스스로 나서서 연봉 삭감을 자처하기도 한다(혹은 더 높은 연봉을 제시하는 경쟁 회사의 제안을 거절하는 경우도 있다). Y세대는 이것을 단기적으로는 금전적인 손해로 인식하지만 장기적으로는 자신의 미래와 회사 그리고 회사의 사명과 경영진에 대한 투자라고 생각한다(이렇게 쌓아놓은 선의는 나중에 금요일 휴가를 신청할 때 써먹을 수 있다). 회사와 Y세대가 이런 형태의 깊은 감정적 유대감을 갖는다면 Y세대의 평균 재직 기간은 저절로 늘어날 것이며 결과적으로 그들의 충성심은 더욱 높아진다. 충성스러운 Y세대 직원을 만드는 방법은 다음 장에서 자세히 소개하겠다.

재직 기간 자료를 정리하고 검토하는 간단한 노력만으로도 당신이 간과하거나 무시할 수도 있었을 Y세대의 근무 패턴을 파악할 수 있다. 가끔은 너무나도 분명한 메시지를 진작 깨닫지 못했다는 사실에 놀랄 것이다.

자동차 관련 사업을 하는 한 CEO는 이직률을 나타내는 전체 숫자만 보다가 중요한 사실 하나를 코앞에서 놓쳐버리고 말았다. 그는 이직률이 높은 것이 마음에 걸렸지만 데이터에서 특별히 눈에 띄는 패턴을 찾아낼 수 없었다.

하지만 자료를 월별로 분류해서 좀 더 자세히 들여다보니 하나의 경향을 찾을 수 있었다. 많은 Y세대 직원들이 같은 달에 회사를 그만두었던 것이다. 하지만 그들은 채용 시점이 서로 달랐기 때문에(즉 평균 재직 기간이 달랐기 때문에) 그동안 이 경향을 쉽게 발견하지 못했다. 지리적으로 멀리 떨어져서 일을 해야 하는 환경도 원인 파악을 더디게 한 이유 중 하나였다.

Y세대는 왜 비슷한 시기에 회사를 그만둔 것일까? 급여가 달라진 것도 아니고 경영자나 회사의 사명이 바뀐 것도 아니었다. 그는 최근에 회사를 그만둔 Y세대 한 명을 불러 그 이유를 직접 물어봤다. 답변은 야외 근무를 해야 하는지 모르고 입사했는데 겨울이 되자 이왕이면 난방

이 잘 되는 곳에서 일하고 싶어서 회사를 그만뒀다는 것이었다. 비슷한 시기에 회사를 그만둔 다른 직원들도 모두 그와 같은 생각이었다.

이 이야기를 들은 CEO는 바로 다음 날부터 야외 근무지마다 히터를 설치했고 이직 문제는 해결되었다.

이직을 예방하는 퇴직자 면접

직원이 회사를 그만두는 데는 다 그만한 이유가 하나씩 (혹은 수십 개씩) 있다. 상사가 너무 까다로워서, 업무가 마음에 들지 않아서, 새로운 업무가 수면 패턴을 방해해서(예, 매일 아침 10시 정각까지 출근하는 것이 너무 힘들어서) 회사를 그만둔다. 그러니 Y세대가 "아무런 이유 없이" 회사를 그만둔다고 해서는 안 된다. 오히려 좀 더 독창적인 방법으로 Y세대가 회사를 그만두는 진짜 동기를 찾아내야만 한다.

직원이 회사를 그만두는 이유는 회사가 싫어서라기보다 상사가 마음에 안 들어서라고 전문가들은 말한다. 하지만 내 생각은 조금 다르다. 상사가 아무리 짜증나게 굴어도 회사의 목표와 신념에 대한 애착이 생기면 그 직원은 회사에 끝까지 남는다(드라마 〈오피스〉[1]를 한 번

1) The Office. '던더 미플린 제지'의 사원들과 보스를 중심으로 벌어지는 사건들을 다큐멘터리 형식으로 보여주는 신개념의 시트콤이다. 직원들의 짜증지수를 높이기로는 타의 추종을 불허하는 세계 최악의 보스 마이클이 이 시트콤의 중심인물이다. 핸드-헬드 카메라가 제3자의 시선이 되어 사원들을 따라다니면서 그들의 속마음을 인터뷰하기도 하고 은밀하게 진행되는 사건을 은근슬쩍 제보하기도 하며 사무실 내의 소소한 일상과 행복을 그린다.

이라도 본 사람이라면 내 말을 충분히 이해할 것이다). 회사를 그만두는 이유에 대한 추측은 얼마든지 가능하다. 하지만 추측보다 더 중요한 것은 회사를 그만두는 이유, 특히 최고의 직원이 어느 날 갑자기 우아하게 인사를 하고는 (주요 고객 리스트를 머릿속에 넣은 채) 경쟁사로 훌쩍 떠나버리는 이유를 정확하게 파악하는 것이다.

직원들의 이직 사유를 판독해내는 가장 좋은 방법은 퇴직자 면접이다. 출근 첫날이 직원에게 가장 중요하고 뜻 깊은 날이듯이 출근 마지막 날은 회사에 매우 중요하다. 퇴직자 면접의 중요성은 아무리 강조해도 지나치지 않지만 대다수 회사들은 이를 시행조차 하지 않고 있다. 퇴직자 면접의 도입을 차일피일 미루고 있는 경영진의 태도는 아무런 통보도 없이 회사를 그만두고 마지막 월급을 친구에게 대신 수령해달라고 부탁하는 Y세대의 태도와 별반 다르지 않다.

퇴직자 면접을 실시하지 않는 CEO는 다음과 같은 3가지 유형 중 하나에 속한다.

- 직원이 떠나는 이유를 전혀 궁금해하지 않는다(대신 그만두는 직원의 뒷모습을 보면서 "나가는 길에 엎어져서 코나 깨져라!"라고 생각할 것이다). 그저 다음 사람을 뽑는 데 열중할 뿐이다.
- 직원이 떠나는 이유가 CEO, 즉 자신 때문이라는 소리를 매우 듣기 싫어한다.
- 직원이 떠나는 이유를 이미 알고 있다고 생각한다. 그리고 자신의 생각이 상당히 타당하다고 믿는다.

이런 부류의 CEO가 되어서는 안 된다! 다시 한 번 말하지만 Y세대가 회사를 그만두는 데는 다 그만한 이유가 있다. 그 이유가 합당할 때도 있고(대학 진학 등) 우스꽝스러울 때도 있다(작은 어항에서 이구아나 기르는 법을 배우기 위해). 하지만 어떤 경우라도 그 '이유'를 파악하는 것은 효과적으로 Y세대를 채용하고 동기를 부여하고 최고의 직원으로 성장시키는 데 큰 도움이 된다.

올바른 질문이 필요하다

퇴직자 면접은 회사를 떠나겠다고 마음먹은 직원의 마음속을 들여다볼 수 있는 좋은 기회다. 간혹 듣기 싫은 소리나 동의할 수 없는 내용을 들을 수도 있지만 회사의 고질적인 문제를 쉽게 해결할 수 있는 새로운 시각을 얻기도 한다(그동안 Y세대를 훈련시키는 데 들인 노력에 대한 보상을 조금이나마 얻게 될 것이다).

퇴직을 앞둔 직원으로부터 진실된 답변을 듣고 싶다면 '적절한' 환경에서 '적절한' 질문을 던지는 것이 핵심이다. 퇴직 면접을 통해 얻은 정보를 어떻게 활용할 것인가는 당신 손에 달려 있다. 당신이 여전히 상사이기 때문이다. 재직 중에 퇴직자가 우수한 능력을 발휘했거나 동료들과 잘 어울렸거나 주요 직무를 담당한 경우라면 퇴직자 면접이 특히 중요하다. 다른 직원을 채용할 때 활용할 수 있는 유용한 정보를 최대한 많이 확보할 수 있고 같은 이유로 직원을 또다시 잃는 불상사를 막을 수 있기 때문이다.

　퇴직자 면접으로 회사를 그만두겠다고 마음먹은 우수한 Y세대 직원의 마음을 돌릴 수는 없지만 남아 있는 우수한 직원들을 지키는 데 유용한 정보들을 얻을 수 있다. 또한 회사로 다시 돌아오면 받아줄 것이라는 가능성을 퇴직자 면접에서 은근히 내비치는 것도 좋다. (회사 홍보 팸플릿만 믿고) 남의 떡이 커보여서 다른 회사로 옮겨갔지만 환경이 별반 다르지 않다는 것을 깨닫게 될 직원들이 분명 있다. 특히 Y세대는 사회 경험이 턱없이 부족하기 때문에 회사를 옮기면 업무 환경이 더 좋아질 것이라는 막연한 기대를 갖는다. 그래서 Y세대의 이직 판단은 틀릴 때가 많다. 부메랑처럼 되돌아오는 Y세대들을 다시 받아준다면 당신의 회사가 얼마나 일하기 좋은 곳인지 누구보다도 잘 알 것이기 때문에 그들은 충성을 다할 것이다.

퇴직자 면접 절차를 Y사이즈해라

퇴직자 면접은 반드시 직접 해야 한다. 아웃소싱 회사가 전화로 퇴직자 인터뷰를 하게 하는 것은 곤란하다. 겉보기에는 제3의 업체가 진행하는 것이 좀 더 객관적으로 보일 수 있다. 게다가 떠나는 직원 입장에서는 제3자와 이야기하는 편이 한결 편할 것이라고 생각할 수도 있다. 하지만 바로 이러한 이유들 때문에 대행업체에 맡겨서는 안 된다. 자료의 가치가 떨어지기 때문이다. Y세대와의 인터뷰에서 얻을 수 있는 중요한 정보 중 다수는 비언어적 형태를 띤다(예를 들어 회사를 그만두는 이유를 거짓말로 둘러대느라고 눈동자를 이리저리 굴리는 등). 만일 대행업체에서 전화로 퇴직 인터뷰를 진행한 다음 경영자에게 요약된 자료들만 보내준다면 이런 비언어적인 정보들을 다 놓치게 된다. 이는 퇴직자와 신뢰를 구축할 기회를 잃는 것과 같다(예를 들어 데이트하러 가는 직원에게 회사 차를 빌려줬던 기억을 상기시키는 등의 행위를 통해서).

인터뷰를 할 때면 항상 그동안 퇴직자가 보여준 성과에 대한 칭찬으로 시작해야 한다. 하지만 특별한 이유에 의해 해고되는 경우는 제외한다. 또한 인터뷰 시작 전에 항상 인터뷰의 목적을 분명히 밝혀라. 굳이 '퇴직자 면접'이라는 명칭을 사용하지 않아도 된다. 아니, 그러지 말 것을 권한다. "그동안의 회사 생활을 마무리하는 차원에서 10분 정도 간단한 대화를 통해 솔직한 느낌을 공유해주길 바란다"고 풀어서 설명하면 된다. 또한 퇴직자 면접에서 공유되는 정보는 절대 기밀로 유지될 것임을 사전에 꼭 밝혀라.

다음은 퇴직자 면접에서 활용할 수 있는 유용한 질문들이다. 아래의 순서대로 물어라.

1.블린다, 당신이 떠난다니 슬프네요. 누구든 떠나긴 하지만…. 처음 우리 팀에서 일을 시작했을 때 정말 기뻐했던 모습이 눈에 선해요. 퇴직은 언제 결심했나요? 왜죠?

2.여기서 일하면서 기대했던 것은 뭐였죠? 혹시 처음에 기대했던 것과 많이 달랐나요? 어떻게 달랐어요?

3.당신이 내 입장이라면 당신과 같은 인재가 회사를 그만두지 않게 하기 위해 어떻게 했을까요?

4. 앞으로 채용될 직원들이 회사 생활을 성공적으로 하기 위해 필요
   한 훈련은 무엇이라고 생각하나요?
5. 회사를 떠나기 전에 '이것은 꼭 좀 나에게 물어봐줬으면 좋겠다'고
   생각한 질문이 있나요?

다음과 같은 추가질문을 준비하면 보다 충분한 정보를 확보할 수 있다.

1. 당신이 우리 회사를 떠나야겠다고 마음먹는 데 결정적으로 기여한
   사건이나 경험을 한두 가지 정도 말해줄 수 있나요?
2. 앞으로 채용될 직원들이 성공적인 회사 생활을 할 수 있도록 돕는
   방법에는 어떤 것들이 있을까요?
3. 후임자를 뽑을 때 가장 중점적으로 살펴야 할 덕목은 무엇인가요?

탐정이 되어라

퇴직자 면접을 하는 동안 직원의 답변은 반드시 받아 적어야 한다. 메
모를 한다는 것은 당신이 답변 하나하나를 중요하게 생각한다는 것을
표현하는 동시에 대화 내용을 기록으로 남기는 행위다. 그러나 메모
의 가장 큰 장점은 당신이 마음에 들지 않는 답변을 듣고도 욱하는 마
음에 직원의 말을 끊어버리는 불상사를 막을 수 있다는 것이다. (직원
의 대답이 거슬릴 수도 있다. 하지만 그렇다고 해서 말을 끊어버린다면 직
원은 더 이상 대답하지 않을 것이다.) 설령 과거의 불미스러웠던 사건이

떠올라서 한마디해야겠다는 충동을 느끼더라도 묵묵히 들으면서 직원과의 의견 충돌을 피하는 것이 퇴직자 면접의 목표다.

또한 당신은 '상사'라는 생각을 버려야 한다. 이 순간 당신은 남은 직원들에게 더 나은 업무 환경을 제공하는 데 도움이 될 단서를 찾는 '탐정'일 뿐이다. 퇴직자 면접에서 받아 적은 내용들을 파일로 정리하고 추가적인 퇴직자 면접을 진행할 때마다 내용을 검토하고 보충해라. 이 파일을 검토하면서 특정한 패턴이 발견되는지를 살피고, 만일 발견되는 패턴이 있다면 반드시 원인을 분석해라. 직원들이 아무 이유 없이 회사를 그만두지는 않는다. 그 원인을 빨리 알아낼수록 해결책도 빠르게 찾을 수 있다(아니면 퇴사하는 날까지도 복장 불량인 Y세대의 뒷모습을 바라보면서 바짓단에 걸려 넘어지기를 기도하든지).

나는 호텔의 총지배인으로부터 유능한 Y세대 직원을 잃은 이야기를 들었다. 그는 지난 3년간 열심히 일하며 빠르게 승진을 거듭해온 Y세대 직원이 느닷없이 회사를 그만둔 이유를 이해할 수 없었다. 그래서 퇴직 이유를 알아보기 위해 그 Y세대 직원과 비공식적인 일대일 인터뷰를 했다. 인터뷰 초반에는 "다른 일이 해보고 싶어서요"라는 등의 거짓 대답밖에 들을 수 없었다. 분명히 다른 이유가 있을 것이라고 믿었던 총지배인은 결국 진짜 이유를 알아냈다. 그는 생일날 휴가를 쓸 수 있게 해달라는 자신의 요구를 상사가 들어주지 않은 것에 불만을 품었다.

Y세대 직원의 이야기는 이랬다. 그는 3년 동안 단 한 번도 지각을 하거나 병가를 내본 적이 없지만 생일만큼은 고향에 가서 친구와 가족을 만나고 싶었다. 그래서 충분한 시간적 여유를 갖고 휴가를 미리 신청했지만 상사는 그의 휴가를 승인하지 않았다. 휴가를 쓴 날짜를 손

으로 꼽을 수 있을 정도로 성실히 일하는 직원이라는 점을 상사도 잘 알고 있었음에도 말이다. 상사의 융통성 없는 태도에 감정이 상한데다 자신의 생일만큼은 가족과 친구들하고 보내고 싶은 마음에 그는 그날 바로 사표를 냈다. 중요한 일을 하고 있던 그 직원이 주중에 갑자기 그만두면서 호텔은 큰 타격을 받았다. 적임자를 찾는 데 무려 6주의 시간이 걸렸던 것이다! 총지배인은 이 사건을 통해서 각 직원들이 중요하게 생각하는 것이 천차만별이라는 점과 상사의 직원 관리 능력을 개선해야 한다는 사실을 깨달았다고 한다.

이성적·감성적 교류 모두가 필요하다

퇴직자 면접을 통해서 Y세대가 회사를 떠나는 이유를 파악했다면 이제는 그들을 떠나지 못하게 할 방법들에 대해 알아볼 차례다. Y세대는 회사와 이성적이고 감성적인 유대감을 가져야만 오랫동안 한 회사에서 근무한다. (이성적: "이 회사에 머무는 것은 합리적인 선택이다." 감성적: "이 회사가 좋다!") 유대감을 강화할 수 있는 좋은 방법은 내부 승진을 활용하는 것이다. 내부 승진을 통해 이성적이고 감성적인 유대감을 한층 견고하게 할 수 있을 뿐 아니라 회사는 직원들을 믿고 의지하며 직원들의 능력 개발을 위해 노력한다는 신뢰의 메시지를 보낼 수 있다.

또한 가장 빠른 승진 방법은 이직이라는 잘못된 믿음을 깰 수도 있다(왜냐하면 회사를 옮기면 미래가 불확실하지만 내부 승진으로 발탁된 동료직원을 보면서 자신의 승진 가능성을 점쳐볼 것이기 때문이다!).

내부 승진, 적극적인 동기부여 방법

내부 승진은 요란하게 다루는 것이 좋다. 특히 Y세대의 경우 더욱 그렇다. 요란하게 알려야만 회사에서 계속 근무하는 것이 막다른 길을 향해 나아가는 것이 아니라 밝은 미래를 향한 발걸음임을 Y세대들에게 제대로 알릴 수 있기 때문이다. 내부 승진을 Y사이즈하려면 승진한 Y세대를 격려하고 동료들로부터 약간의 관심과 질투를 유발할 수 있는 말들을 회사에 퍼트려야 한다. 우선 승진이 결정된 Y세대에게 그 소식을 '개인적'으로 전해라(Y세대가 느닷없이 춤을 추거나 환호성을 지를 가능성이 있으므로). 승진 대상 직원의 상사나 CEO가 승진 소식과 이유를 직접 전달하는 것이 가장 이상적이다. Y세대는 승진에 더 큰 의미를 부여할 것이며, 어떤 행동이나 결과를 직원들에게 설명하는 당신의 능력도 크게 향상될 것이다.

해당 직원에게 통지했으면 전 임직원이 모이는 자리를 따로 만들거나 전체 회의 등을 활용해서 나머지 직원들에게도 알려라. 회사의 규모가 크거나 팀이 여러 곳에 분산되어 있어서 회의에 모든 임직원이 참석할 수 없다면 이메일이나 사내 신문 등의 매체를 활용해서 승진 소식을 알려라. 소식을 알릴 때는 항상 해당 직원이 어떠한 이유로 승진 대상이 되었는지를 빠뜨리지 않고 언급해야 한다. 그래야만 다른 직원들이 늘 가질 수 있는 짜증나지만 중요한 질문("왜 쟤만 승진하고 나는 못했지?")에 대한 답이 된다.

승진 이유와 기준을 분명히 하는 것은 나머지 Y세대들에게 승진을 원할 경우 어디에 에너지를 집중시켜야 하는지를 알리는 좋은 기회다. 그리고 사내 신문에 승진한 직원이 일하는 모습을 찍은 사진(연출된 것 말고), 새 직급과 업무, 재직 기간, 입사 당시 포지션(채용 당시 사진이 있으면 금상첨화) 그리고 승진 이유에 대한 상사의 설명 등을 실어라.

내부 승진, 여러 곳에 알려라

내부 승진은 공표라는 과정을 거치면서 동료들로부터 그 가치를 인정받게 된다. (축하 파티 때 무수한 건배 세례도 받을 것이다. 물론 승진 기념으로 술값은 내야겠지만.) 한 언론사의 고위 임원은 최근 젊은 Y세대를 승진시켰다. 승진에는 보너스, 급여 인상, 그리고 멋진 새 직책 등이 따라붙었다. 하지만 경영진은 승진 심사를 했던 비공개 간부 회의에서만 그에게 승진 사실을 통지했을 뿐이었다. 승진 통보를 받은 후 기뻐서 어쩔 줄 모르던 직원은 일주일이 지나자 점점 시들해졌다. 침울한 표정의 그에게 이유를 물었다.

그는 "제가 승진했다는 사실을 주변에서 아무도 몰라요"라고 대답했다. 비공개 회의에서만 언급되었기 때문에 대다수의 직원들은 그의 승진 사실을 알지 못했다. 게다가 이메일이나 사내 신문으로도 알리기 전이라 알고 있는 사람이 없었다. 그 임원은 바로 사과했고 다음 날 전 임직원에게 이메일을 보냈다. 그날 오후 내내 직원의 사무실 책상 앞에는 축하 인사를 건네려는 동료들의 발길이 끊이지 않았다. 그 임원은 승진이라는 사실 못지않게 중요한 것이 동료직원들로부터의 인정이라는 사실을 깨달았다고 한다.

또한 Y세대의 승진에 특별한 의미를 부여하려면 승진자를 "40세 이하 공인회계사 Top 40"이나 "우리 동네를 대표하는 젊은 변호사 선발대회" 같은 지역사회나 직종별 전문가 선발대회 등에 참가하게 해라.

후보 명단에만 올라도 Y세대들은 그 사실을 부모나 친구뿐 아니라 클래스메이트닷컴[2]에 알릴 정도로 뿌듯해한다(굵은 글씨로 적혀 있다면 다분히 자랑하려는 의도다!). 게다가 새로운 고객을 확보할 때 활용할 수도 있다.

이 같은 대회에서 수상은 못하고 비록 후보에 그친다 하더라도 그들은 본인의 능력을 주위 사람들로부터 인정받았다는 생각에 충분히 만족할 것이다. 만일 입상을 하게 된다면 회사 웹사이트, 사내 신문, 업계 소식지 등을 통해 그 사실을 알려라. 승진 사실 또한 지역 소식지나 신문의 경제면에 실리게 해라. 가능하면 지역 신문의 광고 지면에 승진한 직원의 사진을 실어주는 것도 좋다. 이런 광고는 이직을 심각하게 고려하고 있는 사람들에게 이 회사가 일할 만한 곳이라는 이미지를 심어줄 것이다.

충성심 쌓아 재직 기간을 늘린다

Y세대들은 못마땅하게 생각하겠지만 인센티브나 보너스 등의 지불을 일정 기간 유예하는 것이 생각보다 큰 효과를 발휘한다. 근속 수당은 Y세대 직원의 이직을 막는 가장 손쉬운 방법 중 하나다. 회사는 Y세대를 좀 더 오래 붙잡아둠으로써 (신입사원을 훈련시키는 데 들인 비용을 보상받을 수 있다는 점 외에도) 그들의 충성심을 높일 충분한 시간

2) classmates.com. 1995년부터 시작된 미국의 동창 찾기 사이트. 유치원에서부터 초·중·고·대학 동창, 회사나 군대 동기를 찾아주는 서비스를 제공한다.

도 함께 갖게 된다. 특히 회사가 어떤 이유(예, 채용 동결 내지는 명퇴를 거부하는 베이비부머들) 때문에 유능한 Y세대를 승진시켜주지 못하는 상황이라면 이런 조치를 더욱 고려해야 한다. 다음의 4가지 인센티브를 잘 활용하면 Y세대가 기꺼이 회사에 머물면서 경험 많은 베이비부머들로부터 일을 배울 수 있는 충분한 시간을 갖게 된다.

1. 이연성과급, 이직률을 낮춘다

근속 기간에 따른 성과급을 설계할 때 첫 번째로 할 일은 인센티브 제공 시점을 우수한 직원들의 평균 근무 기간보다 더 길게 잡고 이를 미리 알리는 것이다. 통상적인 근무 기간보다 6개월 길게 회사에 머무는 직원에 한해 보너스나 성과급을 지불하는 것이 일반적이다. 여기서 통상적인 근무 기간은 재직 기간 자료를 통해 도출할 수 있는 Y세대 직원의 평균 근무 기간을 의미한다.

일반적으로 신입사원들은 입사 후 일정 시점(예를 들면 8개월 정도)을 넘기지 못하고 한꺼번에 퇴사하는 경우가 흔하며, 이 시기를 넘기면 3년 정도는 안정적으로 근무하는 경향을 보인다. 만약 Y세대를 8개월 이상 잡아둘 수 있다면 그들은 당신이 기대한 것보다 훨씬 오래 근무할 것이다.

2. 돈 이상의 가치를 제공하라

재직 기간을 늘리는 또 다른 방법은 Y세대에게 돈 외에 다른 인센티브를 제공하는 것이다. 주식을 나누어주거나 업무와 관련된 지역으로 일주일간 휴가를 보내줘라. 아니면 금전적인 보상과 함께 다음 프로젝트나 근무지를 선택할 권한을 줘라. 일정 근무 기간을 채웠고 앞으로도 성실히 일할 것 같은 Y세대 직원에게는 값비싼 교육을 받게 하거나 대학원 등록금을 지원해주는 것도 좋다.

돈으로만 해결하려 한다면 Y세대는 돈만이 자신의 공헌이나 기여를 평가하는 유일한 방식이라고 이해할 것이다. 이것은 Y세대의 재직 기간을 늘리는 데 도움이 안 된다. 다른 회사들은 모두 능력 있는 Y세대에게 돈 이상의 가치를 제공하기 때문이다. 그렇게 방어적으로 회사를 운영할 필요가 없지 않은가? 좀 더 오래 근무하기 위해 Y세대가 원하는 것은 긴 주말이나 그들의 의자를 선택할 수 있는 권리처럼 간단한 것들이다.

Y세대 직원에게 많이 의존하는 어느 회사의 CEO가 사무실을 옮기기로 했다. 직원들이 이사에 적극적으로 나서도록(건물만 옮기는 것이 아니라 새로운 동네로 이사 가는 것이기 때문에) 그는 예산을 배정해서 모든 직원이 자신의 책상과 의자를 직접 고르게 했다. 전혀 의도하지는 않았지만 덕분에 Y세대의 이직률이 눈에 띄게 낮아졌다고 한다. '설마 의자 때문에 그랬을까'라고 생각할 수도 있지만 일주일에 평균 40시간 이상을 의자에서 생활해야 하는 직원들에게 의자를 선택할 수 있는 권한은 매우 큰 혜택이다. 실제로 남편의 근무지가 바뀌면서 회사를 그만둬야 했던 한 여직원은 자신이 사용하던 의자를 돈을 주고 사가겠다고까지 했다!

3. 단기 프로젝트로 성취감을 느끼게 해라

Y세대는 도전을 즐긴다(아니, 사랑한다). Y세대들은 근무 기간 동안 지

속적으로 자신들을 '자극'할 수 있는 도전 과제가 주어지길 바란다. 이런 Y세대들의 욕구를 충족시키면서 재직 기간도 늘리는, 2마리 토끼를 잡을 방법은 Y세대들에게 단기 프로젝트를 제공하는 것이다. 회사가 프로젝트를 통해 달성하고자 하는 성과의 크기에 따라 (즉 근무 기간을 얼마나 늘리고자 하느냐에 따라) 프로젝트 기간은 몇 시간, 며칠 혹은 그 이상으로 늘어날 수 있다. 스트레치 프로젝트[3]를 통해 업무에 대한 Y세대의 흥미를 유지시키고, 업무역량을 향상시키며, 관리자들이 수월하게 Y세대의 강점과 약점을 파악하게 할 수 있다. Y세대는 도전이 없는 순간 진전이 없다고 느낀다. 이렇게 느끼는 순간 그들은 스마트폰으로 다른 직장을 알아보기 시작한다.

스트레치 프로젝트에는 새로운 상품과 서비스 개발을 위한 소비자의 구매 패턴 분석, 분기별 사업 회의 기획 및 운영, 소셜미디어 전략 개발, 향후 본사가 이전할 경우 최적지 탐색, 일주일 동안 비용 절약안 5개 구상, 새로운 마케팅 캠페인·로고·슬로건 제작 등이 포함될 수 있다. Y세대 개개인을 위한 단기 프로젝트를 만들어내기 힘든 경우 Y세대를 모두 하나의 대형 프로젝트에 집어넣어도 된다.

단기 프로젝트는 오프라인뿐만 아니라 베이스캠프[4]와 같은 협업 및 프로젝트 매니지먼트 프로그램을 통해 온라인으로도 수행할 수

----

3) Stretch Project, 스트레치 프로젝트란 보다 도전적 목표를 추구하게 함으로써 직원들이 기존과는 다른 새로운 방법을 모색하도록 동기부여하는 것이다. 여기서 스트레치Stretch란 스스로 가능하다고 생각하는 그 이상의 것을 추구하는 것을 뜻한다.
4) Basecamp. 37시그널스37signals 사가 개발한 온라인 프로젝트 매니지먼트 프로그램으로 스케줄러, 위키wiki 형식의 온라인 서류 작성, 서류 및 파일 공유, 메신저 기능을 제공.

있다. 온라인으로 프로젝트를 수행할 때는 직원들이 특정한 역할을 받아들이고, 진도 보고서를 작성하고, 마지막으로 프레젠테이션을 하거나 보고서를 제출할 때까지 함께 일하도록 지도해라. 성공적인 스트레치 프로젝트는 항상 Y세대의 도전 정신을 자극하고, (대중 연설, 연구 개발 혹은 문제 해결력 같은) 업무 능력을 키워주며, (Y세대가 주변 사람들에게 자랑할 만한) 가시적인 결과물을 창출해야 한다. 단기 프로젝트를 성공적으로 수행한 Y세대에게는 보다 크고 중요한 프로젝트를 이끌 권한(여기에 직접 팀을 구성할 수 있는 권한까지)을 부여하라.

4. 업무 시간을 유연하게 운영해라

상대적으로 업무 시간을 유연하게 조정할 수 있는 회사들이 있다. 예를 들어 재택근무나 4-10s(일주일에 10시간씩 4일만 근무하는 형태로 금요일은 휴무)를 허용하거나 금요일에 일찍 출근해서 일찍 퇴근하는 것을 허용하는 경우다. 유연한 업무 조정이 가능한 회사들은 그 사실을 Y세대들에게 강조해라. 직업적인 성공 못지않게 생활 패턴을 중시하는 Y세대들에게 업무를 자유롭게 조정할 수 있다는 것은 곧 오랫동안 즐겁게 회사 생활을 할 수 있다는 의미다(절대 지각하는 일은 없을 것이다).

이런 형태의 탄력적인 근무 제도를 도입하기 어렵다면 개별 사원의 요구 사항을 최대한 수용해서 개개인의 일정을 유연하게 조정하는 것도 고려해볼 만하다. 예를 들어 하루 일찍 퇴근한 사원은 다음 주에 부족한 시간을 보충한다. 단기적으로는 서로가 불편할 수 있겠지만 ((트랜스포머2)를 개봉 당일 보고 싶어서 일찍 퇴근했다는 이유로) Y세대 직원 상당수를 한꺼번에 잃는 것보다는 덜 고통스럽지 않을까?

무엇보다 Y세대는 시간에 최고의 가치를 둔다는 사실을 다시 한 번 강조한다. 그들은 선택할 수 있다면 초과 근무 수당을 받고 토요일에 근무하는 것보다는 월급을 조금 덜 받더라도 주 4일 근무를 선호한다. 합리적이라고 판단되면 Y세대의 일정 조정 요구를 수용하거나 타협안을 찾아라. 합리적이지 않다면 그렇게 말해줘라. Y세대는 회사가 수용한 것 이상을 받아들일 것이다(차마 입에 담기도 민망한 금요일 야간 근무 등).

X세대가 CEO인 한 디자인 회사는 모든 디자이너에게 초과 근무와 무급휴가를 자유롭게 사용할 수 있게 했다. 이런 시스템에서는 직원들이 계획 없이 무급휴가를 쓰고 이것을 때우기 위해 초과 근무에 허덕이다가 결국 지쳐서 회사를 그만둘 것이라는 생각이 들 수도 있다. 하지만 틀렸다. 이 회사에서는 정반대의 결과가 나타났다. 가장 우수한 디자이너(물론 Y세대) 한 명은 그에게 할당되었던 근무 시간의 82퍼센트를 소화했고 급여는 원 금액의 75퍼센트만 지급받았다. 회사로서는 정말 효율적으로 투자한 셈이다. 회사뿐만 아니라 Y세대 디자이너들도 이러한 시스템을 매우 반겼다.

당신도 추가비용을 들이지 않고 Y세대의 재직 기간을 손쉽게 늘릴 수 있다. 우선은 재직 기간 자료가 시사하는 바를 정확히 이해하고 여기서 얻은 지식을 토대로 Y세대가 이직하는 이유를 구체적으로 알아낸다. Y세대의 이직 패턴을 찾고 이에 대한 해결책을 모색한다. Y세대의 이직률은 눈에 띄게 감소할 것이며 (반대로 열정은 높아진다) Y세대들의 '값진' 충성심을 확보하게 된다. Y세대의 충성심을 얻는 데 성공한다면 그동안 Y사이즈 전략으로 극대화한 Y세대의 단기적인 성과들을 장기적인 비교 우위로 전환할 수 있게 된다.

Y사이즈를 위한 질문

1. 우수한 Y세대의 평균 재직 기간은 얼마입니까?

2. 우수한 Y세대가 당신 회사를 떠나는 결정적인 이유 3가지는 무엇입니까?

3. 인센티브, 보너스, 급여 등 이직을 지연시키는 보상 제도가 있습니까?

14장 충성스러운 Y세대 직원 만들기

애틀랜타에서 오스틴으로 향하는 비행기 안에서 한 음료 회사 사장이 'Y세대를 충성스러운 직원으로 변화시키는 방법'을 들려주었다. 그는 15년 전 맨손으로 사업을 시작했고 그 회사를 현재 미국 음료업계 최대의 회사 중 하나로 성장시켰다. 창업 당시 그는 탄산음료, 주스, 물 등의 병 음료를 판매점에 직접 배달했다. 지금은 450명이 넘는 직원이 근무하는 기업의 사장이지만 그는 결코 그 시절을 잊지 못한다고 말했다.

어느 날 한 Y세대 배달 직원이 특별한 부탁을 하러 그를 찾아왔다.

부활절을 아이들과 보낼 수 있게 해달라는 것이었다. 그 역시 한 아이의 아버지였기 때문에 나 몰라라 할 수 없었다. 그래서 그는 부활절 하루 동안 그 젊은 사원의 일을 대신해주기로 했다.

그는 유니폼을 갖춰 입고 배달 차를 직접 몰아서 첫 번째 판매점에 음료수를 납품하러 갔다. 그리고 15년 전과 똑같이 음료수 병들을 가게 선반에 차곡차곡 쌓았다. 물론 세월이 많이 흘렀기 때문에 젊었을 때만큼 작업 속도가 빠르지는 않았다.

경쟁업체의 배달 직원 2명도 그의 주변에서 음료수를 선반에 쌓고 있었다. 그 젊은 직원들 눈에도 그가 느려 보였는지 곧 그의 흉을 보기 시작했다. 그도 지지 않으려고 맞받아치다가 어느새 자연스러운 대화가 오가게 되었다. 작업을 마칠 때쯤 그는 자신의 진짜 직업과 배달을 나오게 된 이유를 그 젊은 친구들에게 설명했다.

그의 설명을 들은 2명의 Y세대는 몸가짐을 바로 하고 진지하게 진로 상담을 요청했다. 그리고 자신들을 직원으로 받아달라고 했다. 그는 이 경험을 통해 Y세대들은 가족과 함께 휴일을 보내도록 배려해주는 사장과 일할 수만 있다면 업무 중에라도 기꺼이 회사를 옮길 수 있다는 사실을 깨달았다고 한다.

"내가 비록 음료수를 진열하는 속도는 느릴지 몰라도 충성스러운 Y세대 직원을 얻는 방법에 대해서는 잘 알지. Y세대들은 단순히 숫자에 불과한 직원이고 싶어 하지 않네. 그들은 믿고 의지할 수 있는 상사와 일하고 싶어 하지." 그는 Y세대 직원의 부탁을 들어줌으로써 충성심에 대한 Y세대의 시각을 이해하게 되었을 뿐 아니라 경쟁 회사에서 일하던 직원 2명의 충성심도 덤으로 얻게 되었다!

높은 충성심, 낮은 이직률

앞서 밝힌 이야기에서도 알 수 있듯이 Y세대의 충성심은 급여보다 감정적 유대감과 관련이 깊다. 감정적 유대감은 하룻밤 사이에 쌓이지 않는다. 오랜 기간에 걸친 노력이 필요하다. 따라서 (앞 장에서도 설명했듯이) 회사에 대한 Y세대의 충성심을 높이기 위해서는 우선 그들을 오랫동안 근무하게 만들어야 한다. 하지만 오랫동안 붙잡아둔다고 충성심이 저절로 생기는 것은 아니다.

충성심을 높이는 데 실패한 회사들은 채용 13개월차인 Y세대 직원이 어느 날 갑자기 다른 회사로 옮겨가는 불상사를 흔히 겪는다(거의 같은 연봉 혹은 10퍼센트 미만의 연봉 인상에도 불구하고 이직을 결정했다면 충성심이 부족해서 이직하는 것으로 봐야 한다).

경제가 다시 성장세에 접어들면 기업들은 채용 인원을 늘릴 것이고 우수한 Y세대 직원들을 차지하기 위한 기업 간의 경쟁이 심해지면서 충성심과 이직률 간의 차이는 더욱 커질 것이다(경쟁사들은 지금도 페이스북에서 자신의 정체를 밝히지 않은 채 우수한 Y세대를 찾고 있다!). Y세대 직원이 경쟁 회사로부터 더 높은 급여를 제의받더라도 이직을 하지 않는다면 당신은 충성스러운 Y세대 직원을 만드는 데 성공했다고 결론 내릴 수 있다. 심지어 충성심을 가장 중요한 덕목 중 하나로 평가하는 어느 회사의 직원들은 다른 회사로부터 채용 제의를 받을 때마다 그것을 사무실 벽면에 게시해놓는다고 한다. 충성심이란 바로 이런 것이 아닐까?

사원번호 A2010012보다 더 값진 것

충성심의 기반이 되는 감정적 유대감은 급여를 인상해주거나 길고 복잡한 직책(예, 회장 비서실 의전담당 임원 대리의 어시스턴트)을 주는 것만으로 얻어지는 것이 아니다. 앞서 밝힌 것처럼 급여 인상이나 길고 복잡한 직책은 직원을 회사에 오래 붙잡아두는 도구일 뿐이다(대다수의 Y세대는 명함 앞뒷면을 가득 채우는 길고 복잡한 직책을 멋있다고 생각한다). 재직 기간이 늘어나면 자연스럽게 충성심을 키울 수 있는 시간이 늘어나기는 하지만 시간을 확보하는 일보다 더 중요한 것은 '사원번호' 이면에 있는 한 개인의 가치를 읽어내는 것이다.

나를 당신 회사의 직원으로 가정해보길 바란다. 나를 보고 'OO팀의 제이슨'을 떠올리는 사람에게 난 단순한 직원일 뿐이다. 하지만 '멕시칸 음식과 라이브 음악을 좋아하는 오스틴 출신의 제이슨'을 떠올리는 사람에게 나는 한 명의 개인이다. Y세대들은 스스로가 '개인'으로 존중받는다는 느낌을 받아야만 비로소 회사와 감정적 교류를 형성한다. 그리고 이러한 교류를 토대로 회사에 대한 신뢰감과 충성심을 키워간다. Y세대는 평생 한 회사에서 일하는 것을 생각조차 안 한다. 하지만 감정적 교류가 형성되면 얘기는 달라진다. 감정적 유대감을 확인한 Y세대는 그들의 미래를 기꺼이 회사에 맡길 것이다. 그래서 감정적 교감은 무엇보다 중요하다. 지금부터 소개되는 'Y세대의 충성심을 키우는 Y사이즈 전략'을 잘 활용한다면 지금껏 Y세대들이 한 번도 겪어보거나 상상해보지 못했던 경험들을 선사할 수 있을 것이며 그들과 '교감'할 수 있을 것이다.

충성스러운 직원을 만드는 다양한 방법들

Y세대와 '진실'하고 '열린' 대화를 하는 것은 충성스러운 직원을 만드는 Y사이즈 전략의 핵심이다. 하지만 직책에 따라 커뮤니케이션 방식도 달라져야 한다. 입사한 지 얼마 안 된 Y세대 직원은 상사로부터 일방적인 지시를 받는다(예, 올바른 업무 수행 방법을 배운 후에야 직접 실행에 옮길 수 있기 때문에). 하지만 점차 업무에 능숙해지고 몇 차례 승진을 한 Y세대는 직장상사와 쌍방향적이며 개방된 형태의 열린 대화를 원한다. 근무 기간이 길어질수록 Y세대는 상사의 의사결정이 회사와 자신의 미래에 도움이 되는지 확인하고 싶어 하고, 또 그런 결정이 내려진 이유에 대해 알고 싶어 한다.

커뮤니케이션의 관점으로 볼 때 상사가 Y세대 직원과 일대일로 (혹은 소그룹으로) 진실한 대화를 나누는 것만큼 빠르고 효과적으로 신뢰를 쌓는 방법은 없다. 이러한 대면 교류를 통해 Y세대는 존중받고 있으며, 회사와 항상 연결되어 있어 모든 정보를 생생하게 제공받는다는 느낌을 갖게 된다. 또한 이러한 Y세대는 직장상사가 '실존 인물'이라는 사실을 깨닫게 된다. 더 나아가 이는 회사의 특별한 목표 달성을 위해 기꺼이 쏟은 노력과 희생(예, 황금 같은 토요일에 근무한 것)이 헛되지 않았다는 것을 그들에게 입증할 수 있는 좋은 기회이기도 하다.

회사와 직원 간의 소통은 CEO와 소규모 Y세대 그룹의 점심식사 같은 비공식적인 방식이나 Y세대 인재들을 모아놓고 회사의 방향에 대해 임원이 6개월에 한 번씩 공식적으로 프레젠테이션하는 방법 등을 생각해볼 수 있다. 어떤 방식으로 소통하더라도 창립자나 CEO 등이 참석해서 Y세대들과 직접 악수를 나누고 그들의 즉흥적인 질문에 답변하는 시간을 한 번쯤 갖는 것이 바람직하다. ("지금 입고 있는 속옷은 삼각인가요, 사각인가요?" 같은 질문은 하지 않을 것이니 걱정하지 않아도 된다. 이런 질문은 대통령 후보에게 물어보려고 아껴두고 있으니 말이다.) CEO와 악수하며 찍은 사진 한 장이나 등을 톡톡 두드려주는 창업자의 격려만으로도 Y세대는 감격할 것이고, (엄마에게 자랑하는 것은 물론이거니와) 이는 곧 회사와의 강한 유대감을 형성하는 기반이 된다.

CEO와의 동행

경영대학원을 수석으로 졸업하고 〈포춘〉 지가 선정한 500대 기업 중 하나에 입사한 내 대학 동기의 이야기다. 그녀가 취직한 회사는 CEO들을 초청해서 회사 소식과 전략을 발표하는 연례 경영자 회의를 개최해왔다. 하지만 회사에 새로운 변화가 생겼다. 연례 경영자 회의에 우수한 젊은 직장인을 함께 초청하기로 결정한 것이다. Y세대 직원들이 CEO와 같은 테이블에 앉아서 미팅에 참여할 수 있게 되었다. 그중에서도 가장 우수한 Y세대 직원은 CEO와 같이 VIP테이블에 앉을 수 있었다. 내 친구는 스물세 살 때 CEO와 동석할 기회를 부여받은 영광의 주인공이 되었다.

그녀에게 가장 인상 깊었던 것은 상당한 금액의 보너스도, 회사 차를 몰 수 있는 권한(후불 주유카드와 함께!)도, 지출한 경비를 되돌려받는 것도, 해외 출장을 가는 것도, 자신만의 판매 지역을 할당받은 것도 아니었다. 연간 수천억 달러의 매출을 올리는 회사의 CEO와 같은 테이블에 마주 앉아서 새 제품에 대한 의견을 나눴을 때가 가장 기억에 남는다고 했다.

그 순간만큼은 회사에 대한 충성심이 하늘 높이 치솟았다고 한다. 2분이라는 짧은 시간이었지만 CEO가 그녀의 의견에 귀를 기울여주었다. 타이밍도 기가 막혔다. 마침 그녀는 이직을 고려하고 있었기 때문이다. 연례 경영자 회의에 Y세대 직원을 참석시키는 데 드는 비용을 굳이 따지자면 아마 추가 음식과 음료수 값 정도일 것이다. 하지만 이런 기회를 통해 회사가 얻는 것은 돈으로는 살 수 없을 만큼 값진 Y세대의 충성심이다.

앞서 밝힌 대로 경영자와 Y세대 직원이 얼굴을 맞대고 커뮤니케이션하는 것이 쉽지 않다면 매달 혹은 매 분기마다 온라인 질의 응답 시간을 갖는 것은 어떨까? 온라인 질의 응답은 다음과 같이 진행된다. Y세대 직원이 이메일로 경영자에게 궁금한 점을 물어본다(이메일은 경영자의 비서에게 보내는 것이 더 바람직하다). 경영자는 온라인 회의, 전화 회의, 야머[1], 혹은 사내 네트워크를 통해 답변을 보낸다. Y세대들은 직장상사가 무슨 생각을 하고 있는지 알고 싶어 한다. 온라인 질의 응답을 통해 Y세대들은 직장상사에게 직접 질문할 수 있기 때문에 대화를 할 때와 마찬가지로 생각의 교류가 가능하다. 더구나 직장상사는(사무실 밖으로 나가지 않고도!) Y세대들의 사고방식과 근심거리 그리고 우선순위를 이해할 수 있다. 대박!

---

1) yammer.com. 같은 직장내 업무용 커뮤니케이션을 위한 사이트. 일종의 기업용 트위터라고 생각하면 된다. 직원들이 동료들과 자유로운 대화를 나눌 수 있는 공간을 제공한다. "What are you working on?"("당신은 회사에서 무엇을 하고 있나요?")이 서비스의 핵심 모토다.

사소하지만 진심이 담긴 다양한 표현을 통해 쌍방향 커뮤니케이션을 강화하는 것은 Y세대 직원의 충성심을 높이는 좋은 방법이다. 설사 이런 표현들이 사전에 계획되었거나 혹은 전혀 의도되지 않은 것이라 하더라도 상사와 회사에 대한 감정적 유대감을 더욱 견고하게 만드는 데 기여할 것이다(트위터에 자랑할 거리가 많이 생기기도 한다!).

회사가 먼저 챙겨라

어려움에 처해 있는 Y세대 직원을 돕는다면 그들도 똑같이 보답할 것이다. 로이 레스토랑Roy's Restaurant에서 웨이터로 근무하던 한 아르바이트생이 근무지 밖에서 큰 사고를 당한 적이 있다. 그는 그 사고로 평생 불구가 되었다. 이 비극적인 소식을 전해 들은 총지배인은 그를 돕기 위한 바자회를 제안했고 주방장에서부터 접시를 닦는 아르바이트생에 이르는 모든 레스토랑 직원들이 흔쾌히 동의했다. 총지배인은 사고를 당한 아르바이트생의 친구들과 함께 바자회와 경매를 준비하기 시작했다.

한 달 뒤 바자회가 열렸다. 레스토랑은 음식을 무상으로 제공했고, 레스토랑 직원들은 자신들의 시간과 팁을 모두 기부했다. 그 지역의 한 밴드도 무료로 음악을 연주했다. 200명이 넘는 사람들이 바자회에 참석했고 (그 바자회 때 무대 위에서 정신없이 춤추던 사람이 나다!) 부상당한 Y세대를 위한 기부금이 무려 2만 5,000달러나 걷혔다! 의료보험도 없이 전전긍긍하던 서른의 Y세대 직원에게 이 돈은 무엇보다도 값진 것이었다. 바자회에 참석했던 사람들은 뜻 깊은 결과물에 모두 만족했다. 또한 로이 레스토랑은 좋을 때나 슬플 때나 항상 직원과 함께하는 이미지를 전 임직원들에게 심어주었다. 그 후로 로이 레스토랑은 그 지역 외식업계 사이에서 전설이 되었다.

또 다른 회사의 직원은 심각한 병으로 인해 장기간 입원해야 하는 처지가 되었다. 며칠 안에 나을 수 있는 병이 아니어서 그녀는 당연히 해고될 것으로 예상했다. 하지만 그녀의 상사는 팀원들에게 휴가를 하루씩만 반납해서 그 직원의 업무를 분담해줄 것을 요청하는 이메일을 보냈다. 직원들은 그 요청을 흔쾌히 승낙했고 그녀는 무사히 투병 생활을 마치고 자기 자리로 돌아올 수 있었다. 그 소식을 전해 들은 CEO는 팀원들에게 각자가 반납한 휴가를 2배로 보상해주었다!

비극적인 사고나 충격적인 경험 등은 쉽게 잊히지 않는다. 아마도 평생토록 기억에 남을 것이다. 이런 일이 생기면 모든 리더들은 아무리 사소한 것이라도 도움을 주기 위해 발 벗고 나서야 한다. 좀처럼 특진 시간을 얻어내기 힘든 대학병원 전문의를 소개시켜주든지, 내 친구 댄처럼 갑작스레 부친상을 당한 Y세대 사원에게 비행기표를 끊어주든지 말이다. 큰일을 당한 Y세대 직원이 가장 빠른 방법으로 가족에게 달려갈 수 있게 해준 댄의 행동이 얼마나 큰 감동과 위로가 되었을지 상상해보길 바란다.

아웃백 스테이크하우스Outback Steakhouse는 어려움에 처한 직원들을 돌봐주는 것이 얼마나 중요한지 잘 알고 있는 회사다. 아웃백에는 직원이 금전적인 어려움에 처했을 때 바로 신청해서 사용할 수 있는 '아웃백 트러스트Outback Trust'라는 펀드가 있다. 아웃백의 경영진은 보험으로 감당하기 어려운 사고나 질병으로 고통받는 직원들을 돕기 위해 이 펀드를 만들었다고 한다. 아웃백의 모든 체인점은 펀드 자금을 모으기 위해 자선 골프대회(1인당 20달러)나 세차 행사 혹은 다양한 바자회 등을 매년 개최한다. 이 펀드로 인해 수천 명의 직원들이 태풍과 화재 피해에 대한 금전적인 도움뿐 아니라 응급 의료처치 등의 혜택을 받았다고 한다. 심지어 이 회사는 화재 때문에 한동안 영업을 하지 못하는 상황에서도 직원들을 돕는 것을 멈추지 않았다. 정말 멋지지 않은가? 이런 회사라면 Y세대들은 절대적인 충성심을 보여줄 것이다.

가족과의 교류

Y세대가 또래 친구들 앞에서 보여주는 이미지와는 달리 그들은 가족을 아이돌 가수나 인기 드라마보다 소중하게 생각한다. Y세대의 가족들과 교류한다면 회사는 자연스럽게 그들의 충성심을 얻게 된다. 또한 웬만한 이유가 아니고는 회사를 섣불리 그만둘 수 없게 될 것이다(엄마가 화를 낼 것이 분명하고 집에서 쫓겨날지도 모르니 말이다). 그렇다면 Y세대의 가족과 어떻게 교류해야 할까? 가장 손쉬운 방법은 회사의 제품이나 서비스를 그들에게 제공하는 것이다.

　예를 들어 비디오게임 회사의 경우 가족들에게 무료 게임 기회를 제공하거나 새로 출시될 게임의 베타테스트 버전을 무료로 사용해볼 수 있게 해라. 헬스클럽이라면 무료 사용권이나 할인 혜택을 제공하는 것이 좋겠다. 소매점이라면 매년 가족을 위한 주말을 정해서 그 기간 동안 특별 할인 행사를 여는 것도 방법이다. 그리고 무엇보다 Y세대 직원의 가족이 회사를 방문했을 때는 당신이 직접 환영해주고 직원에 대한 아낌 없는 칭찬을 잊지 말아라.

어떤 레스토랑에서는 1년에 2번씩 직원과 그 가족이 함께할 수 있는 저녁식사 이벤트를 한다. 이 이벤트를 통해서 가족들은 무료로 저녁을 먹고 자녀 혹은 형제가 구체적으로 어디에서 어떻게 일하고 있고 얼마나 중요한 일을 하고 있는지를 눈으로 직접 볼 수 있다(엄마가 정말 뿌듯해할 것이다!).

사무실은 그들을 위한 공간으로

Y세대는 회사 안에서도 자기 취향에 맞는 공간을 갖고 싶어 한다. 이것은 단체 안에서도 개인주의적인 관점을 유지하려는 것과 비슷하다. 회사는 사무실 공간을 Y세대 개인의 취향에 맞게 약간씩 조정할 수 있도록 융통성을 발휘하면 된다. 물론 사무 공간이 통제 불능 상태에 빠지는 것을 막으려면 Y세대들에게 구체적인 기준을 미리 제시해야 한다(안 그러면 어떤 Y세대는 자신의 누드사진을 사무실 벽에 걸어놓을지도 모르니 말이다). 회사 공간에서 허용되는 개인 물품은 가족 사진, 애완동물 사진, 자녀가 그린 그림, 졸업 사진, 고객의 감사 편지, 상장이나 자격증, 신문 스크랩, 그리고 모교를 상징하는 물건 등이 포함될 수 있다. 비록 개근상장이라 하더라도 이런 상장이나, 사진, 물건 등을 보면서 Y세대는 사무 공간을 단순히 '일하는 곳'이나 '작업 공간'으로 생각하지 않고 '나를 위한 공간'으로 인식한다.

개인적인 물품들은 직장상사와의 대화에서도 훌륭한 소재가 된다. 자연스럽게 오가는 대화 속에서 상사와 직원 간의 감정적 유대감은 한층 강화될 것이다. 예를 들어 직원의 책상 위에 자동차 사진이 전시되어 있다면 그곳을 지나치던 상사가 자연스럽게 자동차 이야기를 할 수 있다. 콘서트, 스키, 배구, 자원봉사 사진도 마찬가지다. 사무실 공간을 직원의 취향에 맞게 꾸밀 수 없는 회사라면 적어도 이름표나 사물함 혹은 다른 개인적인 공간만이라도 취향에 맞게 바꿔서 사용할 수 있게 해라. 아니면, 직원들이 공동으로 사용하는 공간의 가구나 벽지를 고를 때 투표에 붙이는 것도 좋다(그 공간에서 활동하면서 "아, 내가 고른 꽃무늬 벽지구나!"라고 생각할 것이기 때문이다).

개인의 취향이 반영된 사무 공간을 만드는 일이 Y세대들에게 얼마나 중요할까? 한 IT 컨퍼런스에서 만났던 베이비부머 CEO는 입사 후 6개월이 지나서야 사무실에 개인 사진을 걸 수 있게 했던 회사 규정을 올해 바꿀 수밖에 없었다고 말했다. Y세대에게 6개월은 너무 길다는 것이 그 이유였다! 나 또한 공감한다. 엄마가 불시에 사무실에 찾아왔는데 책상 위에 가족 사진 한 장 없다면 분명히 잔소리를 바가지로 듣게 되지 않을까?

직장내 긍적적인 마인드를 확산시켜라

Y세대는 긍정적이다(아무 Y세대나 붙잡고 언제쯤 승진할 것 같은지 물어보면 금방 느낄 것이다). 긍정적이긴 하지만 부정적인 메시지 앞에서는 한없이 취약하다는 것이 단점이다. 여러 회사를 방문해보면 가끔씩 부정적, 회의적, 혹은 다소 공격적인 메시지가 담긴 신문 스크랩, 만화, 사진 등을 직원 전용 휴게실이나 사무 공간 등에서 발견하게

된다. 이런 메시지를 게시한 당사자는 웃긴다고 생각했겠지만 이는 매우 전문가답지 못하고 남을 배려하지 않는 행동이다. 이런 메시지는 결국 회사 전체에 부정적인 메시지를 퍼트리게 된다. 이렇듯 Y세대들의 업무에 방해가 되는 '블랙홀' 같은 것들은 사무실에서 빨리 없애버려라.

회사는 항상 직원을 독려하여 주어진 업무를 훌륭하게 수행하고 팀워크를 이뤄 일을 할 수 있는 분위기를 유지해야 한다. 색 바랜 정치적 만평은 Y세대를 부정적이고 냉소적으로 만들 뿐이다. 특히 판매직이나 고객 서비스 분야에서 일하는 Y세대 직원일수록 더욱 긍정적인 마인드를 가져야 한다. 그들이 다루는 업무 자체가 고객들로부터 부정적인 에너지를 잔뜩 받기 때문이다(그들에게 걸려오는 전화를 한 통이라도 받아본다면 내가 무슨 말을 하는지 정확히 이해할 것이다). 긍정적인 마인드를 강조하기 위해서는 회사 내에 긍정적인 메시지가 담긴 게시물만을 허용해라.

함께 축하해주는 생일

Y세대가 가장 중요하게 생각하는 날은 언제일까? 바로 '생일'이다. 왜? 온전히 본인만을 위한 날이기 때문이다! 사실 Y세대들은 달랑 생일 당일만을 축하하고 넘어가지 않는다. 대개는 생일이 있는 주나 주말이나 달 전체를 특별하게 여긴다. 내 생일이 있는 5월은 내게 '제이슨의 달'이다!

Y세대에게 생일은 중요한 의미를 지니므로 생일을 잘 활용하면 그들과 한층 더 깊은 감정적인 교감을 맺을 수 있다. 많은 돈이나 노력을 들이지 않고도 가능하다. 내가 생각하는 가장 멋진 방법은 바로 생일을 맞이한 Y세대에게 현금 50달러와 일회용 카메라를 선물하는 것이다(일회용 카메라를 사주는 대신 회사의 디지털카메라를 빌려줘도 좋다). 생일을 맞은 직원은 50달러를 그동안 한 번도 해보지 않았던 일을 하는 데만 사용할 수 있고 함께 제공되는 카메라로 그 과정을 찍어 와야 한다. 사진은 생일 다음 날 출근할 때 회사로 가져와서 동료들과 나눠 본다.

50달러라는 돈을 스카이다이빙처럼 개인적으로 하고 싶었던 일에 보태 쓰거나 자선 단체에 기부하기도 한다. 어느 Y세대는 부인과 함께 저녁식사를 했다고 한다. 아마 그 전에는 한 번도 아내와 외식을 한 적이 없나 보다(이런…). 이외에도 Y세대들에게 큰 인기를 끌 수 있는 방법은 다음과 같다. 책상까지 가려면 풍선을 터뜨리고 가야 할 정도로 사무실 바닥에서부터 천장까지 풍선을 가득 메워준다. 혹은 퇴근하기 10분 전에 테마 파티를 열어준다. 혹은 직원 모두가 생일 축하 메시지를 적은 커다란 카드를 건네주면서 생일 축하 노래를 불러준다. 이런 방법들의 공통점은 동료들로부터 5달러씩 걷은 다음 진부한 내용의 카드와 (먹고 싶지 않은) 뷔페 식사권을 선물로 주는 것보다 훨씬 좋은 방법이라는 것이다.

개인의 꿈까지도 돕는다

오후 6시 퇴근 시간 이후부터 무엇을 하느냐가 Y세대 정체성의 근간을 이룬다. 이런 사실을 회사가 적극적으로 활용해서 Y세대의 업무 외적인 목표를 지원해준다면 그들의 충성심은 한층 높아진다. 방법은 간단하다. 업무 외적으로 이루고자 하는 개인적인 목표가 무엇인지를 물어보고 그것을 달성하기 위해 필요한 도움을 제공해라. 예를 들어 마라톤 완주가 꿈인 Y세대가 있다면 유니폼 등에 회사 이름을 새겨 넣은 스폰서가 되어줘라. 그림을 배우려는 Y세대에게는 화방이나 미술학원에서 쓸 수 있는 상품권을 선물해라(마커로 회사의 화장실 벽에다 그림 연습을 하는 것보다 낫지 않을까?). 에베레스트 산을 오르는 것이 꿈인 Y세대 직원이 있다면 그에게 등산 잡지 구독권을 선물해라. Y세대가 개인적인 목표를 성취하도록 돕는 것이 전통으로 뿌리내리게 된다면 직원을 세심하게 배려하고 돕는 회사라는 긍정적인 이미지도 얻게 될 것이다.

사소한 성공에도 크게 축하해라

사무실을 잘 살펴보면 매주 뭔가 좋은 일이 꼭 생긴다는 사실을 발견할 수 있다. 사소한 성과라도 회사에 긍정적인 기여를 한다는 사실에는 변함이 없다(직원이 고친 컴퓨터가 한 주 내내 정상적으로 작동했다는 것도 축하할 만하다!). 크든 작든 좋은 일을 모두 축하해준다면 직원들은 그날 혹은 일주일 내내 좋은 감정을 유지할 것이고 회사에는 즐거운 '성과 중심의 문화'가 확산될 것이다. 또한 Y세대가 그토록 원하는 '대중에게 인정받고 싶은 욕구'를 충족시켜줄 수 있다. 내가 추천하는 방법은 '성공을 축하하는 5분 파티'다. 이는 시간과 돈을 많이 들이지 않고도 Y세대에게 동기를 부여하고 '성과 중심'적인 사고를 심어줄 수 있는 재미있고 매력적인 방법이다.

주간 매출 목표를 달성한 직원에게 '매출왕'이라고 적힌 플라스틱 배지를 선물해라. 이런 상을 줄 때마다 수상자의 책상 앞에서 전 임직원에게 발표하며 구세군처럼 종을 흔들어 '승리의 종소리'를 울려 퍼지게 해라. 축하 파티가 열리는 5분 동안 축하받는 직원의 업적과 수상 이유를 상세히 소개해라. 자세히 설명할수록 회사가 원하는 행동과 태도를 더욱 장려하게 되며 그런 일들을 더 자주 볼 수 있게 된다. 파티 때 찍은 사진들을 휴게실이나 회의실에 붙여놓고 회사 블로그에 포스팅하면 직원들이 그때의 감동을 더 오래 느낄 수 있다.

계속 늘어나는 환자 때문에 공간이 부족해진 한 재활 병원은 결국 공간 확보를 위해 불필요한 벽을 일부 허무는 상황에 이르렀다. 벽을 허무는 일은 외부 건설업체에 맡겨도 되었지만 병원 경영진은 이 기회를 통해 직원들에게 색다른 경험을 제공하기로 했다. 허물어질 벽에다가 직원들은 각각 밝은 색 펜으로 자신의 이름을 적었다. 손에 페인트를 묻혀서 손도장을 찍거나 자신의 목표를 적기도 했다. 모든 직원이 한 명도 빠짐없이 벽에다 자신만의 흔적을 남겼고 그다음 망치로 벽을 내리쳤다. 클리닉은 먼지투성이가 되었지만 직원들은 마냥 신나기만 했다. 벽이 다 허물어진 뒤에 직원들은 무너진 벽 조각을 기념품으로 하나씩 챙겼다. 그 벽 조각은 "직원 모두가 하나가 되어 낡은 벽을 허물었으니 이제 더 큰 성장을 향해 나아가자"는 의미를 담고 있었다.

Y세대의 성공을 축하해줄수록 그들의 성공을 더 자주 보게 될 것이다(내가 장담한다).

업무 외적인 성공에도 큰 축하

업무 외적인 성공도 Y세대들에게는 매우 뜻 깊다. 그래서 Y세대는 개인적으로 무엇인가를 이뤘을 때 기회가 된다면 동료직원들과 기쁨을 함께 나누고 싶어 한다. 이런 Y세대의 마음을 헤아려서 회사 내에 '자기 자랑 게시판'을 만들어주는 것도 좋은 방법이다. 회사 게시판 옆에 직원들이 개인적으로 자랑하고 싶은 일들을 알릴 수 있게만 해주면 된다. 그러면 중요한 판매 계약이 성사되었음을 알리는 공지 옆에 자신의 초등학생 자녀가 받아온 성적표를 나란히 걸어놓은 것을 목격하게 될 것이다. 멋지지 않은가?

직원들이 한 공간에 모여서 일하지 않거나 '자기 자랑 게시판'이 사무실에 어울리지 않는다면 온라인을 활용해라. 아메리칸 워크포스American Workforce의 CEO 조나단 데이비스Jonathan Davis는 직원들이 자녀의 우스꽝스러운 사진이나 영상을 마음껏 올릴 수 있도록 온라인상에 사진 공유 공간을 만들었다. "여름이 시작되는 날", "농구공, 애플파이 그리고 아메리칸 워크포스"와 같은 테마를 매달 정해서 그테마에 맞는 기발한 사진들을 올리게 했다. 그리고 재미있는 사진을 선정하고 상품을 제공하는 모든 권한을 직원들에게 위임했다. 이 사이트는 서로 다른 곳에서 일하고 있는 아메리칸 워크포스 직원들에게 서로 연결되어 있다는 느낌을 갖게 하는 데 크게 기여했다. 더 나아가 이 사이트는 신입사원 채용에도 큰 도움이 되고 있다.

봉사활동으로도 애사심을 키운다

Y세대는 사회적 책임을 필요로 하는 활동에 자원봉사를 함으로써 커다란 만족감을 느낀다. Y세대가 회사를 통해서 사회에 기여하거나 동료직원들과 함께하는 봉사활동에 참여할 수 있는 정기적인 통로를 만들어줘라. 인력 서비스 업체인 키스태프KeyStaff의 전 직원은 매 분기마다 하루씩 단체로 봉사활동을 간다. 작년에는 지역의 동물 보호소에서 강아지들을 산책시켜주고(여기에 '배설물 줍기'도 더해졌다), 보육원에서 아이들과 놀아주고, 도로에 페인트칠도 했다. 키스태프는 이런 분기별 행사를 통해 직원들에게 지역사회를 위한 봉사활동의 중요성을 인식시켰고 시민들에게는 회사가 벌이는 다양한 봉사활동에 대한 기대감을 갖게 했다. (사람들은 봉사활동 때 찍힌 우스꽝스러운 사진들을 인터넷으로 찾아본다. 이런 사진들은 〈키스태프 e-뉴스레터〉에서 확인할 수 있다.)

내가 알게 된 가장 멋진 자원봉사 프로젝트 중 하나는 기업용 부동산 서비스 업체인 브리지스트리트BridgeStreet의 CEO인 리 커티스Lee Curtis가 제안한 방법이다. 브리지스트리트는 매년 전 세계의 모든 임직원이 참여하는 연례 회의를 개최하는데 이날 모두가 함께 봉사활동을 한다. 지난해 연례 회의 기간 중에는 CEO에서부터 말단 직원에 이르기까지 전 참석자가 모여서 볼티모어 시내의 한 공원을 청소했다. 봉사활동 그 자체보다 더 인상 깊은 것은 매년 연례 회의 때마다 CEO가 모든 참석자 앞에서 봉사활동의 중요성을 강조한다는 것이다. 리커티스는 봉사활동이 지역사회를 살기 좋은 곳으로 만들고자 하는 브리지스트리트의 사명에 부합한다고 설명한다.

직원들과 함께 손에 흙을 묻히고 땀을 뻘뻘 흘리며 봉사활동을 하는 CEO의 모습에는 "이것은 굉장히 중요한 일이기 때문에 우리 모두가 함께하는 것이다"라는 확실한 메시지가 담겨 있다. 사람들은 봉사활동을 통해서 끈끈한 감정적인 유대감을 형성하고 좋은 추억을 나눈다. 봉사활동을 더욱 값진 경험으로 만들어주고 싶다면 봉사활동을 마친 직원들에게 직장상사가 직접 간식을 나눠주거나 기념품을 나눠주어라. Y세대들은 사회적 책임을 다하는 당신의 모습을 더욱 강하게 인식하게 될 것이다.

모든 직원이 하루 종일 단체로 봉사활동을 하는 것이 불가능한 회사도 있을 것이다. 이런 경우에는 직원들이 개별적으로 봉사활동을 할 수 있도록 하루 정도 유급휴가를 줘라(봉사활동을 했다는 증거 사진을 찍어오는 조건으로). 혹은 지역사회에 있는 학교의 학생들을 위해 하루 동안 회사를 현장학습의 장으로 개방해라. 혹은 '통조림 기부[2]' 등 전통적인 방법으로 봉사활동을 해라. 각 회사의 환경 및 경영 철학과 어울리는 봉사활동을 채택한다면 Y세대들로부터 뜨거운 반향을

---

2) canned food drive. 생필품과 음식 등을 위탁 기관에 기부해서 불우이웃을 돕는 것은 미국의 전통적인 봉사활동 방식 중 하나다. 그중 음식과 관련된 물품을 기증하는 것을 푸드 드라이브food drive라고 하고 음식 중에도 통조림을 기증하는 방식을 캔드 푸드 드라이브라고 한다.

불러일으킬 것이다(또한 야외 봉사활동을 한 번 하고 나면 에어컨이 나오는 사무실 안에서 일하는 것이 얼마나 행복한지 새삼 깨닫게 될 것이다).

친환경 활동으로도 배운다

친환경 회사를 만들거나 지역사회에 '푸르름'을 되돌려주는 방식으로 봉사활동을 조직하고 싶다면 '그린 팀'을 꾸려라. 그린 팀의 주요 업무는 회사의 업무를 좀 더 비용 효율적이면서 친환경적으로 바꾸는 방법을 모색하는 것이다. 그들은 회사의 탄소배출량과 조경에서부터 분리수거와 카풀에 이르기까지 다양한 활동을 감시하고 검토한다. 그리고 '그린 팀 보고서'를 작성해서 개선해야 할 점과 그 개선책을 도입하는 데 들어가는 직·간접적인 비용 그리고 개선 후 예상되는 결과 등을 보고한다. 경영진은 한두 개의 권고 사항을 채택해서 매년 실행하도록 하고 그린 팀은 정기적으로 그 경과를 파악하여 다시 보고한다. 결과물을 내부 임직원이나 고객들과 공유할 수 있도록 문서화하면 Y세대는 회사의 노력에 크게 감동할 것이다.

　예로부터 환경보호에 앞장서왔던 천연 화장품 회사인 아베다Aveda의 CEO는 끊임없이 직원들에게 환경을 위한 새로운 아이디어를 요구한다. 또한 아베다는 매년 다양한 행사를 열어 환경보호 활동을 한다(사내에서 열리는 하루짜리 '환경의 날' 행사를 한 달 내내 할 수 있는 '환경의 달' 행사로 바꾸기 위한 모음 행사 등). 한 직원은 기금을 모으기 위해 빈티지 티셔츠를 조각내서 아름다운 퀼트 작품 2개를 손수 만들었다. 그 작품을 경품으로 내건 다음 경품 티켓을 사람들에게 팔았고 결국 다른 사원들보다 더 많은 기금을 모으는 데 성공했다. 가장 많은 기금을 모은 그녀는 우승을 했고 회사 측은 부상으로 우간다 여행권을 제공했다. 우간다 친환경 여행을 통해 지속적이면서도 친환경적인 협력 방안에 대해 배워오라는 취지였다. 이 직원은 우간다 여행을 자신의 삶에서 가장 인상 깊은 경험 중 하나로 꼽는다. 그녀는 또한 이 여행을 통해 많은 영감을 얻게 되었다고 한다.

비디오로 보는 회사의 가치관

직원들은 회사의 핵심 가치 비디오를 통해 자신과 회사의 가치관 사이에 존재하는 감정적인 연결고리를 만들어낸다. 창고업체인 팰컨 스토리지Falcon Storage의 사장 스티븐 솅Stephen Shang은 어떻게 핵심 가치 비디오를 만들게 되었고 이것이 회사의 재정 위기를 극복하는 데 얼마나 중요한 역할을 했는지에 대해 말해주었다. 어느 날 회사는 적자가 누적되기 시작했고 경영진은 회사의 핵심 가치가 제대로 전파되지 않았기 때문이라는 생각을 했다. 경영진은 회사의 핵심 가치를 제대로 인식하고 지지하는 것이 얼마나 중요한지를 알리기 위해 전 임직원이 참석하는 대규모의 워크숍을 열었다.

모든 참석자를 2개의 팀으로 나눠 회사의 핵심 가치를 행동으로 보여주는 쇼케이싱 비디오를 만들게 했다. 두 팀은 강당 안에 있는 모든 소품을 사용할 수 있었으며, 모든 창조적인 사고와 행동이 허용되었다. 양 팀은 10분짜리 핵심 가치 비디오를 만들었고 완성된 비디오는 전 임직원 앞에서 상영되었다. 무료 팝콘과 함께! 비디오가 끝나자 직원들은 상영관이 떠나갈 듯 박수갈채를 보냈다(비디오의 주인공들은 마치 영화배우라도 된 듯 무대 인사도 했다). 핵심 가치 비디오를 함께 만들어보는 경험을 통해 펠컨의 직원들은 다시 한마음 한뜻으로 뭉쳤다. 전 임직원이 핵심 가치의 중요성을 인식하게 되었고 회사는 다시 성장으로 향하는 발판을 마련하게 되었다.

우리가 회사를 사랑하는 이유 비디오는 핵심 가치 비디오의 응용 버전이다. 캠코더를 들고 사무실(혹은 사원들 자리)을 찾아다니면서 "우리 회사의 어떤 점이 좋다고 생각하나요?"라는 질문에 대한 Y세대들의 답변을 녹화한다. 답변들 중에는 신랄하고 재치 있는 것들이 다양하게 섞여 있을 것이다. 이중 가장 재미있는 답변을 몇 개 골라 짧은 영상으로 편집한다. 현재 혹은 미래의 직원들에게 신뢰를 얻는 데는 이런 영상 자료 한 편이 서류 형태로 작성된 그 어떤 것보다 더 효과적이다.

헤리티지 복도 혹은 가치 벽

비디오를 만드는 것이 취향에 맞지 않다면 (혹은 수전증 때문에 영상을 찍기가 곤란하다면) 헤리티지 복도heritage hallway나 가치 벽values wall 같은 공간을 마련해라. Y세대가 가장 많이 지나다니는 곳에 회사가 가장 중요하다고 생각하는 것을 시각 자료로 게시해라.

가치 벽에는 회사가 추진 중인 다양한 계획(그린 팀), 프로젝트, 성공 사례, 우수 사원 포상(올해의 자원봉사자), 그리고 회사의 핵심 가치를 강조할 수 있는 사진 등을 전시할 수 있다. 옆에는 경영진과 직원들이 서명한 회사의 핵심 가치 목록을 함께 걸어도 좋다. 가치 벽을 효과적으로 활용한다면 직장상사가 따로 지시하지 않아도 Y세대는 회사의 핵심 가치를 생활 속에서 익히고 행동으로 보여줄 것이다.

헤리티지 복도는 현재의 가치관보다는 회사의 역사와 유산을 강조한다는 점에서 가치 벽과 차이가 있다. 첫 번째 사무실, 최초로 생산했던 제품이나 제공했던 서비스, 신문 기사 스크랩과 옛날 사진들, 과거에 수상한 상장 등이 헤리티지 복도에 전시될 수 있다. 또한 CEO나 고위 경영자들의 신입사원 시절 사진과 현재의 사진을 함께 게시하는 것도 재미있다. 회사 설립 멤버이거나 말단 사원에서부터 모든 승진 단계를 차근차근 거쳐 고위직에 오른 사람일 경우 그 사례를 Y세대들과 공유하는 것은 더욱 의미 있다. 갓 입사한 Y세대들에게 '희망'을 주고 '비전'을 제시하기 때문이다.

사명의 생활화

회사의 사명은 그 회사의 존재 이유다. 이런 사명에 진정성을 담을수록 Y세대는 회사가 만들어내는 제품과 감정적으로 더 깊은 교류를 하게 된다. 깊은 교류를 위해서는 회사가 제공하는 제품이나 서비스를 통해 소비자들이 어떤 결과나 혜택을 얻게 되는지에 초점을 맞춰야 한다. 예를 들어 보험 회사라면 가장을 잃은 슬픔 속에서도 생명보험 덕분에 집을 팔지 않아도 되었던 고객의 사연을 Y세대 직원들에게 들려줘라. 그 고객이 보내온 감사 편지나 집에서 찍은 가족 사진 등을 회사의 웹사이트에 포스팅하면 더욱 좋다. 경보 시스템을 설계하는 회사라면 그 시스템 덕분에 사고 현장에 의료진이 제때 도착하여 생명을 구했던 사연을 들려줘라. 슈퍼마켓이라면 크리스마스나 추수감사절 음식을 장만하는 고객의 모습을 떠올리게 해라. 단골 고객이 직접 쓴 감사 편지를 보여주면 더 효과적이다. 회사의 제품이나 서비스를 통해 창출되는 긍정적인 결과물을 강조함으로써 Y세대들에게 회사의 사명을 재차 강조할 수 있다.

재미와 흥미를 유발하는 예측 불가능한 이벤트

Y세대 충성심의 기반이 되는 감정적 유대감을 형성하려 할 때 한 가지 명심해야 할 점은 당신의 노력이 예측하기 어려워야 한다는 것이다. 시장을 초청해서 회사를 구경시켜주고 그의 앞에서 Y세대에 대한 칭찬을 늘어놔라. 임의로 정한 수요일 오후 3시에 과자 같은 깜짝 선물을 나눠줘라. 점심시간 전에 마시멜로 먹기 대회를 열어라. 혹은 Y세대의 구두를 닦아줘라. Y세대들의 재미와 흥미를 유발하되 다음번 이벤트가 무엇일지 예측하기 힘들게 해라. 그러면 그걸 알아맞히기 위해서라도 열심히 출근할 것이다!

|

Y사이즈를 위한 질문

|

1. Y세대와 쌍방향 커뮤니케이션을 유지하기 위해 어떻게 하고 있습니까?

2. 회사는 어려움에 처한 직원을 항상 돌본다는 사실을 어떻게 보여줍니까?

3. 직원들과의 감정적인 교류를 형성하기 위해서 '깜짝 이벤트'를 한 적이 있습니까? 있다면 언제였나요?

|

15장
탤런트 파이프라인를 구축해라

Y세대 직원의 생활 패턴에 맞추어서 그들의 관심을 끄는 것에서부터 감정적 유대감 혹은 충성심을 높이는 것에 이르기까지 모든 절차를 성공적으로 Y사이즈 했다면 당신 회사는 앞으로 5~7년 동안 경쟁 우위를 유지할 수 있는 기회를 잡은 것이다. 이제 당신은 일자리를 구할 준비가 된 최고로 똑똑한 Y세대가 당신 회사를 첫 직장으로 선택하게 해야 한다. 이것은 아직 어리거나 대학원 진학을 고려 중인 Y세대 학생들이 노곤한 상태에서(주로 오후 3시에 통계학 수업을 들으면서) 훗날 자신들이 일하고 싶은 이상적인 회사의 모습을 상상할 때 당신 회사

를 떠올려야 한다는 의미다.

여러 회사들이 채용하고 싶어 하는 유능한 Y세대가 지난 5년 동안 오직 당신 회사 웹사이트만을 즐겨찾기에 추가해놓고 예의 주시하고 있었다면 그것이 회사에 얼마만큼의 이익을 가져다줄지 상상해봤는가? 금전적인 이익만이 아니다. 인재 공급 라인Talent Pipeline를 위한 계획을 수립함으로써 다른 명성도 함께 얻게 된다.

물론 지금처럼 어려운 경제 상황에서는 많은 기업들이 몇 년 이후에나 채용할 인재에 대해 고민하기보다는 당장 회사가 살아남는 문제에 집중한다는 사실을 나 또한 인정하고 충분히 이해한다. 하지만 미래를 준비하는 CEO라면 경제 상황이 어려울수록 미래의 인적 수요에 대해 고민하지 않을 수 없으며, 또한 현재의 인력이 미래에 닥칠 문제들을 잘 해결할 수 있을지에 대해서도 고민해야 한다. 그런 준비가 없다면 우수한 Y세대 직원을 채용하기 위해 경쟁 회사들보다 훨씬 더 많은 임금을 제시해야 할 것이다. 운이 나쁘면 회사를 효율적으로 성장시킬 직원을 단 한 명도 채용하지 못하는 상황에 처할 수도 있다.

항공우주 관련 기업의 한 CEO는 앞으로 5년 후 필요한 인재를 확보하기 위해 지금도 최선의 노력을 기울이고 있다고 밝혔다. 유능한 Y세대(졸업 학기가 되어서야 채용박람회에 모습을 드러내는 Y세대)를 미리 파악하고 그들을 수용함으로써 경쟁사보다 큰 이점을 갖게 되기 때문이다(야광 열쇠고리 하나만으로도 그들의 관심을 사로잡을 수 있다, 대박!). 이 항공우주 산업체는 현재 임직원에 대한 통계학적 분석을 토대로 매출이 늘어나지 않더라도 곧 대규모의 채용(이 가운데 대부분은

Y세대일 것이다)이 필요하리라고 예상한다. 이 같은 현상은 특히 의료 산업과 같이 전문성을 필요로 하는 분야에서 두드러지며, 베이비부머가 아침 일찍부터 저녁 늦게까지 일하는 것을 꺼리는 날이 다가옴에 따라 점차 현실화될 가능성이 높다.

지속적인 '인재 공급 라인'을 구축하려면 열정적이고 실력 있는 Y세대들이 최고의 역량을 발휘할 수 있도록 충분한 자원을 투자해야 한다. 뿐만 아니라 Y세대들에게 즐겁고 역동적인 업무 환경을 만들어주어야 한다. 이런 것들은 생각처럼 어렵지 않다. 그저, 다음의 몇 가지 Y사이즈 전략으로 당신 회사가 능력 있는 Y세대들에게 다양한 기회를 제공한다는 소문을 퍼뜨리면 된다.

아래의 5가지 Y사이즈 전략을 잘 활용하면 유능한 Y세대를 손쉽게 식별해서 채용할 수 있을 뿐 아니라 일반적인 회사 경영에도 큰 도움이 될 것이다. 5가지 전략을 한꺼번에 적용할 필요는 없다. 하나만 도입하더라도 큰 효과를 볼 수 있다.

프로젝트 중심의 인턴십 프로그램

인턴십 프로그램은 회사 운영에 도움이 되면서도 유능한 차세대 인재를 확보하는 유용한 방법이다. 하지만 대부분의 인턴십 프로그램은 구성 자체가 별로 흥미롭지 않을 뿐더러 회사에도 딱히 유용하지 않아서 인턴과 회사 모두가 실망하는 경우가 많다. 인턴십 프로그램이 인턴과 회사 모두에 유용하려면 서로의 기대치를 미리 정해야 한다. 그래야 서류 정리만 하다가 끝나는 기존의 방식에서 벗어날 수 있다.

윈드햄 호텔 그룹Wyndham hotel group의 혁신 담당 부사장인 페이스 테일러Faith Taylor는 호텔의 3개 부서가 모두 참석하는 '프로젝트 중심의' 하계 인턴십 프로그램을 내게 소개했다. 참가자 전원이 Y세대인 이 인턴십 프로그램을 시작하기에 앞서 회사가 인턴들에게 기대하는 바를 설명한다. 그리고 Y세대 인턴들에게 일상적인 과업과 함께 몇 가지 프로젝트를 제시한다. 윈드햄 호텔의 Y세대 인턴들이 최근에 수행했던 프로젝트 중 하나는 '윈드햄 플래그십 그린 이니셔티브Wyndham's Flagship Green Initiative'의 사업 계획을 수립하는 일이었다. 테일러는 Y세대들이 이 프로젝트에 적합하다고 했다. 왜냐하면 이 프로젝트가 지역사회 구성원, 직원 그리고 고객이라는 다양한 관점에서 Y세대와 관련되어 있기 때문이었다. 그녀에 따르면 인턴들은 프로젝트에 진지하게 임했으며 엄청난 아이디어들을 내놨고 이중에는 실제로 회사의 경영 전략에 반영된 것들도 있었다고 한다.

성공적인 인턴십 프로그램은 이와 매우 유사하다. 인턴십 프로그램이 성공하려면 회사는 활발한 상호작용이 오가는 결과 중심적인 프로젝트를 제공하고 인턴들에게 기대하는 바를 분명히 알려야 한다. 이를 위해서는 일상적인 업무보다 프로젝트나 프로젝트를 통해 이뤄야 할 결과에 집중해야 한다. 설령 회사의 인턴십 프로그램이 일상적인 업무를 돕는 데 치우쳐 있더라도 그러한 업무 속에서 프로젝트로 삼을 만한 과제들을 찾아낼 수 있다. 물론 일상적인 업무(예를 들어 당신이 가장 좋아하는 커피를 매일 출근길에 사오는 등)를 해야 한다는 사실은 변하지 않겠지만 프로젝트나 결과 중심의 인턴십은 회사와 상사를 포함해서 모두에게 혜택을 줄 것이다.

인턴십 프로그램에서 활용할 만한 프로젝트는 다음과 같다.

- 고질적인 문제점들에 대한 새로운 해결책 찾기(Y세대들은 불가능보다는 가능성을 보기 때문에 그동안 포기했던 오래된 문제들에 대한 새로운 해결책을 제시할 수 있을 것이다).
- 산업 백서白書를 활용한 연구 수행하기.
- 풀뿌리 마케팅에 대해 조사·발표하고 포트폴리오 제출하기.
- 블로그, 위키, 트위터 피드 기타 온라인 매체를 통해 회사 홍보하기(소셜 미디어를 활용하는 업무나 프로젝트를 수행하는 데는 Y세대가 '딱'이다).
- 진행 예정인 프로젝트나 출시 예정인 제품·서비스를 회사의 전통과 최근의 트렌드에 맞춰 검토하기.

위에 소개한 방법 외에 L-3 커뮤니케이션스[1]의 사례를 따를 수도 있다. L-3는 다양한 기능이 상호작용하는 '프로젝트 중심'의 인턴십 프로그램을 통해서 Y세대 인턴들에게 높은 만족도를 선사했다. Y세대들은 여름 인턴십 프로그램에 단 한 차례만 참가해도 L-3 커뮤니케이션스의 문화를 제대로 느낄 수 있고, 기업 운영의 관점에서 본인에

1) L-3 Communications. 미국에 본사를 두고 있으며 현재 전 세계 공항, 세관, 항만, 보안 검색 장비 분야의 국제적 리더로 자리 매김한 회사다. 인천국제공항에 보안 장비와 폭발물 검색 장비를 설치·유지·보수했다.

게 적합한 포지션을 찾아볼 수 있으며 다양한 프로젝트도 완수하게
된다.

이런 형태의 인턴십 프로그램을 염두에 두고 앞서 설명한 다양한 Y
사이즈 전략을 사용해서 적합한 교육기관(대학이나 전문대학 혹은 고
등학교의 취업지원실 등)들로부터 인턴들을 모집해라. Y세대가 인턴십
프로그램을 일찍 경험해볼수록 그 경험이 미래의 고용 관계로 발전하
기 쉽다는 사실을 잊지 마라.

4년제 대학교에서 눈에 띄는 현상 중 하나는 대다수의 인턴십 기회
가 고학년들에게만 주어진다는 것이다. 인재 공급 라인을 확보한다는
측면에서 이를 역이용할 수도 있다. 1~2학년들에게 인턴십 프로그램
에 참여할 기회를 주면 오히려 실력 있는 지원자들이 몰릴 가능성이
높다. 그리고 그들은 인턴십 기회를 십분 활용하기 위해 최선을 다할
것이다.

교육기관과 연계하여 인턴십 프로그램을 진행하는 경우 인턴으로
참여한 학생들에게 학점을 인정해주는 방법을 찾아라. 인턴 경험도
쌓으면서 학점까지 인정받을 수 있다면 최고의 실력을 갖춘 학생들이
지원할 것이며, 좋은 학점을 얻기 위해서라도 최선을 다할 것이다. 학
점 인정뿐 아니라 담당 교수 혹은 소속 학교에 정기적인 인턴 사원 평
가서를 제출한다면 실력 있는 Y세대들을 '무급'으로 뽑을 수도 있다.
Y세대들은 사회 경험을 쌓으면서 학점도 인정받고, 회사는 실력 있는
직원에게 가장 이상적인 조건으로(공짜로!) 일을 시킬 수 있으니 그야
말로 '윈윈win-win'이다.

회사에 적합한 프로젝트 중심의 인턴십 프로그램을 만들기 위해서

는 다음과 같은 절차가 필요하다.

- 훌륭한 인턴 후보들이 가장 많이 모이는 장소에서 프로그램을 홍보해라. 인턴 모집 광고는 정규사원 채용 광고보다 전파 속도가 느리고 도달 범위도 좁다. 가장 좋은 방법은 (인턴들과 나이가 비슷한) 직원 한 명을 학교에 보내서 회사 업무 또는 사업과 관련된 수업을 듣는 학생들에게 직접 인턴 모집 소식을 전달하는 것이다. 홍보 직원은 인턴 모집 소식뿐 아니라 인턴십이 얼마나 특별한지를 알려야 하며, 인턴들에게만 주어지는 채용 기회에 대해 충분히 설명해야 한다. 강의실을 직접 찾아가서 홍보하기가 어렵다면 지역 내 학교의 관련 부서나 취업박람회 주관 기관을 활용해라. 대학에서 열리는 사업 계획 경진 대회나 기타 비즈니스와 관련된 경시 대회의 우승자에게 인턴십 참가 자격을 부상으로 제공하는 것도 좋은 방법이다.
- 인턴십에 지원하는 학생들에게 몇 가지 '특이한' 질문을 해라(앞 장에 소개한 Y사이즈 프로세스 참고). 인턴사원들은 정규사원들보다 사회 경험이 적다. '특이한' 질문은 회사에 대한 이들의 호기심을 강하게 자극할 것이다.
- 인턴십을 시작하기에 앞서 서로가 기대하는 바를 서면으로 작성해라. 회사는 인턴들에게 원하는 것을 분명하게 알려야 한다. 약속 시간을 엄수할 것, 올바른 복장을 갖출 것, 통화 에티켓을 지킬 것 등과 같이 구체적으로 설명해라. 이와 동시에 인턴 사원들에게 제공되는 혜택도 자세히 밝혀라. CEO 혹은 경영진과의 점심식사, 훌륭

한 성과를 올린 인턴사원에게 주어지는 추천서 그리고 상사들과 함께 지역 행사에 참석할 기회 등이 바로 그 예다.

- 구체적이고 생산적인 피드백을 일주일 단위로 제공해라. 가능하면 서면으로 작성해서 전달하는 것이 좋다. 특히 사무실에 들어가는 첫날에는 특별한 가이드라인과 피드백이 필요하다.

일정 기간 동안(예, 여름방학이나 겨울방학) 인턴십 프로그램을 진행할 여건이 안 된다면 '리얼 월드 챌린지real world challenge'와 같은 행사를 개최하는 것도 방법이다. 교육기관과 협력해서 사회 경험을 일찍 쌓고 싶어 하는 학생을 3명 정도 선발하여 매주 초에 적절한 복장을 갖춰 입고 회사로 출근하게 하면 된다.

이들이 회사에 도착하면 현재 회사가 실제로 겪고 있는 문제들을 알려주고 5일 내에 해결책을 찾게 한다. 그들은 조사 활동을 하거나 원하는 임직원 누구와도 인터뷰할 수 있다. 챌린지를 시작한 바로 그 주의 금요일 오후 챌리지 팀은 해결책을 경영진에게 보고한다. 이런 방식을 활용할 경우 유능한 직원 후보를 일찌감치 알아볼 수 있을 뿐 아니라 실제로 회사가 안고 있는 문제에 대한 색다른 해결책을 (공짜로) 찾을 수도 있다.

인턴사원들의 관심을 사로잡기 위한 전략은 다양하지만 무엇보다도 중요한 것은 프로그램이 '프로젝트 중심적'이고, '참여적'이고, '창의적'일수록 인턴들과 보다 깊은 유대감을 형성할 수 있다는 사실이다. 이렇게 형성된 유대감은 회사가 훌륭한 Y세대를 식별해내고 '인재 공급 라인'을 구축하는 기반이 된다. 또한 인턴십이 끝난 후에도 당신이 이들과 지속적으로 연락을 취한다면 그들은 장차 회사의 '슈퍼스타'가 될 것이다.

청년 전문가 협회를 지원해라

청년 전문가 협회[2]는 미국에서 대학을 졸업한 Y세대 인력풀을 대규모로 갖춘 거의 유일한 조직이라고 해도 과언이 아니다. 하지만 대다수의 CEO들은 이제는 지겨워질 법도 한 시장의 57번째 연설을 듣기 위해 정기오찬에는 꼬박꼬박 참석하면서도 이런 Y세대 협회는 눈여겨보지 않는다. 이제는 넥타이를 좀 느슨하게 풀고 뷔페 따위는 잊어버리고 지역 내 우수한 젊은 인재들을 만나 봐야 하지 않을까?

다양한 YPA 가운데 당신 회사의 사명과 문화에 가장 부합하는 회원으로 구성된 YPA를 선택해라. 당신이 선택한 YPA는 특정 지역 중심일 수도 있고 특정 비즈니스를 대상으로 한 회원들이 모인 전국 단위의 YPA일 수도 있으며 어떤 특징을 공유하는 회원들끼리 모인 YPA일 수도 있다.

예를 들어 내 고향 오스틴에는 '리더십 오스틴Leadership Austin'이라는 이름의 YPA가 있다. 소수 정예로 운영되는 리더십 오스틴은 그 그룹에 소속되어 있다는 사실만으로도 앞으로 지역 발전을 이끌어나갈 인재라는 소리를 들을 만큼 명성이 높다. 고용주로서 리더십 오스

---

2) Young Professionals Association, YPA. 회원들이 자체적으로 운영하는 비영리조직으로 회계사, 엔지니어, 판매전문가, 심리상담사, 간호사, 그래픽디자이너, 교사, 의사 등 매우 다양한 Y세대 인력풀을 갖추고 있다.

틴 같은 YPA를 직접 찾아간다면 지역 내에 거주하는 최고의 인재들을 대화에 적합하게 꾸며진 최적의 환경에서 만나볼 수 있다.

지역 내에 YPA가 없는 경우 예산을 조금 확보해서 하나쯤 만들어 보는 건 어떨까? 지역 내에 유명한 YPA가 (하나 혹은 여러 개) 존재한다면 회원들 가운데 회사의 사명과 가치관에 가장 잘 부합하는 Y세대를 후원하거나 상을 줘라. 예를 들어 '30세 이하 TOP 30' 같은 상을 만든다면 적어도 실력 있는 Y세대 30명을 찾아낼 수 있을 뿐 아니라 그 상에 관심 있는 유능한 신인들을 끌어모을 수 있다. YPA를 후원함으로써 Y세대와의 관계를 지속적으로 개선하고 미래의 인재에 대한 안목을 키움으로써 인재 공급 라인을 구축하고 젊은 전문가들을 바로 확보할 수 있는 기회를 갖게 된다. 게다가 칼자루는 당신이 쥐고 있다. 수상자는 회사만이 선택할 수 있다.

지역사회 홍보에 앞장서라

Y세대는 살고 싶은 도시를 찾아 먼저 이사하고 난 후에 직장을 찾기 시작한다(이들 부모는 답답해 죽을 지경이겠지만 이삿짐업체들은 행복하다). Y세대의 이런 성향을 잘 이해해야만 인재를 뽑을 수 있다. 우선 당신 회사가 위치한 지역으로 재능 있는 Y세대를 끌어들여야 한다. 그러고 나서 앞서 설명한 다양한 Y사이즈 전략들을 사용해서 이들을 효과적으로 채용하면 된다. 200만 원짜리 노트북을 들고 혼자 사는 친구 집으로 무턱대고 이사 들어간 뒤 "이 근처에 괜찮은 회사 없어?"

라고 물었을 때 친구가 당신 회사를 언급하게 하는 것이 궁극적인 목표다.

지역 전체의 이미지를 개선하는 일은 두꺼운 책 3권으로 설명하기에도 쉽지 않은 일이지만 회사들이 개별적으로 혹은 그룹으로 할 수 있는 간단한 방법들이 몇 가지 있다. 그중 가장 손쉬운 방법은 지역 내 거주하는 Y세대들을 위한 전용 사이트를 제공하는 것이다. 웹사이트에는 Y세대가 흥미를 가질 만한 (축제, 콘서트, 할인 이벤트, 운동 대회 등을 소개한) '행사 달력'이 꼭 있어야 한다. 또한 해당 지역에 거주하는 Y세대가 지역사회활동에 대해 느낀 점을 그들의 관점에서 자유롭게 블로깅blogging할 수 있는 공간도 필요하다(혹은 RSS[3] 서비스를 통해 Y세대들의 개인 블로그에서 자동적으로 이 웹사이트에 글이 업데이트되게 설정하든지). 그리고 Y세대들에게 부탁해서 또래들의 관심을 끌 수 있는 행사에 대한 사진이나 비디오나 트윗tweet 등을 사이트에 올리게 해라(예, 플러그태그 영상이나 일상적인 금요일 밤의 모습을 담은 사진 등). 사용자가 제작한 콘텐츠를 늘리는 것이 중요하기 때문이다. Y세대들은 무엇인가가 활발하게 '일어나고' 있는 동네에 매료되기 때문에 그 활발함을 직접 눈으로 확인할 수 있어야 한다.

Y세대가 자유롭게 콘텐츠를 올릴 수 있는 공간을 마련해주었다면 지역 시민단체나 모임, 교육기관 그리고 비영리단체 등에 최신 소식을

---

3) Really Simple Syndication. 뉴스나 블로그 사이트에서 주로 사용하는 콘텐츠 표현 방식이다. RSS가 등장하기 전에는 원하는 정보를 얻기 위해 해당 사이트를 직접 방문해야 했으나 RSS 관련 프로그램(혹은 서비스)을 이용해서 자동 수집이 가능해졌기 때문에 사용자는 각각의 사이트를 방문하지 않고도 최신 정보들만 골라서 한 자리에서 볼 수 있다. 또한 RSS는 팟캐스팅 같은 미디어 배포 용도로도 사용된다.

사이트에 게시해달라고 요청해라. 지역 내의 다양한 기관들이 참여할수록 그 지역만의 색깔과 활력이 드러나기 때문에 사이트를 방문한 Y세대들도 그 생동감에 매료될 것이다.

또한 Y세대들의 흥미를 유발할 수 있는 재미있는 목록들을 사이트에 추가할 수 있다. 예를 들면 '(엄마 아빠 몰래) 우리 동네로 이사 와야하는 10가지 이유', '우리 동네를 방문한 당신에게 딱 5시간이 주어진다면 꼭 해봐야 할 5가지' 혹은 '우리 동네에서 공짜로 즐길 수 있는 20가지' 등이 있다. 이러한 목록은 생활 패턴, 음식, 축제, 데이트 장소, 레크리에이션 등 Y세대들의 핫버튼과 맞아떨어져야 효과가 극대화된다. 사이트를 통해 호수, 커피숍, 산책로, 신입사원을 위한 캠프, 술집 순례[4] 등의 모습을 많이 보여줄수록 그 즐거움을 함께하고자 많은 Y세대들이 이사를 결심할 것이고 결국 당신의 회사를 눈여겨보게될 것이다.

사이트와 마찬가지로 지역 내 Y세대들이 함께 사용할 수 있는 페이스북이나 다른 소셜 네트워크에 해당 지역을 대표하는 그룹을 만드는것도 좋다. 5개 정도의 소셜 네트워크를 통해 Y세대와 연결되어 있다면 타 지역의 Y세대들에게 당신 지역을 홍보하기가 한층 수월해질 것이다. 그들은 자신의 프로필에 해당 지역 그룹을 등록하는 것 외에는특별한 노력이 필요하지 않기 때문이다. 페이스북 등의 소셜 네트워크서비스를 활용해서 Y세대와 활발히 교류하고 있는 지역의 실제 사례를 확인해보고 싶다면 www.ysize.com/resources를 방문하길

----

4) beer crawl. pub crawl이라고도 한다. 하룻밤 동안 여러 술집을 차례차례 돌아다니며 술을 마시는 행위를 일컫는다.

바란다.

Y세대 채용은 Y세대에게

Y세대는 다른 어느 세대보다 또래들을 신뢰한다(아마도 구글 다음으로 가장 신뢰할 것이다). 이런 Y세대의 특징을 채용 전략에 반영해라. 우선 Y세대 직원 한 명을 채용 담당자로 선발해서 훈련을 시켜라. 채용 담당자가 회사에 대해 모든 것을 알고 있을 필요는 없다(임금 및 수당에 관한 법적 지식이 부족해도 상관없다[5]). Y세대의 열정과 정직함 그리고 앳된 얼굴만으로도 기적적인 채용 효과를 가져다주는 경우가 많다. 특정 대학 혹은 여러 대학에서 워크숍을 개최해서 Y세대 채용 담당자가 학생들에게 당신의 회사를 소개하게 해라.

워크숍은 2~3개 정도로 나눠 30분씩 진행한다. 워크숍 주제는 전문성, 고객 서비스, 창의성 등과 같은 기업의 가치관이나 경영 철학과 일치하는 것으로 정한다. 각각의 워크숍은 학부 시절의 기억이 아직 생생하게 남아 있는 해당 학교의 Y세대 졸업생이 진행하는 것이 이상적이다.

---

5) 원문 표현은 "difference between an exempt and non exempt employee". 미국의 임금 체계는 exempt와 non-exempt로 이루어져 있어서 연봉을 받는 근로자, 즉 exempt employee는 주당 40시간을 일하든 60시간을 일하든 정해진 연봉을 받는다. 하지만 시간당 급료를 받는 non-exempt인 경우 철저하게 일한 시간만큼 급료를 받고 혹 10분이라도 넘어가면 회사에 따라 조금씩 다르지만 분 또는 초과 시간 단위로 1.25~1.5배까지 급료를 더 주어야 한다.

채용 담당자가 모교생일 경우 Y세대들에게 훨씬 친근하게 다가갈 수 있다. 또한 워크숍 방식을 따르면 많은 학생들과 얼굴을 익힐 시간이 충분할 뿐 아니라 취업박람회보다 훨씬 스트레스가 적다(취업박람회에서는 300자루가 넘는 펜을 일일이 나눠줘야만 Y세대들의 발길을 잡을 수 있기 때문에). 더 나아가 워크숍은 하나의 훌륭한 커뮤니티 서비스인 동시에 Y세대가 첫 직장을 선택할 때 가장 중요하게 생각하는 동료 간의 유대관계를 형성하는 데 크게 기여한다.

다시 워크숍 진행 방식에 대한 설명으로 돌아와서 채용 담당자로 뽑힌 Y세대 직원이 그의 친구들(특히 아직 학교에 다니고 있는 친구들)에게 채용 이벤트와 관련된 메일을 보내거나 회사에서 친구와 가족을 위한 파티를 후원할 계획임을 밝힌다. 특히 파티의 경우 회사는 Y세대에게 회사 생활을 맛볼 수 있는 기회를 제공하는 동시에 멋진 회사라는 이미지를 심어줄 수 있다(가장 친한 친구와 같은 사무실에서 일할 수 있으니 금상첨화). Y세대 채용 담당자의 노력으로 훌륭한 Y세대를 채용하게 되었다면 그 신입사원이 1년의 근무 기간을 채우는 시점에 채용 담당자에게 소정의 인센티브를 제공해라.

Y세대의 부모를 설득해라

Y세대는 대학에 다닐 때도 부모에게 에세이 숙제를 '고쳐'달라고 했을 정도로 부모에 대한 의존도가 높다. (정말 신기하다. 아마 몇몇 부모님들은 에세이를 대신 써주기까지 했을 것이다) 상황이 이렇다 보니 채용

정보를 Y세대 부모들에게 직접 보내는 것도 방법이다. 특정 지역 내의 전문대학이나 대학교 학생들 가운데 당신 회사의 채용 조건과 부합하는 Y세대가 있다면 그들의 부모를 공략해라.

Y세대 부모들은 자녀들의 삶의 거의 모든 부분에 관여해왔기 때문에 취업처럼 중대한 일에 가만히 있을 리 없다. 특히 자녀의 학자금 대출에 보증을 서준 경우라면 더더욱 자녀의 취업에 '참견'할 것이다. 그런 의미에서 학생과 학부모가 함께 참석하는 대학교 행사를 후원한다거나 회사 내에 '부모님 팀'(혹은 잠재적인 직원 부모님들의 이메일 주소 목록)을 만든다거나 채용 정보를 부모들이 손쉽게 접할 수 있도록 판매점마다 채용 홍보를 하는 방법도 좋다. 즉 이렇게 말이다. "어머니 아버지! 자녀가 취업하길 바라시죠? 그렇다면 저희 회사의 입사 지원서를 가져다가 자녀에게 건네주세요. 앞으로 더욱 좋은 서비스를 제공하기 위해 훌륭한 직원들을 뽑고 있답니다!"

소문을 퍼뜨려라

기업은 앞으로 5년 후에도 지속적으로 훌륭한 직원들이 필요할 것이라는 믿음이 있어야만 '인재 공급 라인'을 구축하려 할 것이다. 하지만 이런 믿음 없이도 기꺼이 투자하는 회사도 있다. 인재 공급 라인을 구축함으로써 얻게 되는 실질적인 이득은 유능한 Y세대를 채용하는 것뿐 아니라 이들 사이에서 '일하기 좋은 회사'라는 소문이 퍼지고 결국은 그런 이미지를 공고히 할 수 있다는 점이다. 생각해보면 결국 회사는 Y세대 모두를 채용하려는 것이 아니라 최고의 실력을 자랑하는 일부 Y세대만을 원하기 때문에 회사에 대한 소문과 이미지는 매우 중요하다.

Y사이즈를 위한 질문

---

1. 인턴십 프로그램이 '프로젝트 중심적'으로 운영됩니까?

2. 현재 지원하고 있는 YPA가 있습니까?

3. Y세대의 부모들에게도 채용 정보를 알릴 생각을 해봤습니까?

Y세대에게
집중해야 하는 이유

주위를 둘러보라. 어마어마한 기회가 눈앞에 있다. 당신 주위에서 문자메시지를 보내고, 터치패드를 조작하고, 대화를 나누면서 걷고 있는(이 모든 것들을 동시에 하고 있을 가능성이 높은) 모든 Y세대가 곧 '기회'다. 이들 Y세대를 잘 활용한다면 당신 회사는 높은 경쟁 우위를 가질 수 있다.

많은 수의 Y세대가 노동시장에 진입하고 있다(부모님의 차를 타고). 그들은 자주 당신을 짜증나게 할 수도 있지만(예를 들어 문장을 쓸 때 괄호를 남발하는 등) 유용하고 가치 있는 재능을 보유하고 있으며 회사 발전에 기여하고자 하는 강한 욕구를 갖고 있다.

앞서 소개한 Y사이즈 전략을 제대로 활용한다면 회사는 Y세대가 갖고 있는 긍정적인 에너지를 극대화하여 성공 전략의 수립과 실행에 큰 도움을 받을 수 있다. 이제 당신에게 필요한 것은 Y세대가 당신 회사의 현재와 미래의 가치를 높이는 데 도움이 될 것이라는 사실을 신뢰하는 것이다.

Y세대는 Y사이즈 전략이 하루빨리 회사에 도입되기를 바라고 있다. 이것은 곧 그들에게 업무를 지시하는 관리자의 관점과 관련된 것이기 때문이다. Y세대는 상패나 상품권을 바라는 것이 아니다. 단지 자신의 능력을 가족과 회사(그리고 4,637명의 페이스북 친구들)뿐 아니라 스스로에게 증명할 기회를 원할 뿐이다.

회사 내에 Y세대 채용의 중요성을 잘 이해하고 있고 그것을 실천에 옮기고자 하는 사람이 단 한 명이라도 있다면 Y사이즈 전략의 효과는 극대화될 것이다. Y세대를 채용하는 데 위험도 분명 따르지만 채용에 따른 혜택이 더욱 크다. 이제는 당신도 이런 내 생각에 동감할 것이라고 믿는다. 그리고 앞으로는 바로 당신이 Y사이즈 전략의 '촉매' 역할을 할 것이라고 믿는다.

무턱대고 Y사이즈 전략들을 도입하기보다는 시급한 개선이 필요한 분야부터 먼저 파악해야 한다. 시급한 분야에서 효과를 본 다음에 나머지 분야에도 적용을 시작하라. 이렇게 단계별로 접근한다면 좀 더 빠르고 가시적인 결과를 얻을 수 있다. 또한 좀 더 야심찬 계획을 실행하기 위해 필요한 기반, 지원, 그리고 시간적 여유 등을 확보할 수 있다. 당신 회사의 상황과 보유하고 있는 자원을 감안하여 Y사이즈 전략을 단계별로 적용해 나간다면 Y세대로부터 만족스러운 업무 성과를 얻어낼 수 있으며 어려운 현재의 경제 상황을 이겨나가는 데 큰 도움을 받을 수 있을 것이다.

당신 회사가 Y사이즈 전략을 성공적으로 계획하고 수행한다면 실력 있는 Y세대들의 채용이 손쉽게 이뤄질 뿐 아니라 기존 Y세대 직원들의 근속 기간에도 긍정적인 영향을 미쳐 업무 성과 향상에 큰 도움이 될 것이다. 또한 지금 바로 Y사이즈 전략을 도입한다면 급변하는 경제 상황과 노동시장의 변화에 따른 경쟁 우위를 보다 빠르게 확보하고 지속적으로 유지해 나갈 수 있다. 왜냐하면 Y세대 이후의 세대는 이들과 매우 유사(그들의 집중력은 더욱 짧을 것이며 요란한 음악과 튀는 옷을 좋아할 것이다)한 특징을 보일 것이므로 이미 확보된 경쟁 우위가 적어도 5년 이상 유지될 것이기 때문이다.

Y사이즈의 전략적 효과에 대해 이야기할 때마다 나는 첫 사회생활 당시의 상황을 꼭 빼놓지 않고 밝힌다. 열여덟 살이 되던 해에 나는 아는 사람이라고는 아빠밖에 없는 낯선 도시로 이사했다(아빠는 방에서, 나는 거실 소파에서 잤다). 당시 아빠는 내게 계속 함께 살고 싶다면 48시간 안에 직장을 구하라고 했다. 그래서 나는 500달러짜리 중고차를 몰고 집 근처에서 가장 깨끗해 보이는 레스토랑인 마카로니 그릴에서 일자리를 구했다. 이곳에서 일하기 전에 아르바이트를 몇 번 한 적은 있었지만 정식으로 입사 지원을 하고 일을 시작한 것은 이때가 처음이었다. 아르바이트는 면접만 통과하면 곧바로 일을 할 수 있었지만 마카로니 그릴에서는 입사 지원에서부터 퇴사까지 모든 채용 절차를 겪어야 했다(채용을 거절당할지도 모른다는 두려움도 처음 느꼈다).

채용이 결정된 직후 레스토랑 매니저는 내게 다가와 '접시닦이'로 취직한 것을 축하해줬고 앞으로는 매일 넥타이를 매고 출근해야 한다고 말했다. 나는 넥타이를 매고 출근해야 한다는 사실에 너무 놀랐다(물론 설거지를 해야 한다는 사실도 충격이었다!). 이런 반응을 보인 사람이 내가 처음은 아니었는지 매니저는 재빨리 내게 넥타이 매는 법을 다이어그램으로 설명해놓은 종이 한 장을 건넸다. 이전 세대는 큰 거울 앞에 서서 아빠에게 넥타이 매는 법을 배웠을 것이다. 나는 레스토랑 주차장에서 독학했다(내가 넥타이 매는 법을 습득했다는 사실을 안 아빠는 매우 뿌듯해하며 본인 넥타이도 매달라고 했다).

나는 작년에 마카로니 그릴을 다시 찾아갔다. 레스토랑 안에서는 여전히 갓 구운 빵 냄새가 났다. 방수 처리된 테이블보가 덮인 식탁에 앉아 홀로 음식을 먹다 보니(홀로 밥을 먹는 건 예나 지금이나 똑같았지만) 13년 전 내가 열여덟 살이었을 당시 무작정 일자리를 구하려고 육중한 나무문을 밀고 이 음식점에 처음 들어섰을 때 느꼈던 흥분, 불안감, 그리고 책임감이 떠올랐다. 이 첫 직업은 내 인생을 완전히 바꿔놓았다. 매니저의 이름은 기억나지 않지만 그에게 배운 것들은 내가 경영대학원에서 배운 무수한 사례연구만큼이나 값진 것이었다.

나는 첫 직장을 통해 까다로운 사람들(예, 동료직원이나 고객들)을 상대하는 방법, 다양한 사람들로 구성된 팀에서 중압감을 이겨내며 일하는 방법, 내 실수에 대해 책임지는 방법(접시 한 장을 깨뜨리는 정도가 아니었다), 그리고 후텁지근한 차 안에서 넥타이를 매는 법 등을 배웠다. 마카로니 그릴은 일자리가 급했던 내게 일할 기회를 제공해줬을 뿐 아니라 현실에서 성공에 필요한 자질이 무엇인지를 가르쳐주었다.

당신 또한 이제 갓 고등학교를 졸업한 Y세대나 대학원을 졸업한 지 3년이나 된 Y세대들 모두에게 큰 영향을 줄 수 있을 것이라 확신한다. Y세대는 아직 배울 것이 많다. 부디 이점을 전략적 기회로 인식하여 하루빨리 Y사이즈 전략을 실천에 옮기길 바란다.

【6장】

6장에서 구직 중인 Y세대에게 어필할 수 있는 웹 페이지 꾸미기 방법에 대해 설명했다. 몇 가지를 덧붙이면,

사례1　고객이나 회사와 관련된 이벤트 또는 특정 프로젝트와 관련된 자료가 아니라면 회사를 배경으로 (화려한 조명에 가식적인 표정과 포즈로) 찍은 모든 사진을 회사의 웹 페이지에서 지워라! 업무를 즐기는 실제 직원들의 사진이면 충분하다. 엔터프라이즈 렌트카처럼 말이다!

[http://www.erac.com/our-culture/our-people.aspx]

사례2 자신의 업무를 진솔하게 설명하는 Y세대의 모습을 비디오에 담아라. 최근에 수행했던 흥미로운 프로젝트나 성공적인 과제가 있다면 이를 언급해라. 전문 스튜디오에서 찍으라는 의미가 아니다. 실제 업무 환경, 가능하다면 직원들이 생활하는 공간을 배경으로 찍어라. 이렇게 찍은 비디오를 회사 웹 페이지에 올리고, 유튜브에도 꼭 올리자. 왜? 유튜브에 올린 영상이 빠르게 전파되기 때문이다. 유튜브에 올린 영상을 회사 웹페이지에 무료로 링크할 수도 있다.

[http://www.youtube.com/watch?v=T5LMHdHdg_c]

사례3 채용 홍보 팀을 Y세대 직원으로 구성하고 페이스북, 트위터, 링크드인 등 유명한 소셜 네트워킹 사이트에 채용 관련 정보를 올리게 해라. 이렇게 회사의 문화를 알리고 장차 당신 회사에 지원하게 될 Y세대의 궁금증을 해소해주고 그들과 교류를 맺는 것이다. 대화하기 편하고, 개인적인 답변을 쪽지로도 보낼 수 있는 소셜 네트워크 사이트를 이용하자. 지나친 홍보 활동은 금물이다. 언제 어디서나 회사에 관한 궁금증을 해결해주는 무료 도우미 역할이면 충분하다.

[http://www.facebook.com/ernstandyoungcareers]

사례4 간단하면서도 재미있는 회사 소개를 만들어라. 대사가 있는 슬라이드쇼도 좋고 대기업의 경우 회사 광고를 편집한 영상도 좋다. 어떤 방법을 택하든 흥미와 재미를 주어야 한다. "당신은 모를 우리 회사의 비밀 5가지"(생소한 내용일수록 Y세대의 흥미를 끌 수 있다) 또는 "우리 회사에 관한 진실 혹은 거짓 10가지" 등과 같은 목록을 만드는 것도 방법이다. 다음 사이트를 방문하면 재미난 회사 소개를 확인할 수 있다(귀여운 아바타도 함께!).

[http://www.boeing.com/employment/collegecareers/index.html]

[http://www.kraftfoodscompany.com/About/history/Pages/index.aspx]

사례5 회사의 윤리관, 가치관, 그리고 미션 등을 채용 웹 페이지나 회사 소개

웹 페이지에 올려라. Y세대는 이러한 요소에 매력을 느낀다. 회사의 윤리관, 가치관, 미션 등을 실천하는 직원들의 모습을 담은 영상이나 사진을 게시하면 더 좋다! 다음 홈페이지를 방문하여 사례를 확인해보길 바란다.

[http://about.zappos.com/our-unique-culture/zappos-core-values]

사례6 가상 회사 탐방 혹은 가상 일일체험을 제공하라. Y세대는 회사에 계속 다닐지 말지를 출근 첫날 결정한다는 사실을 기억할 것이다. 방법 하나, 신입사원의 하루와 입사 3년차의 하루를 담은 비디오를 회사 웹 페이지에 올려라. 일하는 모습부터 식사하는 모습까지 사원의 하루를 고스란히 영상으로 담는 것이 중요하다. 가상 회사 탐방 영상은 아래 유튜브 주소에서 확인할 수 있다:

[http://www.youtube.com/lifeatgoogle]

[http://www.youtube.com/watch?v=DPswhOg5-UY]

사례7 직업훈련 프로그램, 오리엔테이션, 리더십 개발 프로그램 등 신입사원과 젊은 직원들의 역량개발을 위해 당신 회사가 얼마나 노력하는지를 자세히 설명해라. 가장 효과적인 방법은 몇 명의 젊은 직원들을 선정해서 그들이 당신 회사에서 얼마나 빠르게 성장하는지를 보여주는 것이다.

[http://www.pwc.tv]

사례8 직원 전용 블로그를 만들어라. 그리고 이 블로그를 통해 직원들이 자유롭게 정보를 공유하게 해라. 블로그를 통해 새로운 콘텐츠가 많이 만들어질 것이고, 인터넷 검색순위가 올라가면서 솔직하고 친근한 회사 이미지가 만들어질 것이다. 직원 전용 블로그의 사례를 보고 싶다면 마이크로소프트사의 홈페이지를 방문해보기 바란다. 여러 개의 직원 전용 블로그를 아래의 사이트에서 직접 확인할 수 있다.

[http://www.microsoft.com/communities/blogs/portalhome.mspx]

사례9 당신 회사에 가장 적합한 직원을 찾아라. 구직 후보자의 관심사, 강점, 전공분야, 경험 등을 꼼꼼히 살펴서 보직에 어울리는지를 확인해라. 혹은 최저

학력 등의 기준을 미리 제시하여 적합한 후보자들이 알아서 모이게 해라. 일례로 사우스웨스트 항공사는 채용 홈페이지를 방문했던 지원자들에게 적합한 자리가 생길 경우 이메일을 보내준다. 이런 시스템을 그대로 도입하는 것도 좋은 방법이다. 아래의 SWA 홈페이지를 방문해서 확인해보자!
[https://www.swajobs.com/ci20/index.jsp?applicationName=swaExtCI&locale=en_US&seq=jobalert_learnmore]

【10장】

대중 앞에서 연설하는 능력을 키우는 6가지 팁을 소개한다.

Tip1 발표와 연설을 목적으로 한 문장을 적어봐라. 연설 목적이 100퍼센트 확실하지 않다면 행사 담당자의 의견을 구해라.

Tip2 숙제는 사전에 해라! 다음과 같은 질문에 답변할 수 있어야 한다. 청중은 어떠한 공통점을 갖고 있는가? 연설에서 얻고자 하는 것이 무엇인가? 성공적인 연설이었음을 어떻게 알 수 있을까? 청중들의 공통 관심사, 목적, 개성 등을 알아보기 위해 나는 (적어도 한 달 전에) 몇몇 예비 청중을 만나 인터뷰를 한다. 간혹 행사 담당자가 연설을 통해 전달하고자 하는 내용과 청중이 기대하는 내용이 다를 때가 있다.

Tip3 연설의 핵심 메시지가 3개를 초과해서는 안 된다. 말 그대로다. 핵심 메시지가 너무 많으면 청중은 그 내용을 기억하지 못할 것이다. 3개 이상의 핵심 메시지를 전달하고 싶다면 간략한 핸드아웃 등 연설 내용을 눈으로 확인할 수 있는 자료를 나눠주어라. 연설이 끝난 후에도 참고 자료로 활용될 것이다.

Tip4 연습, 연습, 또 연습해라! 연설이 어려운 이유는 연습이 부족하기 때문이다. 대다수의 사람들은 연설문을 속으로 수십 번 읽고, 손가락이 무감각해질 정도로 파워포인트 자료를 클릭하고, 핸드아웃 자료를 고치지만 소리 내어 연습을 하지는 않는다. 소리 내서 연습함으로써 내용이 매끄럽게 전달되는지 확인할 수 있을 뿐 아니라 연설 내용을 완전히 자신의 것으로 흡수하고 연설 속도를 적절히 조절할 수 있다. 실전에 들어가기에 앞서 관객 앞에서 그리고 친구 앞에서 적어도 한 번씩은 실전처럼 연습하기 바란다. 휴대전화의 영상통화 기능을 사용해도 좋다!

Tip5 이야기와 상호교류를 통해 연설의 흥미를 높여라. 청중은 일방적으로 '전달'하는 연설보다는 직접 참여할 수 있는 연설을 선호한다. 관객에게도 발언권을 줘서 함께한 사람들과 이야기를 나눌 수 있게 해라. 이렇게 연설을 한번 쉬어감으로써 청중들은 서로 공감대를 형성하게 된다. 파워포인트 자료를 활용하는 연설자들을 위한 조언, 10분 연설하는 동안 파워포인트 슬라이드는 한 장으로 족하다! 시각자료에 지나치게 의존하는 것은 연설의 재미를 떨어뜨린다.

Tip6 연설의 기회를 준 행사 담당자에게 좋았던 점과 개선해야 할 점이 무엇인지 물어라. 연설 경험이 쌓일수록, 그리고 거기서 얻은 피드백을 연설에 반영할수록 더욱 훌륭한 연설가로 거듭날 것이다. 떠나갈 듯한 박수갈채를 받는 연설가가 되는 것이 결코 불가능한 꿈은 아니다!

【11장】

주요 산업 협회와 전문가 연합을 소개한다.

[http://en.wikipedia.org/wiki/List_of_industry_trade_groups_in_the_United_States]

[http://www.google.com/Top/Business/Associations/By_Industry/]

[http://www.ipl.org/div/aon/]

【15장】

인터넷과 소셜 네트워크를 활용해서 Y세대들과 활발히 교류하는 커뮤니티와

단체를 소개한다.

[http://www.visionfw.com/index.html]

[http://www.roanokeva.gov/WebMgmt/ywbase61b.nsf/DocName

/$jobhelp]

[http://www.lincolnypg.com/]

[http://www.leadershipaustin.org/]

스키니진을 입은 회사

지은이 | 제이슨 R. 도로시
옮긴이 | 김현진

초판 1쇄 발행일 2011년 2월 10일

발행인 | 고승혜
편집장 | 장인형
종   이 | 정우페이퍼
출   력 | 테크미디어
인   쇄 | 영창인쇄

펴낸곳 | 틔움출판
출판등록 | 제313-2010-141호
주소 | 서울시 마포구 서교동 441-13 호원빌딩 4층
전화 | 02-6409-9585 팩스 | 0505-508-0248 홈페이지 | www.tiumbooks.com

Korean translation copyright ⓒ 2010 by TiumBooks
ISBN 978-89-964965-2-6 13320

*이 도서의 국립중앙도서관 출판시도서목록(CIP)은
 e-CIP 홈페이지(http://www.nl.go.kr/ecip)에서 이용하실 수 있습니다.
 (CIP 제어번호 : CIP2011000240)
*잘못된 책은 바꿔드립니다.